LES SCIENCES PHY[SIQUES]

A L'ÉCOLE PRIMAIRE

ET DANS LES CLASSES PRÉPARATOIRES

LEÇONS DE CHOSES EXPÉRIMENTALES

PAR

RÉNÉ LEBLANC

Professeur agrégé de sciences physiques

———

DEUXIÈME PARTIE. — CHIMIE

PARIS

LIBRAIRIE CLASSIQUE DE F.-E. ANDRÉ-GUÉDON

15, RUE SÉGUIER, 15

Ouvrage adopté pour les écoles de la ville de Paris

LES SCIENCES PHYSIQUES

DEUXIÈME PARTIE

CHIMIE ET PHYSIOLOGIE

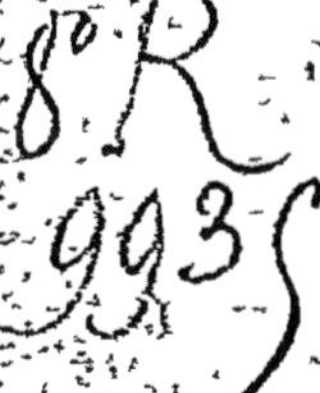

LES SCIENCES PHYSIQUES[1]

A L'ÉCOLE PRIMAIRE

ET DANS LES CLASSES PRÉPARATOIRES

LEÇONS DE CHOSES EXPÉRIMENTALES

PAR

RENÉ LEBLANC

Professeur agrégé de sciences physiques,
Ancien directeur de l'École normale spéciale de travail manuel à Paris.

DEUXIÈME PARTIE

CHIMIE ET PHYSIOLOGIE

CINQUIÈME ÉDITION

PARIS

LIBRAIRIE CLASSIQUE DE F.-E. ANDRÉ-GUÉDON

15, RUE SÉGUIER, 15

PRÈS LA FONTAINE SAINT-MICHEL

1889

1. Ouvrage adopté pour les Écoles de la Ville de Paris.

QUELQUES INDICATIONS PRATIQUES

Les expériences décrites dans cette seconde partie peuvent s'exécuter avec un matériel restreint et peu compliqué. Les petites difficultés qu'éprouvent les commençants dans la préparation des tubes coudés et des bouchons ne sont qu'apparentes, elles seront facilement soulevées si l'on se conforme aux indications suivantes :

Le bouchon destiné à fermer un flacon ou un ballon sera choisi d'un diamètre un peu supérieur à celui de l'ouverture qu'il doit clore ; au moyen d'une râpe à bois, on usera régulièrement le bouchon sur son pourtour, de manière à le rendre légèrement conique, jusqu'à ce qu'il ait atteint le diamètre convenable, et on le *finira* en employant une râpe plus fine (*lime demi-ronde bâtarde*).

Pour pratiquer les trous qui donneront passage aux tubes, on enfonce dans le liège, parallèlement à l'axe du bouchon, une lime appelée *queue de rat*, jusqu'à ce qu'on éprouve une résistance un peu forte ; on retire la lime, ce qui entraîne au dehors des fragments de liège ; on l'enfonce à nouveau, on la retire, et ainsi de suite une douzaine de fois, plus ou moins, en la maintenant toujours bien droite, jusqu'à ce que le bouchon soit entièrement traversé. Ce dernier étant maintenu solidement d'une main, en l'appuyant au besoin sur le bord d'une table, on lime régulièrement l'orifice pratiqué pour lui donner un diamètre uniforme et un peu moindre que celui du tube qu'il doit recevoir.

Il faut que les tubes puissent entrer à frottement doux sans laisser de jeu. Pour les introduire, on les tient, *du bout des doigts, le plus près possible du bouchon* ; en les saisissant à poignée à l'extrémité opposée de celle qui pénètre dans le liège, on s'expose à briser le tube et, par suite, à se blesser grièvement. Pour le même motif, le bouchon, muni d'un ou plusieurs tubes, sera ajusté au flacon ou ballon, en tenant celui-ci par le goulot.

On doit toujours s'assurer qu'un appareil monté *tient* bien, c'est-à-dire qu'il ne présente aucune fuite ; pour cela, avant de rien mettre dedans, on fixe le bouchon muni de ses tubes, et par l'un de ceux-ci, on aspire en fermant l'autre du bout du doigt : s'il n'entre d'air nulle part, la langue et le doigt sont attirés comme par une ventouse.

Les bouteilles et les flacons ne vont pas au feu ; on peut cependant sans craindre trop leur rupture élever progressivement leur température en les plaçant dans un vase d'eau froide qu'on chauffe ensuite jusqu'à l'ébullition (*bain-marie*). Pour obtenir une température plus élevée, l'eau est remplacée par du sable.

Les ballons et les cornues sont en verre mince d'une épaisseur régulière, ils vont au feu ; cependant il ne faudra pas oublier qu'un changement trop brusque de température amène leur rupture. Il faut les chauffer graduellement et régulièrement ; on les tient ordinairement pendant une minute ou deux au-dessus et à quelque distance du foyer, en leur imprimant un petit mouvement de rotation, puis on les pose sur un triangle en fil de fer disposé au-dessus du foyer. Les chances de rupture sont beaucoup diminuées par l'interposition d'une toile métallique (mailles de 1 à 2 millimètres) entre l'objet de verre et la flamme.

Un fourneau à charbon, suffisant pour la plupart des expériences, pourra être construit comme il est indiqué (fig. 106). Un encrier fournira la pièce principale d'une lampe à alcool (fig. 105), le bouchon est traversé d'un bout de tube métallique (fragment de porteplume) dans lequel passe la mèche. La lampe (fig. 113) pourra servir dans tous les cas; elle a été construite spécialement pour les expériences élémentaires, on la trouve dans le commerce au prix de 2 fr. 50. Elle est traversée d'un chalumeau mobile, et munie d'une pièce accessoire qui permet d'obtenir une flamme *large* et *plate* très convenable pour courber les tubes de verre; elle convient moins bien toutefois que le fourneau à gaz (fig. 162). On peut, à la rigueur, la remplacer pour le travail du verre par la lampe *encrier*, à la condition de mettre autour de la flamme, pour l'empêcher de vaciller, une petite cheminée confectionnée au moyen d'un fragment de tôle (débris de boîte de conserves), de la grandeur d'une carte à jouer; on la roule en cylindre; à la base on pratique, avec des ciseaux, des entailles destinées à laisser passer l'air, et on aplatit le bout supérieur de manière à le rendre ovale ou rectangulaire.

Pour courber un tube de verre, on le plonge horizontalement dans la flamme large et plate de l'un des foyers précédents, on le tourne lentement et régulièrement entre les doigts; au bout de quelques minutes, le verre commence à se ramollir, ce que l'on reconnaît à la couleur jaune de la flamme. Lorsqu'on sent que le tube fléchit facilement, *on le retire de la flamme*, et ramenant l'une vers l'autre les deux extrémités, la courbure se fait régulièrement et aussi facilement que s'il s'agissait d'un fil de fer.

Avec les lampes à alcool, il faut, afin d'obtenir une température assez élevée pour ramollir le verre, donner beaucoup de mèche; le chalumeau de la lampe spéciale doit être enlevé pour laisser libre le courant d'air intérieur.

Pour couper un tube droit, de diamètre ordinaire (moins de 1 centimètre), on fait, à l'endroit convenable, un trait au moyen de l'angle d'une lime légèrement mouillée par contact avec la langue; on appuie ensuite comme si l'on voulait casser un tuyau de pipe.

S'il s'agit d'un tube de fort diamètre, il faut faire à la lime un trait circulaire, puis effiler un tube ordinaire (exp. 42), chauffer au chalumeau l'extrémité effilée, de manière à obtenir une perle de verre en fusion qu'on pose rapidement sur le tube à couper, à l'endroit du trait de lime : ordinairement le verre se tranche d'une manière très nette. Pour les tubes de très gros diamètre on peut répéter l'expérience 104.

Les tubes effilés sont très fragiles; on peut rétrécir le diamètre intérieur du bout d'un tube de verre en le tournant pendant quelques minutes dans l'*extrémité* de la flamme d'une lampe ou mieux d'un chalumeau : le verre fond, se rapproche et le diamètre de l'orifice diminue.

Enfin, il sera bon d'émousser l'extrémité des tubes et des agitateurs en la maintenant dans la flamme jusqu'à ce que celle-ci jaunisse.

CHIMIE

CHAPITRE PREMIER

GÉNÉRALITÉS

63. PHÉNOMÈNE CHIMIQUE. — Les phénomènes physiques ne changent pas la **nature** des corps : un corps qui a vibré, qui s'est dilaté, qu'on a fondu, électrisé, etc., se retrouve en entier, après l'expérience, parfaitement reconnaissable ; **son poids n'a pas varié.**

Un phénomène chimique modifie profondément la nature d'un corps : la craie chauffée (exp. 115) diminue de poids et devient de la chaux ; du fer exposé à l'air humide augmente de poids et devient de la rouille ; la craie insoluble ne se reconnaît plus dans la chaux qui foisonne au contact de l'eau, pas plus que le fer dans la rouille, et le poids primitif a changé.

Si l'on met du sel dans de l'eau, le corps solide disparaît, devient liquide et il y a chaleur de dépensée (exp. 133) ; le liquide évaporé laisse du sel en quantité juste égale à celle qui a servi à l'expérience. Une substance bien connue, le *carbonate de soude* se comporterait comme le sel, mais si au lieu d'eau on emploie du vinaigre ou un autre liquide acide, tout est changé.

Expérience 201. — Dans un verre contenant du carbonate de soude, on verse du vinaigre ; une ébullition, qu'on appelle **effervescence,** se produit, et le corps solide se dissout ; ce n'est pas une simple fusion par dissolution qui s'est opérée, car en évaporant le liquide dont l'odeur de vinaigre a disparu, on ne retrouve plus de carbonate de soude. **Il s'est formé une nouvelle substance** analogue comme couleur au carbonate, mais entièrement différente par ses propriétés : elle ne ferait plus effervescence si on la remettait dans du vinaigre, et ne conviendrait pas du tout pour la lessive.

Si au lieu de vinaigre on employait un liquide corrosif appelé *acide muriatique* (de *muria*, saumure, parce qu'on le prépare au moyen du sel), l'effervescence serait bien plus vive, la température s'**élèverait** sensiblement, et le liquide évaporé laisserait un dépôt de sel marin.

Ainsi, dans cette expérience, il y a eu **élévation de température et formation d'un corps nouveau :** ce sont là les *caractères d'un* **phénomène chimique.**

Le carbonate et l'acide ont disparu ; il s'est formé du sel, et en outre un gaz qui s'est échappé en bouillonnant et s'est répandu dans l'air. C'est du gaz *acide carbonique*, lequel a fait sauter le bouchon dans l'expérience 60. Nous pouvons facilement le recueillir.

Expérience 202. — Mettons, dans un flacon, de la craie et de l'eau additionnée d'acide muriatique (*chlorhydrique*), le gaz va s'échapper par le col ; fermons celui-ci d'un bouchon traversé par un tube, l'acide carbonique sortira par le tube. Pour le recueillir, il suffira d'adapter, au moyen d'un caoutchouc, un second tube venant

Fig. 96. — Moyen de recueillir un gaz.

déboucher dans l'eau d'un vase, au-dessous d'une fiole pleine d'eau retournée comme l'indique la figure 96.

Le gaz, en se dégageant, s'élève dans l'eau de la fiole et remplit bientôt celle-ci ; sortons-la de l'eau et introduisons dedans une allumette allumée, elle s'éteint comme si on la plongeait dans l'eau.

Avant d'étudier de plus près le phénomène chimique qui se passe dans notre flacon, voyons d'abord ce qu'est la craie.

Au contact de l'acide, elle se couvre de bulles d'un gaz qu'elle renfermait assurément, non à l'état de gaz, car un centimètre cube de craie peut fournir environ un demi litre d'acide carbonique, soit un volume 500 fois plus grand, mais uni intimement à un autre corps, la chaux. Avec la chaux, le gaz carbonique forme un composé solide, que les chimistes appellent du *carbonate de chaux*, et qui constitue la craie, le marbre et toutes les pierres calcaires reconnaissables précisément à ce qu'elles font effervescence par les acides.

On peut chasser le gaz acide carbonique de la craie sans employer de vinaigre, ni d'autres acides liquides ; il suffit de chauffer la craie au rouge en la mettant dans un feu vif. La craie perd environ les deux cinquièmes de son poids et devient de la *chaux*; la perte de poids est due au gaz carbonique qui s'est dégagé dans l'air.

Expérience 203. — Répétons l'expérience 115, nous pourrons constater la perte de poids. Ajoutons de l'eau à la chaux obtenue et filtrons.

Le **filtrage** a pour but de séparer la partie solide de la partie liquide. A cet effet, on prend un carré de papier buvard c'est-à-dire non collé, on le plie en quatre; on coupe les angles de manière que le papier déplié représente à peu près un cercle, et, ouvrant le cornet par un pli seulement, on le place dans un entonnoir. En versant sur ce filtre le liquide et les matières solides qu'il tient en suspension, la portion liquide passera seule à travers le papier à filtrer.

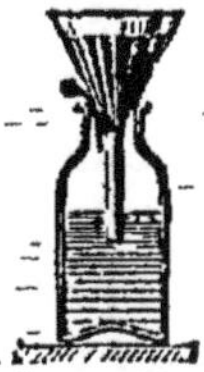

Fig. 97. — Séparation des matières solides et liquides par le filtre.

Si l'on veut filtrer rapidement, on emploie un filtre à plis (fig. 97). La feuille de papier est pliée en deux, puis en quatre, et divisée en seize plis égaux partant tous du centre et se ramassant en éventail.

En laissant reposer le liquide trouble, la matière solide se rassemblerait au fond, et l'on pourrait enlever une grande partie du liquide clair surnageant, soit au moyen d'une pipette, d'un siphon, ou simplement en inclinant doucement et peu à peu le vase; on ferait ainsi une **décantation** (fig. 98).

Fig. 98. — La partie claire du liquide est séparée par décantation.

Le liquide clair obtenu par filtrage ou décantation d'un *lait de chaux*, c'est-à-dire de ce liquide laiteux obtenu en mêlant de la chaux et de l'eau, contient de la chaux, ce dont on pourrait s'assurer en l'évaporant. En l'agitant dans une fiole remplie d'acide carbonique, celui-ci est absorbé, le vide se fait dans la fiole et le liquide clair se trouble par la formation d'une petite quantité de craie; on reconnaîtra celle-ci en la mettant en contact avec un acide, après l'avoir recueillie : il y aura effervescence.

La craie est donc composée d'acide carbonique et de chaux.

En la *décomposant* par le feu ou un acide, nous en avons fait l'**analyse**; en la *reconstituant* par l'addition de l'acide carbonique à la chaux, nous en faisons la **synthèse**.

Revenons à l'expérience 202.

L'acide chlorhydrique et le vinaigre (*acide acétique*) sont liquides, ils ont chassé l'acide carbonique, qui est gazeux quand il n'est pas uni à un autre corps, et de plus ils ont pris sa place, en s'unissant à la chaux; il en est résulté un nouveau corps qui fond dans l'eau, tandis que la craie était insoluble dans l'eau seule.

Si nous pouvions enlever le nouvel acide uni à la chaux et le remplacer par l'acide carbonique, nous reconstituerions à nouveau la craie. Le carbonate de soude, formé d'acide carbonique et de soude, peut remplir ce double but; la soude qu'il renferme prendra l'acide chlorhydrique, où le vinaigre; et l'acide carbonique se réunissant à la chaux, reformera de la craie.

Expérience 204. — Filtrons le liquide resté dans le flacon (exp. 202) pour séparer ce qui trouble sa limpidité; faisons fondre un peu de carbonate de soude dans de l'eau, et mêlons les deux liquides clairs : une boue blanche épaisse se forme ; c'est de la craie qu'il sera facile de séparer par un nouveau filtrage, et de reconnaître à son effervescence par les acides.

Et le liquide passé au filtre ? Il est salé ; il renferme en effet du sel de cuisine si l'on a employé de l'acide chlorhydrique, lequel se prépare au moyen du sel, on l'a déjà dit. On pourrait recueillir le sel par évaporation du liquide.

La chaleur est le principal agent qui fait changer l'état physique des corps (42); un solide ne peut fondre, un liquide ne peut se transformer en gaz sans dépense de chaleur.

Quand la fusion ou la volatilisation a lieu à l'air, celui-ci peut intervenir par l'*oxygène* qu'il renferme; alors, au phénomène physique, s'ajoute un phénomène chimique, les corps fondus ou volatilisés ont changé de nature.

Expérience 205. — Un fragment de soufre chauffé dans un tube, c'est-à-dire à l'abri de l'air, fond, puis se volatilise; sa vapeur rencontrant les parois froides du haut du tube se condense et se solidifie en une poudre jaune (fig. 99). Le soufre n'a pas changé de nature, il y a eu simplement phénomène physique.

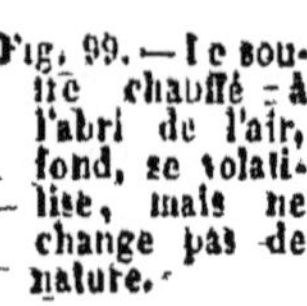

Fig. 99. — Le soufre chauffé à l'abri de l'air, fond, se volatilise, mais ne change pas de nature.

Expérience 206. — Le soufre étant au contraire chauffé à l'air sur une plaque de métal, un couvercle de boîte métallique, par exemple (fig. 100), fond comme précédemment, et se volatilise, c'est-à-dire bout, dégage des vapeurs ; mais celles-ci s'enflamment au contact de l'air et communiquent le feu au soufre en fusion, lors même que la coupelle qui le renferme n'est pas en contact avec la flamme de la lampe. Il se dégage un gaz d'odeur suffocante, celle bien connue des allumettes qu'on enflamme ; ce gaz s'appelle *acide sulfureux.*

Fig. 100.
Chauffé à l'air, le soufre s'enflamme aussitôt que sa vapeur se forme et produit du gaz sulfureux.

Le charbon, infusible aux plus hautes températures, devient gazeux dans les conditions de l'expérience précédente. Il se combine à cette partie de l'air appelée **oxygène** et forme un gaz qui est précisément l'acide carbonique que nous avons fait sortir de la craie.

Expérience 207. — On allume un morceau de charbon ou simplement un fragment de bois et on l'introduit dans un flacon où il s'éteint bientôt. Le flacon contenait de l'air dont une partie s'est combinée au charbon du bois. Ce charbon a disparu partiellement, mais la nature de l'air du flacon a changé ; d'abord le copeau de bois s'y est éteint, une allumette s'y éteindrait également, enfin l'eau de chaux y devient trouble ; ce sont bien là les caractères de l'acide carbonique.

Par la combustion du charbon, nous avons réalisé la *synthèse* de l'acide carbonique.

Quand on dit que l'acide carbonique est un gaz inodore, qu'il éteint les corps en combustion, qu'il trouble l'eau de chaux, etc., on énonce quelques-unes des propriétés, quelques *caractères* de l'acide carbonique. L'eau de chaux est un **réactif** de ce gaz, c'est-à-dire qu'elle donne lieu à un phénomène chimique, à une **réaction** chimique qui permet de le reconnaître.

Les expériences précédentes nous montrent donc bien qu'un phénomène chimique, qui est une source de chaleur (38 — 3°), modifie profondément la nature des corps ; on ne reconnaît plus en effet le charbon dans l'acide carbonique, et il paraît extraordinaire qu'il y en ait dans la craie. On remarquera que la chaleur favorise souvent la production des phénomènes chimiques ; telle réaction, qui n'a pas lieu entre deux corps froids, le soufre et l'oxygène de l'air par exemple, se produit si l'on chauffe.

64. LA MATIÈRE EST INDESTRUCTIBLE. — Le fondateur de la chimie, un Français, *Lavoisier*, a démontré le premier que, dans la nature, **rien ne se perd et rien ne se crée.**

Le charbon que nous brûlons est perdu pour nous, mais l'atmosphère le renferme sous forme d'acide carbonique ; il se retrouvera un jour ou l'autre, dans quelques plantes dont les feuilles, ainsi que nous le verrons plus loin, absorbent l'acide carbonique.

Quelques expériences, qui achèveront de nous familiariser avec les phénomènes chimiques, vont nous montrer que la matière est indestructible.

Expérience 207. — A de l'eau, on ajoute de l'acide sulfurique ou chlorhydrique, puis du fer, des clous par exemple ; le fer est attaqué par l'acide, il se dissout avec effervescence, et un gaz inflammable se dégage ; en approchant une allumette allumée (fig. 101), ce gaz prend feu et brûle avec une flamme très pâle, c'est de l'**hydrogène.**

Fig. 101. — Le fer disparaît dans l'acide et il se dégage un gaz inflammable.

Quand on mêle de l'eau et de l'acide sulfurique, le liquide s'échauffe beaucoup, ce qui indique une action chimique ; il faut verser peu à peu l'acide dans toute l'eau qu'on veut employer, mais non l'eau dans l'acide sulfurique ; dans le premier cas la température s'élève progressivement et on n'a pas à craindre la rupture du vase, ce qui pourrait arriver dans le second cas.

L'acide sulfurique et quelques autres acides énergiques produisent, au contact de certaines substances, une réaction chimique violente et dangereuse ; mêlés à un *alcali*, par exemple, l'élévation de température est considérable et il en résulte une ébullition brusque qui projette le liquide de tous côtés.

On n'oubliera pas qu'on ne saurait prendre trop de précautions dans le maniement de ces liquides corrosifs.

Revenons à notre expérience.

Le fer a disparu plus ou moins complètement, mais il n'est pas anéanti ; nous le retrouverons facilement. Séparons le fer non attaqué au moyen du filtre, il passe un liquide clair de couleur verdâtre (*vitriol vert*) ; en y ajoutant une dissolution de carbonate de soude, il se formera un magma gris dont la couleur se foncera rapidement. Le corps solide formant ce magma, cette boue, s'appelle un **précipité** ; par le repos, il tombe, il se *précipite* au fond du vase, ce qui permet de le recueillir par décantation : un filtrage sera plus rapide.

Quand tout le liquide est passé au travers du filtre (fig. 102), on retire celui-ci, avec précaution, de l'entonnoir, et on l'ouvre en l'étendant sur une surface plane, de manière à exposer son contenu au contact de l'air; le précipité devient rapidement jaune rougeâtre, c'est de la rouille de fer, facile à reconnaître.

Voilà le fer retrouvé, on l'obtiendrait métallique en le chauffant dans un tube où passerait de l'hydrogène; il n'aurait plus la forme des clous que l'acide a rongés, mais si l'expérience était faite avec soin, de manière à ne rien perdre, on retrouverait le même poids de fer.

Fig. 102. — Le précipité est séparé par le filtre.

Dans l'expérience suivante, le métal se retrouve avec son éclat métallique.

Expérience 208. — Sur quelques fragments de cuivre, on verse de l'acide *azotique* ou *eau forte*, il se dégage un gaz rouge, dangereux à respirer et d'odeur très désagréable. Pour s'opposer au dégagement de ce gaz dans l'atmosphère, on couvre l'éprouvette ou la fiole qui contient le cuivre d'un flacon à large ouverture ou d'un bocal ainsi que l'indique la figure 103.

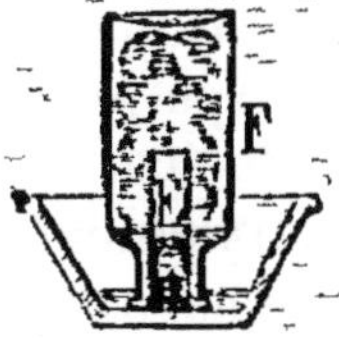

Le liquide obtenu est bleu; on le filtre, et on y ajoute comme précédemment du carbonate de soude préalablement dissous dans l'eau; on obtient un précipité vert que le filtre séparera facilement, et que l'on chauffera sur une flamme ou sur des charbons ardents après l'avoir recueilli dans une coupelle; un couvercle de boîte métallique (boîte à cirage) ou une cuillère de fer conviennent parfaitement.

Fig. 103. — Le gaz rouge irrespirable se dégage dans le bocal; il est en partie absorbé par l'eau.

La couleur du précipité change rapidement, la masse se boursoufle, devient noire et se dessèche; la poudre noire obtenue est de la rouille de cuivre, la matière verte était du carbonate. On additionne la rouille ou *oxyde* de cuivre du sixième environ de son poids de charbon, et on mélange très intimement en triturant avec un corps dur. Plaçant le mélange dans un tube de verre et chauffant au voisinage du rouge, le cuivre apparaît bientôt avec sa couleur rouge; par friction avec un corps dur, l'éclat métallique apparaîtra ensuite. La couleur noire du mélange a disparu, mais aussi le charbon ajouté; il s'est transformé en acide carbonique qu'on n'a pas vu, puisqu'il est incolore.

L'oxyde de cuivre, comme celui de fer de l'expérience précédente, se transformerait en métal dans un tube chauffé où passerait de l'hydrogène.

Pour enlever le cuivre qui adhère au verre du tube, quelques gouttes d'acide azotique suffisent, il se forme une liqueur bleue comme au début de l'expérience. Dans cette liqueur bleue se trouve le cuivre ; on peut l'extraire en partie, en trempant, dans le liquide bleu, du fer décapé (bien propre), tel qu'une lame de couteau, une aiguille à coudre : on voit se déposer à la surface du fer une mince couche de cuivre métallique.

Répétons encore, comme conclusions de cette expérience, que les corps soumis à des actions chimiques sont transformés en substances très différentes où on ne les reconnaît plus, mais ils ne sont pas anéantis ; la chimie peut toujours les retrouver en entier.

Les substances complexes obtenues chimiquement, sont souvent solubles dans l'eau ; en évaporant la solution, ces substances se solidifient en petites masses affectant des formes géométriques régulières et qu'on appelle des **cristaux**.

L'expérience 135 a donné un exemple de **cristallisation** du salpêtre, mais comme on avait employé du salpêtre, il y a eu simplement phénomène physique. La liqueur verte ou bleue des deux expériences précédentes donnerait par évaporation des cristaux verts ou bleus, l'opération serait longue. Voici un moyen d'obtenir rapidement un composé de cuivre et sa cristallisation.

Expérience 209. — Dans un tube de verre fermé à un bout (tube à essai), mettez une pincée de salpêtre et un peu d'eau pour le dissoudre ; ajoutez un peu d'acide sulfurique, le dixième environ du volume de l'eau, puis quelques copeaux ou fragments de cuivre.

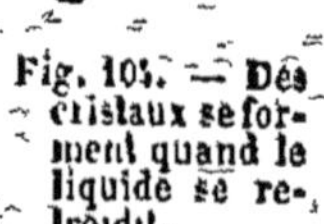

Fig. 105. — Des cristaux se forment quand le liquide se refroidit.

Le liquide bleuit bientôt, une effervescence se déclare et le gaz rouge, déjà connu, se dégage, puis tout se calme, le liquide qui s'était échauffé se refroidit, et peu à peu, sur ce qui reste de cuivre, se forment de beaux cristaux bleu-pâle. Liquide et cristaux renferment du cuivre, ce qu'il sera facile de constater par le fer décapé. Le liquide évaporé donnerait de nouveaux cristaux.

68. CORPS SIMPLES. — Les expériences précédentes montrent que certains corps sont formés de plusieurs substances unies intimement entre elles, et qu'on ne reconnaît ni l'une ni l'autre : la craie est faite d'acide carbonique et de chaux ; le carbonate de soude est composé d'acide carbonique et de soude ; l'acide carbonique, de charbon et d'oxygène ; la rouille, de fer et d'oxygène, etc.

Mais du charbon, de l'oxygène, du fer, on ne peut tirer que du charbon, de l'oxygène ou du fer ; on ne connaît, jusqu'aujourd'hui du moins, aucun moyen de les *décomposer*.

Les corps que l'on n'est point parvenu à décomposer s'appellent **corps simples**, ceux desquels on a pu tirer plusieurs substances distinctes s'appellent **corps composés.**

Les corps composés sont évidemment formés de plusieurs corps simples, ils sont extrêmement nombreux, on les compte par milliers.

On connaît seulement 70 corps simples, encore plus de la moitié, qui se rencontrent rarement, sont-ils sans usage. Ceux qu'on emploie pour la confection d'outils, d'ustensiles, de machines tels que le **fer**, le **cuivre**, l'**étain**, le **zinc**, le **plomb**, sont connus de tous, ainsi que l'**or** et l'**argent** des monnaies et des bijoux ; *ils acquièrent*, quand on les frotte avec un corps dur, *un brillant, un poli particulier appelé éclat métallique*, ce sont des **métaux.**

Le plus lourd de tous les métaux et le moins fusible est le **platine** (densité 21), l'un des plus légers est l'**aluminium** (densité 2,7) dont la rouille, nommée *alumine*, entre dans la composition de l'argile. Le **mercure** est liquide à la température ordinaire, les autres sont solides. Il en est qui sont mous, qu'on peut couper au couteau comme de la cire, et qui prennent feu quand on les jette dans l'eau, on conçoit qu'ils ne peuvent servir à la confection d'objets, d'ustensiles d'aucune sorte.

La *soude* du carbonate de soude est la rouille d'un de ces métaux curieux, le **sodium** ; il est brillant et blanc comme l'argent quand il est fraîchement coupé, mais on ne peut le conserver à l'air auquel il prend rapidement de l'oxygène pour former de l'oxyde de sodium ou soude ; il demeure intact dans le pétrole qui est un liquide exempt d'oxygène.

Le sodium fond à une température inférieure à 100 degrés ; si la fusion est opérée dans un flacon de verre *bien sec* et bien propre, le métal fondu peut être répandu sur les parois intérieures de la fiole où il gardera indéfiniment son éclat si la fiole, après refroidissement, est remplie de pétrole puis soigneusement bouchée (Voir l'échantillon du Matériel, page 420).

Un fragment de sodium placé sur une feuille de papier mouillée prend feu et brûle avec une flamme jaune ; le résidu est de la soude qui, avec de l'acide carbonique formerait du carbonate de soude. L'expérience de l'inflammation du sodium n'est pas sans danger, il peut se produire une petite explosion ; on se mettra à l'abri de toute blessure en plaçant le papier mouillé au fond d'un verre que l'on couvre aussitôt qu'on a laissé tomber le fragment de sodium, et en ne touchant celui-ci qu'avec des objets ou les doigts bien secs.

Le sodium jeté dans beaucoup d'eau s'échauffe fortement et finit par disparaître, mais il ne s'enflamme pas, à moins que le fragment soit de la grosseur d'un pois au moins.

Le **potassium**, métal voisin du sodium, et dont la rouille ou oxyde s'appelle *potasse*, s'enflamme plus facilement que le sodium et brûle avec une flamme violette; comme le sodium, il surnage, ce qui prouve que ces métaux sont plus légers que l'eau ; ils enfoncent dans le pétrole.

Le **calcium**, métal analogue aux deux précédents, existe dans la craie; sa rouille, l'oxyde de calcium, n'est autre chose que la *chaux*.

Les corps simples dépourvus de l'éclat métallique tels que le charbon, *s'appellent des* **métalloïdes**. Le **soufre** et le **phosphore** sont des métalloïdes solides, comme le charbon, à la température ordinaire. Il y a des métalloïdes gazeux, l'**oxygène** en est un, c'est *le plus important de tous les corps simples;* on le rencontre à peu près partout, dans l'air, dans l'eau, dans la plupart des corps composés.

Pour étudier ses remarquables propriétés, il est nécessaire d'en préparer et d'en remplir quelques flacons.

66. PRÉPARATION ET PROPRIÉTÉS DE L'OXYGÈNE. — Ce gaz se prépare ordinairement, dans les laboratoires, en chauffant un mélange fait en parties égales de deux substances, l'une en cristaux blancs appelée **chlorate de potasse**, l'autre pulvérisée, noire, nommée **bioxyde de manganèse**. L'oxyde de manganèse ne fournit pas d'oxygène et son emploi n'est pas indispensable, mais il empêche le chlorate de fondre et rend le dégagement plus rapide et plus régulier; il est bon de le calciner préalablement.

Expérience 210. — Sur la flamme d'une lampe à alcool, on chauffe avec précaution un tube à essai (fig. 105) renfermant un ou deux grammes de chlorate de potasse et à peu près autant de bioxyde de manganèse grossièrement mélangés, **le tout bien sec et exempt de matières étrangères inflammables.**

Un gaz se dégage bientôt et se répand dans l'air; on ne le reconnaît pas parce qu'il est incolore et inodore; si l'on introduit dans le tube une allumette presque éteinte, mais présentant encore un point rouge, elle se rallume et brûle avec un vif éclat, c'est là le **moyen de reconnaître l'oxygène.**

Expérience 211. — En fermant le tube à essai d'un bouchon traversé d'un tube ordinaire et recourbé comme l'indique la figure 106, on pourra recueillir l'oxygène (exp. 202). La lampe à alcool peut être remplacée par un fourneau à charbon. Un pot à fleurs ébréché à la partie inférieure et latéralement, peut servir de fourneau (fig. 106); on place à l'intérieur une toile métallique de dimensions convenables que l'on enfonce à moitié environ de la profondeur, en appuyant et en forçant un peu; cette sorte de grille supportera quelques charbons allumés qui chaufferont suffisamment le tube. Si celui-ci est enveloppé d'un débris de toile métallique, de façon qu'il ne touche pas les charbons allumés, il n'y aura aucun danger de rupture, et le dégagement de l'oxygène se fera très régulièrement.

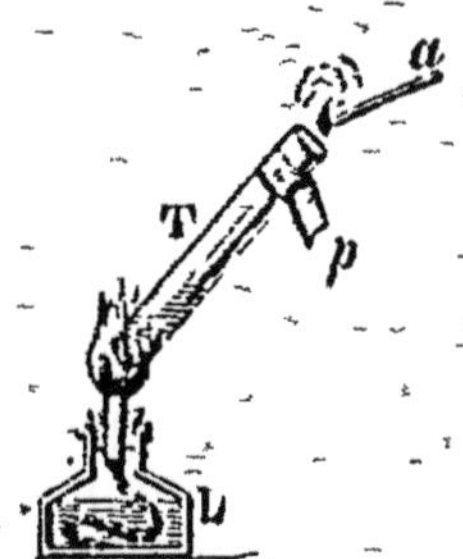

Fig. 105. — Une allumette presque éteinte se rallume dans l'oxygène. T, tube à essai renfermant le mélange producteur d'oxygène, on le tient au moyen d'une bande de papier p. Lampe à alcool confectionnée au moyen d'un encrier; un bout de tube de verre ou de porte-plume traverse le bouchon et donne passage à la mèche.

Expérience 212. — Pour obtenir une plus grande quantité d'oxygène, on remplace le tube à essai par un petit ballon de verre (fig. 107). 20 grammes du mélange indiqué suffisent pour préparer 2 litres d'oxygène.

Lorsque le dégagement gazeux se ralentit, avant d'éteindre le feu, on retire de l'eau le tube abducteur *t*; car, par l'abaissement de température, le gaz contenu

Fig. 106. — L'oxygène est recueilli dans une fiole.

Fig. 107. — Appareil fournissant plusieurs litres d'oxygène.

dans le ballon diminue de volume; la pression atmosphérique continuant à s'exercer sur l'eau, celle-ci viendrait combler le vide du ballon qui pourrait être brisé, à cause de la différence de sa température et de celle de l'eau; en deux mots il y aurait *absorption* (exp. 49). Le résidu de l'opération additionné d'eau et porté à l'ébullition sera filtré ; le bioxyde de manganèse restera sur le filtre, il servira avantageusement à une nouvelle préparation d'oxygène.

Pour conserver le gaz obtenu on renverse les flacons qui en sont remplis dans des verres pleins d'eau (fig. 108).

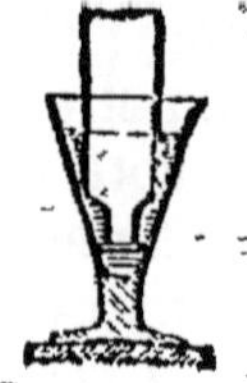

Fig. 108.
Conservation
des gaz.

Les gaz peuvent être recueillis dans de grands flacons sans les retourner sur l'eau ; on les dispose en sorte de petits réservoirs à gaz ou *gazomètres*, de la manière suivante :

Expérience 213. — Le flacon est fermé d'un bouchon traversé de deux tubes, l'un droit plonge au fond du flacon, l'autre coudé ne dépasse pas le bouchon. On remplit d'eau le flacon en aspirant par le second tube *t*, le premier *t'* étant relié à un troisième *t''* plongeant dans l'eau ; ou bien on ajuste au premier un entonnoir par lequel on verse de l'eau, l'air du flacon s'échappe par le tube coudé *t*. Ce dernier étant ensuite mis en communication avec le ballon producteur d'oxygène, le gaz chassera l'eau par l'autre tube et remplira le flacon (fig. 109).

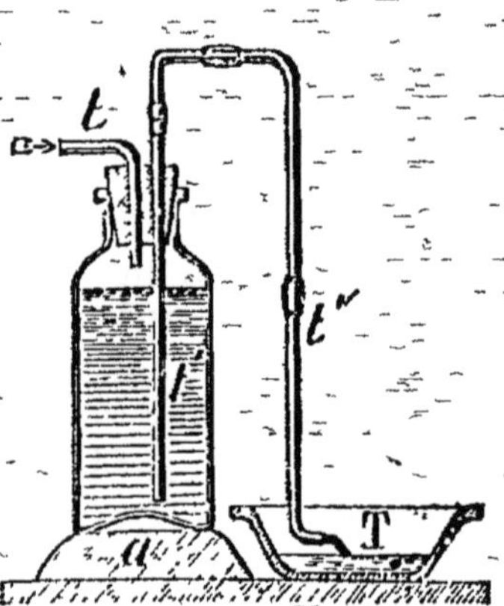

Fig. 109. — Disposition d'un grand flacon en gazomètre. — Le gaz arrive par le tube *t*, l'eau du flacon s'écoule par le siphon *t' t''* dans la terrine T, d'où on l'enlève à mesure de son écoulement. *a*, assiette élevant le flacon.

Pour clore le petit réservoir à gaz ainsi rempli, on ferme chaque tube par un bout d'agitateur, ou on les réunit par un caoutchouc de longueur suffisante.

Pour prendre de l'oxygène dans cet appareil, on le dispose comme il est indiqué (fig. 110).

La bouteille de l'expérience 70 est convenablement disposée pour un gazomètre de ce genre.

L'oxygène n'est pas un corps combustible comme le gaz hydrogène de l'expérience 207, puisqu'il ne s'enflamme pas quand l'allumette s'y rallume ; mais il entre-

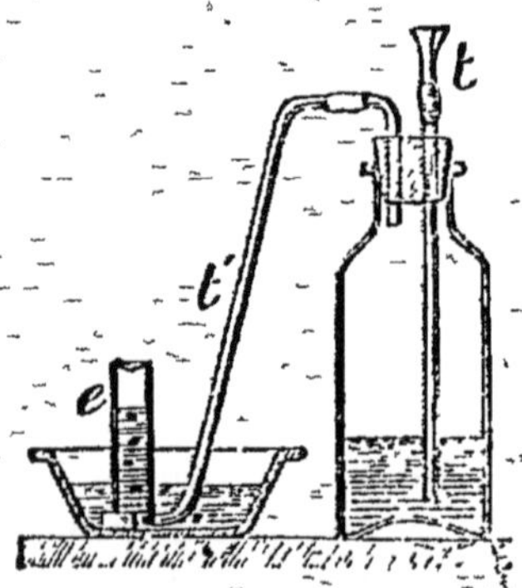

Fig. 110. — Disposition du gazomètre pour en extraire l'oxygène. On verse de l'eau par le tube *t*, le gaz s'échappe par *t'* dans l'éprouvette *e*.

tient la combustion, ce qui s'exprime en disant qu'*il est combu-rant*, il l'active même très énergiquement.

Expérience 214. — Au bout d'un fil de fer, on fixe un morceau de charbon que l'on allume, et on le plonge ensuite dans un flacon plein d'oxygène (fig. 111). Le charbon qui brûlait difficilement dans l'air devient très brillant dans l'oxygène; puis il s'éteint quand le gaz comburant fait défaut. Ce dernier est remplacé par de l'acide carbonique qui n'est ni com-bustible, ni comburant, il éteint les al-lumettes allumées (exp. 202), et il trou-

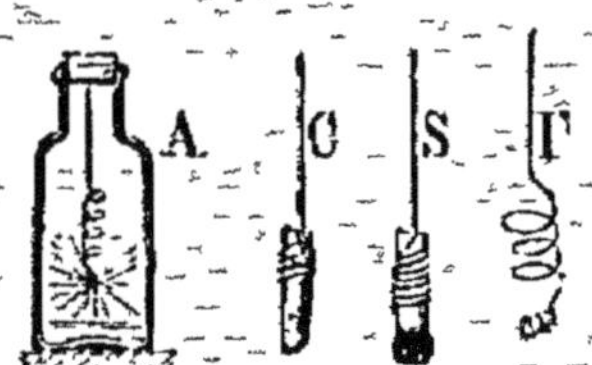

Fig. 111. — Combustions dans l'oxygène.

A, fer brûlant dans l'oxygène.
C, disposition du charbon.
S, — copeau soufré.
F, — fer.

ble l'eau de chaux; en versant de l'eau de chaux dans le flacon qui a servi à l'expérience, on obtient un précipité par l'agita-tion; et le doigt qui fermait le flacon est poussé de l'extérieur vers l'intérieur.

L'acide carbonique, formé par le charbon et l'oxygène dis-parus, s'est combiné à la chaux qui l'a absorbé, de là le vide; il s'est formé du carbonate de chaux ou craie, insoluble dans l'eau, de là le trouble.

Expérience 215. — En remplaçant le charbon de l'expérience précédente par une allumette soufrée ou un copeau de bois trempé dans du soufre fondu, on obtient le gaz sulfureux de l'expérience 206. L'eau de chaux ne s'y trouble pas, parce que la chaux forme avec le gaz sulfureux un composé suffisam-ment soluble.

L'acide sulfureux se reconnaît à son odeur; on peut aussi le reconnaître au moyen d'une *teinture* bleue, appelée **tournesol** extraite de lichens qu'on rencontre sur les bords de la mer. En versant quelques gouttes de cette teinture dans le flacon où a brûlé le soufre, le tournesol qui était bleu devient rouge. Une infusion concentrée de feuilles de choux rouges dans l'eau chaude peut remplacer la teinture de tournesol. Le tournesol se décolore assez rapidement dans les flacons bien bouchés; il suffit de l'exposer à l'air, dans un verre ou une assiette pour lui rendre sa couleur. Le *papier de tournesol* s'obtient en trem-pant du papier buvard blanc dans une dissolution concentrée de tournesol bleu, puis en laissant sécher; ce papier remplace avantageusement la teinture, il devient rouge quand on le trempe dans une solution acide.

L'acide carbonique rougit peu le tournesol, il est moins énergique que l'acide sulfureux.

Le phosphore en brûlant dans l'oxygène donne naissance à un composé appelé *acide phosphorique*, plus énergique encore que l'acide sulfureux, et rougissant très fortement le tournesol ; le phosphore des allumettes chimiques peut servir à l'expérience.

Expérience 216. — Introduisons quelques allumettes chimiques rassemblées en un petit paquet dans un flacon plein d'oxygène ; puis, les tenant d'une main, prenons, de l'autre main, une allumette presque éteinte, mais présentant encore un point rouge, et touchons le phosphore du paquet d'allumettes ; l'inflammation a lieu ; si le volume d'oxygène n'est pas trop grand pour le nombre des allumettes, le phosphore seul brûle, et l'on voit se former d'épaisses fumées blanches, c'est de l'acide phosphorique. S'il y avait excès d'oxygène, il se formerait en outre de l'acide sulfureux par la combustion du soufre des allumettes.

Versons de l'eau dans le flacon ; par l'agitation, les fumées blanches disparaissent, l'acide phosphorique est soluble dans l'eau ; ajoutons du tournesol bleu, il devient rouge pelure d'oignon.

Les corps combustibles tels que le charbon, le soufre, le phosphore brûlent donc beaucoup mieux dans l'oxygène que dans l'air. Les métaux, qui ne sont pas considérés comme corps combustibles peuvent aussi brûler dans l'oxygène ; le fer porté au rouge dans l'oxygène y brûle avec un très vif éclat ; cette remarquable expérience peut être réalisée de la manière suivante :

Expérience 217. — Autour d'un tube de verre ou d'un crayon, on enroule un fil de fer mince, de manière à former un hélice ; à l'une des extrémités, on fixe un petit morceau d'amadou ou de liège qu'on allume ; puis on plonge rapidement le tout dans un flacon rempli d'oxygène. La chaleur due à la combustion de l'amadou ou du liège rougit le fer qui brûle à son tour, en projetant de vives étincelles. Du fil se détachent des globules de fer en fusion, à demi oxydés, qui s'incrustent au fond du flacon, malgré la couche d'eau de 1 ou 2 centimètres qu'on a eu soin d'y laisser (fig. 111). Il s'est formé une poussière d'oxyde de fer ou rouille sans action sur le tournesol, parce qu'elle est insoluble dans l'eau.

On pourrait brûler, dans l'oxygène, un fragment de sodium ; l'oxyde obtenu ou soude est soluble dans l'eau et agit sur le tournesol qu'il *bleuit* très fortement, ou qu'il ramène au bleu si le tournesol a été préalablement rougi par un acide. L'eau de chaux qui est un oxyde en solution, agit de même.

67. CORPS COMPOSÉS. — Le phénomène de la combustion d'un corps dans l'oxygène est nommé *oxydation;* le corps obtenu en oxydant un *métalloïde* s'appelle ordinairement un **acide**, celui que donne l'oxydation d'un *métal* s'appelle **oxyde.** On distingue les acides des oxydes, *quand ils sont solubles dans l'eau,* au moyen de la teinture de tournesol que les acides rougissent et que les oxydes ramènent au bleu. Voilà le résumé de ce que nous démontrent les expériences précédentes.

Le charbon (ou carbone) en s'oxydant forme de l'*acide carbonique,*

le phosphore, en s'oxydant, forme de l'*acide phosphorique,*

le soufre — — de l'*acide sulfureux.*

On pourrait obtenir aussi de l'*acide sulfurique,* de l'*acide phosphoreux,* et une sorte d'*acide carboneux* appelé, *oxyde de carbone;* ce n'est pas ici le lieu d'examiner la question en détail; contentons-nous de savoir que quand l'oxydation d'un métalloïde est incomplète, le nom de l'acide obtenu se termine par **eux**, il se termine par **ique** dans le cas contraire; ainsi l'*acide sulfureux* peut encore être oxydé, il forme alors de l'*acide sulfurique,* liquide dangereux, appelé dans le commerce *huile de vitriol* ou simplement *vitriol.*

Quelques métaux fournissent des oxydes qui peuvent être oxydés à nouveau; les nouveaux oxydes s'appellent **bioxydes** (oxydé deux fois), **peroxydes** (le plus oxydé), etc.

Les acides et les oxydes agissent d'une façon opposée sur le tournesol; si l'on mêle ensemble un acide et un oxyde solubles, la température s'élève, ce qui prouve qu'il y a action chimique, celle-ci peut être très vive et même dangereuse (expérience 207); le nouveau corps obtenu pourra être sans action sur le tournesol bleu ou rougi.

Expérience 218. — Prenons, comme acide, du vinaigre ou *acide acétique,* comme oxyde, de l'eau de chaux; si dans un verre contenant de l'eau de chaux nous versons peu à peu du vinaigre rougi par du tournesol, le liquide devient bleu d'abord; en continuant à ajouter l'acide, la couleur redevient rouge. A ce moment, si l'on ajoute quelques gouttes d'eau de chaux, le liquide redevient bleu, mais on peut verser une juste quantité de l'un ou de l'autre des deux liquides pour que la teinte soit violacée, c'est-à-dire ni franchement rouge, ni franchement bleue : on dit alors que l'oxyde *neutralise exactement* l'action de l'acide sur le tournesol.

On pourrait faire la même expérience avec un acide quelconque et un oxyde quelconque, pourvu qu'ils soient solubles;

l'acide sulfurique, par exemple, et l'oxyde de sodium ou soude sont deux substances très corrosives, lorsqu'elles ont réagi l'une sur l'autre en proportion convenable pour que le tournesol reste violet, le produit qui en résulte n'est plus corrosif : c'est un **sel**, du *sulfate de soude*, nom qui rappelle l'acide et l'oxyde qui le forment. Dans l'expérience précédente, le produit obtenu, qui est aussi un sel, s'appelle *acétate de chaux*.

Ainsi *un sel est composé d'un acide et d'un oxyde*; l'oxyde qui entre dans la composition d'un sel s'appelle aussi **base**.

Quelques sels rougissent le tournesol, exemple, le *sulfate de fer* ou *vitriol vert* de l'expérience 207, le *sulfate de cuivre* ou *vitriol bleu* de l'expérience 209, et en général tous les sels dont la base est insoluble. D'autres sels, tels que le *carbonate de soude*, bleuissent au contraire le tournesol.

Le tournesol ne suffira donc pas pour reconnaître un sel, mais il permettra de distinguer un acide d'une base, à la condition qu'ils soient solubles. Un sel, à l'état solide, est généralement cristallisé.

En résumé :

L'oxygène s'unit à un **métalloïde** *pour donner un* **acide** à un **métal** *pour former un* **oxyde**; *l'oxyde et l'acide en s'unissant forment un* **sel**;

Un *métal* et un *métalloïde autre que l'oxygène* peuvent aussi s'unir, le composé qui en résulte s'appelle **corps binaire**.

Les corps binaires sont les seuls corps composés qui ne renferment pas d'oxygène. Le sel marin en est un, il est fait du métal *sodium* uni à un métalloïde gazeux le *chlore;* son nom chimique est *chlorure de sodium:* la terminaison *ure* indique toujours un corps binaire, privé d'oxygène. Les corps binaires du chlore s'appellent chlorures; ceux du soufre, sulfures, etc.

Un corps composé est la réunion intime de plusieurs corps simples; cette union intime s'appelle **combinaison**, elle est toujours le résultat d'une action chimique, et il est facile de ne la point confondre avec un simple **mélange**. L'expérience suivante va nous montrer la différence.

Expérience 219. — On mêle intimement de la limaille de fer très fine et du soufre en fleur, le mélange est gris; au moyen d'un verre grossissant, on pourrait distinguer les parcelles de soufre des fragments de fer. En soufflant doucement dessus, le soufre est emporté par le courant d'air et le fer plus lourd est peu déplacé; la séparation se fera mieux encore au moyen d'un aimant qui, promené sur le mélange attirera le fer et laissera le soufre. Le métal et le métalloïde étaient simplement mélangés.

Refaisons ce mélange et imbibons-le d'eau tiède; la température s'élève bientôt, ce qui indique une action chimique, et la masse devient toute noire; le souffle ni l'aimant ne pourraient plus rien séparer; on n'a plus ni soufre, ni fer, mais du **sulfure de fer**. En chauffant le mélange de soufre et de fer dans une coupelle métallique ou une cuillère, ou dans un tube de verre, l'action chimique serait beaucoup plus rapide; il se produit quelquefois, dans ce cas, un phénomène lumineux par suite de la forte élévation de température.

Si, sur le sulfure de fer obtenu, on verse un acide étendu d'eau, il se dégage un gaz à odeur infecte rappelant celle des œufs pourris. Sur un mélange de soufre et de fer, l'acide n'attaque que le fer; le gaz qui se dégage est de l'hydrogène dont l'odeur est faible, et serait nulle si le fer employé était pur.

L'action chimique a donc uni intimement le fer et le soufre; ils sont combinés, et forment un corps nouveau, ce qui est le résultat déjà bien connu de tout phénomène chimique. Ainsi la combinaison est toujours accompagnée d'un phénomène chimique, tandis que le mélange ne l'est pas.

Il est des acides, peu nombreux du reste, qui ne renferment pas d'oxygène; ils sont composés d'un métalloïde combiné à l'hydrogène; ils ressemblent à des corps binaires, car on considère l'hydrogène comme un métal, mais ils rougissent le tournesol, on les appelle **hydracides**. Le gaz infect qui se dégage quand on traite du sulfure de fer par un acide, est un hydracide appelé *acide sulfhydrique* ou simplement *hydrogène sulfuré*.

Les hydracides se combinent avec les oxydes, forment des corps binaires et en outre de l'eau. L'acide chlorhydrique, qui se dégage gazeux quand on verse de l'acide sulfurique sur du sel marin, reforme, avec du carbonate de soude, du sel marin ou chlorure de sodium.

Expérience 220. — Dans une solution de carbonate de soude bleuie par un peu de tournesol, on verse peu à peu de l'acide chlorhydrique; lorsque le dégagement d'acide carbonique cesse, le tournesol vire au rouge. Il ne faut plus ajouter d'acide, la soude du carbonate qui a laissé échapper son acide carbonique est neutralisée. Si l'on évapore le liquide, qui est salé, on obtient comme résidu du sel marin; il est bon de faire bouillir le liquide dans un ballon de verre d'abord, l'acide en excès s'évapore et on peut alors achever l'évaporation dans une casserole métallique, autrement le métal du vase serait attaqué par l'excès d'acide.

Deux substances peuvent être mêlées en proportion quelconque; mais quand elles se combinent, la combinaison se fait toujours en **porportions définies** et toujours les mêmes, pour les mêmes corps composés. Par exemple, on peut mélanger une quantité quelconque de fer et une quantité quelconque de soufre; mais si l'on chauffe pour opérer la combinaison, 7 parties en poids de fer s'uniront à 4 parties en poids de soufre et formeront 11 parties en poids de sulfure de fer. S'il y avait 5 grammes de soufre et 7 grammes de fer, 1 gramme de soufre resterait sans entrer dans la combinaison, et on pourrait le séparer en chauffant la masse obtenue, il se volatiliserait; tandis que les 4 grammes combinés resteraient intimement unis aux 7 grammes de fer dans les 11 grammes de sulfure. S'il y avait 4 grammes de soufre et 8 grammes de fer, 1 gramme de fer resterait sans emploi.

De même quand on calcine 50 grammes de craie, de marbre ou de calcaire pur, on obtient 28 grammes de chaux et il se dégage 22 grammes (environ 11 litres) d'acide carbonique renfermant 6 grammes de charbon, ni plus, ni moins.

En deux mots, **dans un corps composé**, quelle que soit sa provenance, **les éléments** ou corps simples **qui le constituent s'y rencontrent toujours dans la même proportion.**

CHAPITRE II

L'AIR, L'EAU ET LE FEU

68. L'AIR ATMOSPHÉRIQUE. — Le globe terrestre est entouré d'une atmosphère gazeuse que nous appelons l'air. Ce gaz est *inodore*, quand il est pur, et *incolore ;* cependant sous une grande épaisseur il paraît bleu, c'est la couleur de l'azur du ciel. Il remplit tous les vases que nous disons vides, comme le ferait l'eau si ces vases étaient plongés dans ce liquide. Quand on dit qu'un flacon est vide, il ne faut pas entendre par là qu'il ne contient absolument rien, car il renferme de l'air. En plongeant verticalement dans l'eau un verre retourné l'orifice en bas, l'eau n'y pénètre pas, parce que l'air s'y oppose ; le liquide monte un peu cependant, l'air étant élastique et compressible, comme tous les gaz (22).

Les propriétés physiques de l'air ont été mises en évidence par les expériences 48 et suivantes ; cherchons de quoi ce gaz est fait. **Il renferme de l'oxygène.**

Expérience 221. — La combustion du charbon, du soufre, du phosphore, peut se faire dans un flacon plein d'air, comme dans un flacon d'oxygène ; elle est moins vive, voilà tout. Mais il se forme de l'acide carbonique, ou sulfureux, ou phosphorique, ce qu'il est facile de constater au moyen de l'eau de chaux et du tournesol. S'il s'est formé un acide, c'est que le flacon contenait de l'oxygène.

C'est parce que l'air contient de l'oxygène qu'il peut entretenir les combustions ; elles sont moins vives dans l'air que dans l'oxygène, l'air n'étant pas de l'oxygène pur. Cependant en renouvelant rapidement l'air autour d'un corps qui brûle, la combustion est activée ; le soufflet est destiné à cet usage. En soufflant sur une bougie, on l'éteint ; dans ce cas, la trop grande masse d'air abaisse la température au-dessous de celle nécessaire à l'incandescence (47).

Expérience 222. — En diminuant la section de l'orifice par lequel l'air arrive, en soufflant par exemple sur la flamme d'une bougie au moyen d'un tube effilé, qu'on nomme dans ce cas un **chalumeau**, on élève considérablement la température. Une pipe en terre constitue un bon chalumeau. Si l'on projette de la limaille de fer dans le dard enflammé ainsi obtenu, la combustion du métal se fait comme dans l'oxygène pur.

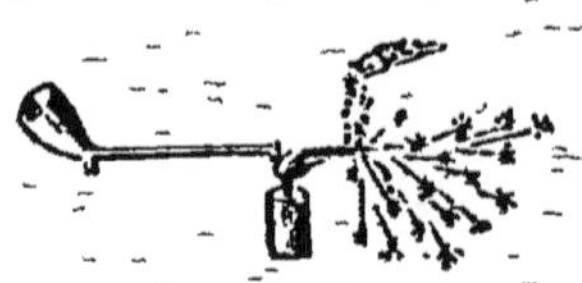

Fig. 112. — Le fer projeté dans la flamme du chalumeau donne de brillantes étincelles.

Dans le feu de la forge, le fer peut brûler de la même manière et se transformer plus ou moins complètement en oxyde brun; c'est une expérience qu'ont faite tous les apprentis forgerons.

La plupart des métaux, les métaux précieux (or, argent, platine) exceptés, s'oxydent quand on les chauffe à l'air; un fragment de cuivre chauffé dans la flamme d'une lampe, ou le dard du chalumeau, se couvre d'oxyde noir de cuivre, la flamme se colore en vert.

L'oxydation du zinc a l'air se fait avec production d'une vive lumière d'un blanc verdâtre, si la température est suffisamment élevée; cette brillante expérience peut se réaliser très simplement.

Expérience 223. — Dans une coupelle de tôle mince confectionnée d'un débris de boîte de conserves, ou un couvercle de boîte à cirage, on place quelques rognures de zinc et on chauffe fortement, soit sur la lampe chalumeau, soit simplement sur des charbons très bien allumés jusqu'à ce que le zinc, non seulement fondu, mais *soit porté au rouge*. En écartant d'un bout de fil de fer la couche d'oxyde qui s'est formée à la surface du métal fondu, celui-ci prend feu. L'inflammation s'obtient plus sûrement en prenant un peu de zinc fondu au bout du fil de fer, le plaçant dans la partie la plus vive du foyer au-dessous de la coupelle, et le rapportant rapidement dans le métal en fusion.

Fig. 113. — Le zinc s'enflamme à l'air quand on le chauffe suffisamment. — c, coupelle en tôle mince contenant le zinc, et supportée par un trépied en fil de fer; f, petit crochet en fil de fer servant à remuer le zinc fondu; L, lampe-chalumeau.

Il suffit de remuer la masse pour la brûler complètement, c'est-à-dire d'amener successivement les différentes portions du métal au contact de l'air qui fournit l'oxygène.

Dans cette opération, le zinc augmente considérablement de volume et aussi de poids ; 33 grammes de zinc fournissent 41 grammes d'oxyde de zinc. Cependant si l'on pesait le zinc employé et l'oxyde obtenu, on ne trouverait pas cette proportion ; cela tient à ce qu'une partie de l'oxyde de zinc s'échappe dans l'air sous forme de flocons blancs plus ou moins analogues aux toiles d'araignée qui flottent parfois dans l'air par le beau temps. Les anciens alchimistes donnaient à ces flocons le nom de *laine philosophique*. L'oxyde de zinc est jaune quand sa température est élevée, il devient blanc par refroidissement ; on l'utilise en peinture sous le nom de *blanc de zinc*, et il se prépare industriellement par un procédé analogue à celui de notre expérience.

Si dans un volume déterminé d'air, on produit une combustion qui use tout l'oxygène, la diminution de volume fera connaître la proportion du gaz comburant, on aura réalisé l'**analyse de l'air**.

Expérience 224. — Allumons une bougie ou une chandelle, et fixons-la verticalement dans une assiette par quelques gouttes de suif fondu que nous ferons tomber en l'inclinant. Versons de l'eau dans l'assiette et coiffons la bougie allumée d'une carafe, en ayant soin de descendre rapidement le col de la carafe dans l'eau de l'assiette ; sans cette précaution une partie de l'air échauffé par la flamme de la bougie s'échapperait au dehors.

L'air dans lequel la combustion va se faire est isolé de l'air extérieur, et la bougie en brûlant va lui prendre son oxygène ; sa flamme s'allonge bientôt, pâlit et s'éteint. A ce moment une certaine quantité d'eau monte dans la carafe (fig. 114). Nous verrons (expérience 239) que la bougie en brûlant donne de l'acide carbonique et de la vapeur d'eau qui se dissolvent tous deux dans l'eau.

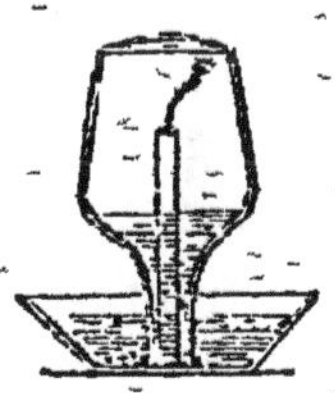

Fig. 114. — L'eau monte dans la carafe quand la bougie s'éteint.

Le volume de l'eau montée dans la carafe est égal à celui de l'oxygène disparu. Mesurons ce volume, puis nous le comparerons à celui de la carafe.

A cet effet, on saisit la carafe d'une main, l'assiette de l'autre et on retourne brusquement le tout ; l'eau restée dans l'assiette sera renversée et on pourra verser celle de la carafe dans un verre. On marque le niveau de l'eau dans le verre en collant au dehors une petite bande de papier ; puis on reverse l'eau dans la carafe ; on remplit le verre, jusqu'à la marque, d'une nouvelle quantité d'eau qu'on ajoute à celle de la carafe, et l'opération est répétée jusqu'à ce que cette dernière soit entièrement pleine, ce qui arrive quand le contenu du verre a été versé 5 fois. La conclusion est qu'un cinquième de l'air avait disparu par la combustion, **l'air est donc formé d'un cinquième environ d'oxygène.**

Le reste, ou les quatre cinquièmes, est un gaz qui *n'est ni comburant* puisque la bougie s'y est éteinte, *ni combustible*, puisqu'il ne s'est pas enflammé ; *ce gaz inerte s'appelle* **azote**, mot qui veut dire *n'entretenant pas la vie*.

69. L'AZOTE. — L'expérience précédente nous permet d'en obtenir, voyons ses propriétés.

Expérience 225. — Répétons l'expérience précédente, seulement au lieu d'eau ordinaire, mettons de l'eau de chaux dans l'assiette ; puis après avoir retourné la carafe, remplaçons l'assiette par la paume de la main et agitons, l'acide carbonique sera ainsi totalement absorbé.

La carafe étant toujours fermée par la paume de la main, on la plonge l'ouverture en bas dans un seau plein d'eau ; en l'inclinant suffisamment, si la main est retirée, l'azote s'échappe en bulles que l'on reçoit dans des fioles à large col préalablement remplies d'eau et renversées l'ouverture en bas (fig. 115). Si le col de la fiole était étroit, il serait avantageux d'y introduire un entonnoir (fig. 132).

Fig. 115 — L'azote est transvasé dans des flacons plus petits, après avoir été purifié.

Si, dans un flacon plein d'azote, on plonge une allumette allumée, elle s'éteint ; cela est démontré par la bougie ; versons dans le flacon du tournesol bleu, il ne change pas de couleur ; du tournesol rouge, pas davantage ; de l'eau de chaux, elle ne se trouble pas. L'azote est un gaz inerte ; à quoi sert-il dans l'air ? — Il modère l'action trop vive de l'oxygène pur. L'azote n'est pas un poison, puisque nous en respirons continuellement ; mais de même qu'il arrête les combustions, il arrête aussi la vie ; un animal plongé dans l'azote y périt asphyxié. C'est que la respiration des animaux et la combustion des corps combustibles sont deux phénomènes identiques au fond ; une partie des aliments que nous mangeons est brûlée dans le sang par l'oxygène de l'air que nous respirons. La combustion se fait lentement, sans flamme, elle entretient la chaleur animale. Cet intéressant sujet sera examiné en détail quand on étudiera les animaux (98).

Voici un moyen plus scientifique que le précédent de préparer de l'azote et de faire l'analyse de l'air.

Expérience 226. — On fait passer de l'air sur du cuivre porté au rouge, l'oxygène est absorbé, l'azote reste gazeux.

Pour trouver le rapport entre les volumes des deux gaz constituant l'air, on place le cuivre dans un tube de métal ou de verre communiquant d'un côté à un flacon plein d'air disposé en gazomètre, de l'autre à un tube à dégagement (tube abducteur). Si le tube *t*

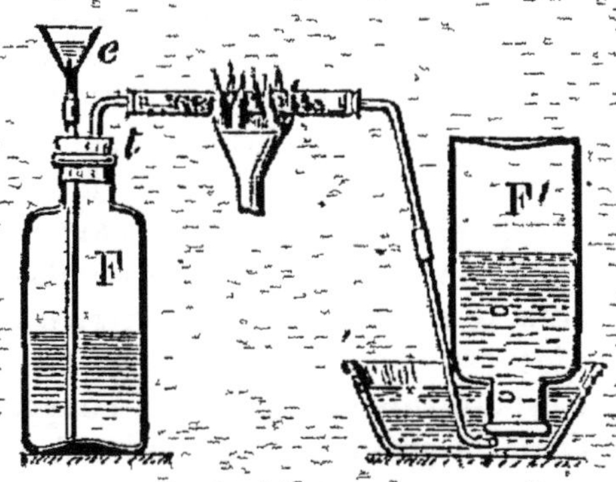

Fig. 116 — Préparation de l'azote par l'air et le cuivre. F, flacon renfermant l'air qu'on fait passer en *t* sur le cuivre chauffé en versant de l'eau dans l'entonnoir *e*; F' reçoit l'azote et se remplit au 4/5 s'il est de même capacité que F.

(fig. 116) est en verre, on le chauffe graduellement de manière à en éviter la rupture; on chauffe d'abord en promenant la flamme dans toute la longueur, puis on la laisse fixe quelque temps en différents endroits. Si l'on emploie un tube métallique on met, sur les bouchons, des fragments de papier brouillard que l'on maintient humide, afin d'empêcher la carbonisation du liège.

Le flacon qui doit recueillir l'azote est placé sur la cuve à eau; ensuite on fait passer l'air sur le cuivre en versant de l'eau dans l'entonnoir, d'une manière continue, afin de ne pas entraîner de bulles d'air, ce qui fausserait le résultat final. Pour que l'arrivée de l'air sur le cuivre soit lente et régulière, on obstrue partiellement l'entonnoir d'un fragment de bois qui a en outre l'avantage de consolider l'entonnoir au bout du tube.

Quand le gazomètre est plein d'eau, le volume de l'azote recueilli est les 4/5 de l'air employé, ce qu'il est facile de constater en pesant ou mesurant l'eau nécessaire pour achever de remplir le flacon F' et celle qui remplit le flacon F. On trouve ainsi que l'air est formé d'environ 1 volume d'oxygène *mélangé* à 4 volumes d'azote; la proportion exacte est 20,8 d'oxygène et 79,2 d'azote.

L'air est un **mélange** et non une combinaison; en ajoutant 1 volume d'oxygène à 4 volumes d'azote, on refait de l'air, et le mélange obtenu présente à la fois les propriétés de l'oxygène et celles de l'azote; il n'y a pas production d'un corps nouveau; enfin le mélange se fait sans la moindre élévation de température, par conséquent il n'y a pas combinaison chimique, pas plus que si l'on mêlait de l'eau à du vin.

L'azote entre dans la composition de la chair des animaux et dans un grand nombre de tissus végétaux. Toutes les substances animales ou végétales qui en renferment sont susceptibles d'entrer en putréfaction; il se forme, entre autres composés d'odeur très-désagréable, un gaz piquant qui provoque les larmes, et dont la dissolution dans l'eau est connue sous le nom d'**ammoniaque** ou *alcali volatil*. Ce *gaz ammoniac* est composé d'azote et d'hydrogène qui peuvent brûler, c'est-à-dire se combiner à l'oxygène, le dernier en formant de l'eau, le premier en produisant de l'*acide azotique* appelé aussi *acide nitrique*, parce qu'il existe dans le *nitre* ou *salpêtre* (nitrate ou azotate de potasse).

L'azote s'appelle quelquefois *nitrogène* (qui engendre le nitre).

En résumé, l'azote se rencontre: dans l'air où il ne semble jouer aucun rôle actif; dans les substances animales ou végétales capables de se putréfier; dans l'ammoniaque où il est combiné à l'hydrogène; enfin, combiné à l'oxygène, dans l'acide azotique et les azotates. Nous y reviendrons plus loin (83).

Outre l'azote et l'oxygène, l'air atmosphérique renferme de la vapeur d'eau en proportion variable mais faible (exp. 141), et environ un demi-millième d'acide carbonique.

Une bouteille froide et sèche, apportée de la cave dans une pièce chaude, se couvre rapidement d'une buée formée de fines gouttelettes dues à la condensation de la vapeur d'eau contenue dans l'air. Les phénomènes atmosphériques étudiés (40) sont la conséquence de la présence de la vapeur d'eau dans l'atmosphère.

En exposant de l'eau de chaux à l'air, elle ne tarde pas à se troubler, ce qui démontre l'existence de l'acide carbonique dans l'air. Voici un autre moyen de démonstration.

Expérience 227. — On ferme une éprouvette ou un flacon contenant de l'eau de chaux par un bouchon traversé de deux tubes; l'un plonge dans l'eau de chaux, on aspire par l'autre (fig. 117). Un trouble se manifeste, il est dû au carbonate de chaux formé.

Fig. 117.
L'acide carbonique de l'air qui passe dans l'eau de chaux la trouble.

En soufflant par le tube *b* de cet appareil, l'eau de chaux se trouble beaucoup plus vite qu'en aspirant par *a*; l'air expiré contient une forte proportion d'acide carbonique, environ 4 pour 100 ; un homme en fournit de 15 à 20 litres à l'heure.

70. PRÉPARATION ET PROPRIÉTÉS DE L'HYDROGÈNE. — Quand on verse de l'eau acidulée par de l'acide sulfurique sur du fer, il se dégage un gaz inflammable appelé **hydrogène;** dans l'expérience 207, ce gaz s'est répandu dans l'air. Recommençons la préparation en disposant l'appareil de manière à pouvoir recueillir le gaz.

Expérience 228. — Mettons dans un flacon du fer, ou mieux des rognures de zinc et de l'eau, puis disposons le flacon comme l'indique la figure 118.

Dans un verre contenant de l'eau, ajoutons peu à peu de l'acide sulfurique, le dixième environ du volume d'eau, et versons cette eau acidulée dans le flacon.

L'hydrogène se dégage et remplit l'éprouvette ; si l'on approche une allumette allumée de l'ouverture de l'éprouvette retirée de l'eau, le gaz s'enflamme en produisant une petite détonation, l'hydrogène est mêlé à l'air que contenait le flacon. Quand cet air est expulsé, l'hydrogène brûle sans détonation avec une flamme très pâle, visible seulement dans un endroit obscur.

Lorsque l'inflammation des éprouvettes recueillies dans la préparation de l'hydrogène se fait sans détonation, on peut dire que le gaz qui se dégage est de l'hydrogène seul, il n'y a plus d'air.

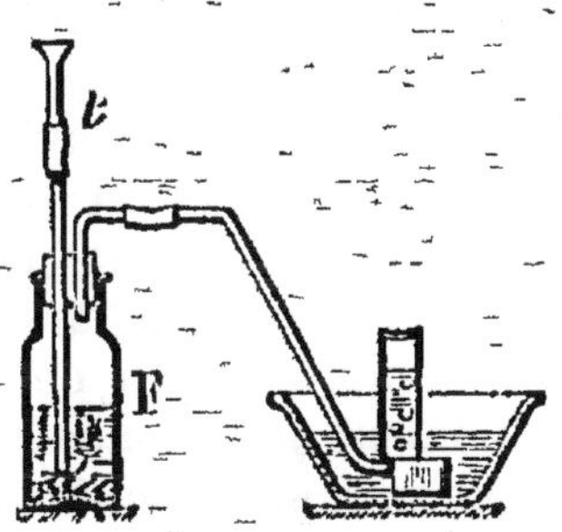

Fig. 118. — Préparation de l'hydrogène. F, flacon contenant l'eau et le métal; on verse l'acide par le tube à entonnoir *t*.

Alors, **mais alors seulement,** on peut sans danger (nous allons voir pourquoi) enflammer l'hydrogène à la sortie du tube abducteur; on réalise ainsi l'ancienne lampe philosophique (fig. 127).

Le gaz brûle d'une façon continue au bout du tube, grâce à l'oxygène de l'air; car pour que l'hydrogène puisse brûler, il faut de l'oxygène, comme pour toute combustion.

Expérience 229. — On remplit d'eau un grand flacon qu'on ferme d'un carré de papier (exp. 54) et qu'on retourne dans la terrine de l'appareil précédent à la place de l'éprouvette, le flacon se remplit d'hydrogène. Lorsqu'on met le feu, la flamme ne descend pas jusqu'au fond, et tout l'hydrogène n'est pas brûlé, l'oxygène manque. Mais si l'on verse de l'eau dans le flacon, après avoir allumé l'hydrogène, l'eau n'éteindra pas la flamme, elle l'activera au contraire, en chassant le gaz hors du flacon au contact de l'air.

En mettant le feu à un mélange d'hydrogène et d'oxygène, il se fait une explosion. La combustion de l'hydrogène est instantanée et cela se conçoit : dans un gaz les molécules sont séparées, si elles sont combustibles et mêlées à d'autres comburantes, l'inflammation se propagera très rapidement ; des copeaux de bois sec s'enflamment d'autant mieux et plus rapidement qu'ils sont plus minces et mieux divisés, la bûche qui a servi à les former se serait enflammée bien plus difficilement qu'eux. L'inflammation du mélange explosif ou détonant d'hydrogène et d'oxygène doit se faire avec certaines précautions, elle est dangereuse.

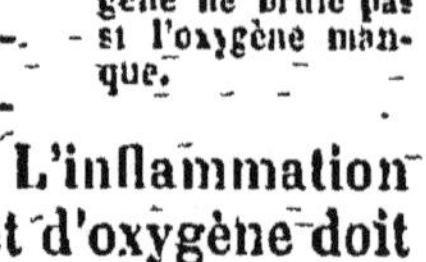

Fig. 119.—L'hydrogène ne brûle pas si l'oxygène manque.

Expérience 230. — On remplit d'oxygène un flacon disposé en gazomètre (exp. 213), puis on fait arriver successivement dans une éprouvette ou un *petit* flacon à large col, 1/3 d'oxygène et 2/3 d'hydrogène. L'éprouvette étant sur la cuve à eau (fig. 120), on la soulève légèrement en l'inclinant de manière à l'ouvrir un peu au dehors, on approche un corps enflammé, il y a détonation. Si au même moment on enfonce l'éprouvette dans l'eau, elle se remplit entièrement. Ainsi faite, l'expérience ne présente aucun danger ; si le mélange remplit un flacon à étroite ouverture d'un ou deux décilitres de capacité, l'explosion est plus bruyante qu'un coup de pistolet, et le flacon peut éclater. En enveloppant la fiole d'un linge qui l'entoure plusieurs fois, les débris de verre resteront dans le linge si la fiole est brisée, et l'expérimentateur ne courra aucun risque.

Fig. 120. — Mélange détonant.

On comprend maintenant pourquoi, dans l'expérience précédente, *on ne doit enflammer l'hydrogène à sa sortie de l'appareil que si celui-ci est purgé d'air.*

L'expérience du mélange détonant peut encore se faire sans danger, en faisant dégager, dans de l'eau de savon, le mélange explosif renfermé dans une bouteille disposée en gazomètre ; si le mélange est volumineux, on y met le feu avec une longue baguette.

La détonation n'est intense qu'autant que le mélange est

fait dans les proportions indiquées, car si l'un des deux gaz est en excès, il y a un reste qui amortit le choc de l'air venant brusquement prendre la place des deux gaz combinés. Le résultat de cette combinaison entre l'hydrogène et l'oxygène est de l'**eau**, comme nous allons le voir.

L'hydrogène est plus léger que l'air; voici une expérience qui le démontre.

Expérience 231. — Une bulle de savon détachée du tube au bout duquel on la souffle tombe à terre, ce qui n'a rien de surprenant. En trempant l'extrémité d'un tube par lequel arrive de l'hydrogène, dans de l'eau de savon, puis en retirant de l'eau et relevant verticalement le tube, il se forme des bulles que l'on détache par un petit choc et qui s'élèvent dans l'air. Il faut donc (19) que l'hydrogène soit plus léger que l'air.

Fig. 121. — Les bulles de savon gonflées à l'hydrogène s'élèvent dans l'air comme de petits ballons.

Un litre d'hydrogène pèse à peu près 9 centigrammes; ce gaz est donc 14 fois 1/2 plus léger que l'air dont un litre pèse 1 gr., 3; il est 16 fois moins dense que l'oxygène; 14 fois moins que l'azote; 22 fois moins que l'acide carbonique.

L'hydrogène en brûlant donne de la vapeur d'eau.

Expérience 232. — Pour le démontrer, il suffit d'ajuster à un appareil à hydrogène en activité et *purgé d'air*, un tube coudé, effilé ou rétréci à son extrémité, et d'enflammer le gaz; un verre froid placé au-dessus de la flamme (fig. 122) se couvre de vapeur d'eau condensée. Si l'on prolonge l'expérience, le verre s'échauffe, et la buée, se vaporisant à nouveau, disparaît. La vapeur d'eau est un gaz incolore, elle ne devient visible que lorsqu'une partie est revenue à l'état liquide (exp. 148).

Fig. 122. L'eau résulte de la combinaison de l'hydrogène avec l'oxygène.

Examinons ce qui s'est produit dans l'appareil à hydrogène.

Expérience 233. — Le liquide qu'il renferme est acide, surtout lorsque le métal est complètement dissous; on le neutralise en ajoutant du métal, zinc ou fer, et en faisant bouillir; la réaction s'achève et la solution se concentre. Le liquide chaud occupant un volume d'environ un décilitre pour 20 grammes de métal dissous, est filtré et ensuite abandonné dans une assiette ou un verre. Des cristaux se forment, on les sépare, un jour ou deux après, par décantation, et on les fait égoutter et sécher en les plaçant dans un entonnoir (fig. 123).

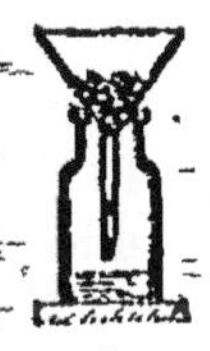

Fig. 123. — Dessiccation des cristaux obtenus.

Le liquide restant (*eau-mère*) peut être concentré à nouveau par évaporation, il se formera de nouveaux cristaux. Le sel obtenu est du *sulfate de zinc* (vitriol blanc), ou du *sulfate de fer* (vitriol vert) selon le cas, quand on a employé de l'acide sulfurique. Si l'on a employé l'acide chlorhydrique, la cristallisation se fait difficilement, surtout pour le zinc; le *chlorure de zinc* a une consistance butyreuse qui lui a fait donner le nom de *beurre de zinc*.

En employant du zinc, de l'eau et de l'acide sulfurique, on a donc obtenu du sulfate de zinc et de l'hydrogène. Le **sulfate de zinc** est un sel formé d'acide sulfurique et d'*oxyde* de zinc. La base de ce sel s'est faite du zinc employé et de l'oxygène de l'eau décomposée dont l'hydrogène s'est dégagé.

De sorte que le métal se combine d'abord avec l'oxygène de l'eau, **un corps simple ne se combine qu'à un corps simple;** puis l'oxyde formé s'unit à l'acide employé, **un corps composé ne se combine qu'à un corps composé.** Le corps simple, zinc ou fer, ne s'est donc pas combiné directement à l'acide qui est corps composé, mais bien à un autre corps simple d'abord, à l'oxygène de l'eau; l'hydrogène de cette dernière n'étant plus combiné, a repris son état ordinaire, qui est l'état gazeux, et il s'est dégagé. Ce n'est que l'eau qui a fourni l'hydrogène, et elle a été décomposée parce qu'à côté d'elle il se formait un corps qui avait besoin d'oxygène.

La légende suivante explique la réaction :

$$\text{Eau} = \left\{ \begin{array}{l} \text{Hydrogène (s'est dégagé)} \\ \text{Oxygène} \end{array} \right\} \left. \begin{array}{l} \\ \text{oxyde de zinc.} \end{array} \right\} \text{sulfate de zinc.}$$
$$\left. \begin{array}{l} \text{Zinc} \\ \text{Acide sulfurique} \end{array} \right.$$

La proportion (qui est *définie* puisqu'il s'agit d'une combinaison chimique) dans laquelle le métal, l'eau et l'acide se combinent est la suivante : 33 grammes de zinc, 9 d'eau et 40 d'acide; on obtient 81 grammes de sulfate de zinc et 1 d'hydrogène, le tout compté en poids; il n'y a donc rien de perdu. Pratiquement, on emploie beaucoup plus d'eau, il en faut pour dissoudre le sulfate de zinc qui se forme.

Retenons ceci seulement, 33 grammes de zinc permettent d'obtenir 1 gramme d'hydrogène, soit environ 11 litres. Les cristaux obtenus, si l'on a tout recueilli, pèseront toutefois plus de 81 grammes, on en pourra avoir 144; cela tient à ce qu'au sulfate de zinc il se *combine* de l'eau pour former les cristaux. En chauffant un cristal de sulfate de zinc, *l'eau de cristallisation* s'évapore, et il reste du sulfate de zinc *anhydre*, c'est-à-dire privé d'eau et amorphe, ou non cristallisé.

Le **sulfate de fer** se comporte de même; seulement si on le chauffe encore après l'évaporation de l'eau, l'acide sulfurique se dégage à son tour. C'est avec le sulfate de fer ou *vitriol vert* obtenu en exposant pendant plusieurs mois à l'air du sulfure de fer naturel, la *pyrite*, qu'on préparait autrefois l'acide sulfurique; et comme le liquide est filant, on lui donnait le nom d'*huile* de vitriol.

71. COMPOSITION DE L'EAU. — *L'eau est une combinaison d'hydrogène et d'oxygène;* nous venons d'en avoir la preuve. L'expérience 232 permet de fabriquer un peu d'eau, et par suite d'en faire la *synthèse;* si l'on mesurait rigoureusement les quantités d'hydrogène brûlé et d'eau obtenue, la différence serait le poids de l'oxygène. Dés expériences précises et très délicates ont prouvé que 1 volume d'oxygène se combine à 2 volumes d'hydrogène; ce qui fait en poids (l'oxygène étant 16 fois plus dense que l'hydrogène) 8 d'oxygène pour 1 d'hydrogène. En d'autres termes, 8 grammes d'oxygène et 1 gramme d'hydrogène donnent 9 grammes d'eau en se combinant.

Un moyen très élégant de faire l'analyse de l'eau consiste à la décomposer par la *pile* (60).

On emploie un vase appelé **voltamètre** (fig. 124), dont le fond est traversé par deux fils métalliques en *platine*, on le remplit d'eau. L'eau pure n'est pas traversée par le courant de la pile, on l'additionne d'un peu d'acide sulfurique ou de sel, pour la rendre conductrice. Les deux fils de platine étant recouverts chacun d'un tube à essai retourné plein d'eau, on les relie aux deux pôles d'une pile; l'hydrogène se dégage en A sur le fil qui communique au pôle —, l'oxygène en B, et l'on remarque que le volume obtenu en A est double de celui obtenu en B. L'ensemble des deux gaz constituerait un mélange détonant fait dans d'exactes proportions.

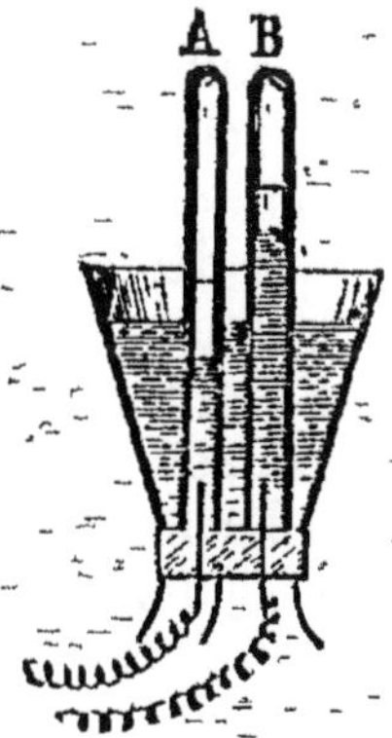

Fig. 124
Voltamètre.

Avec une pile énergique, la décomposition de l'eau est assez rapide, en quelques minutes l'éprouvette d'hydrogène est remplie; mais avec une pile de quelques éléments, il faut un quart d'heure ou plus pour recueillir quelques centimètres cubes de gaz. Un seul élément de pile au bichromate (60 — 3°) suffit à la décomposition de l'eau ; le courant d'un seul élément zinc-cuivre ne donne pas trace de décomposition, il faut au moins deux éléments. En outre, le fil intérieur du voltamètre par lequel arrive le courant, le fil +, doit être en platine ; s'il est en cuivre ou en laiton, l'oxygène ne se dégage pas, quelle que soit l'intensité du courant, le cuivre s'oxyde à mesure de la formation d'oxygène. Quant à l'autre fil (—), il suffit que l'eau acidulée ne l'attaque point.

On pourra, sans fil de platine, réaliser à demi cette importante expérience en opérant de la manière suivante :

Expérience 234. — Dans un verre V contenant de l'eau acidulée (fig. 125), on fait arriver un fil de cuivre ou de laiton, la portion *ab* est nue, l'autre *ac* est recouverte de gutta ou simplement de cire, pour l'isoler du liquide. Le fil *d* par lequel arrive le courant (+) est relié au pôle charbon ou cuivre (+) de la pile, l'autre au pôle zinc (—) ; l'hydrogène se dégage dans l'éprouvette. En regardant de près le fil *d*, on voit des stries descendantes qui indiquent que quelque chose se dissout à sa surface ; et en prolongeant suffisamment l'expérience, le liquide devient bleuâtre, à la base du fil surtout : l'oxygène produit au pôle +, dans le voltamètre, attaque le cuivre, et l'oxyde de cuivre formé se combine à l'acide sulfurique de l'eau

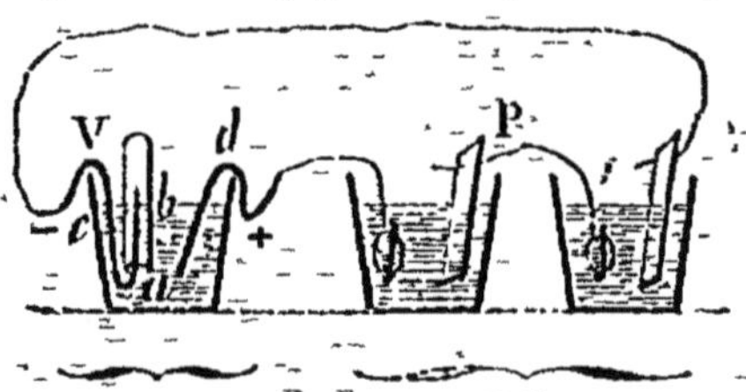

Fig. 125. — L'hydrogène se dégage au pôle —, l'oxygène est absorbé au pôle +, si l'électrode d'n'est pas en platine.

acidulée, il en résulte du *sulfate de cuivre*, qui est bleu.

A défaut d'un élément de pile au bichromate, on se servira de deux éléments zinc-cuivre (fig. 88). Ces éléments peuvent se monter dans des verres à boire, et le pôle + peut être fait d'un sou attaché à un fil de cuivre (fig. 125).

Le fer porté au rouge décompose l'eau en s'emparant de l'oxygène ; l'hydrogène devenu libre se dégage ; c'est un moyen de le préparer, mais beaucoup moins commode et plus long que celui de l'expérience 228.

Expérience 235. — Dans un tube métallique, plaçons du fer en fragments (fils, paille ou tournure de fer), chauffons le tube au rouge dans une toile métallique M remplie de charbons allumés (fig. 126) et l'eau du ballon B de manière à atteindre à peine l'ébullition ; nous obtiendrons de l'hydrogène dans l'éprouvette retournée sur la cuve à eau ; on reconnaît ce gaz en l'enflammant.

On empêche la carbonisation des bouchons, comme dans l'expérience 226, en mettant sur chaque bout du tube métallique un fragment de papier buvard pp', maintenu humide pendant toute la durée de l'expérience.

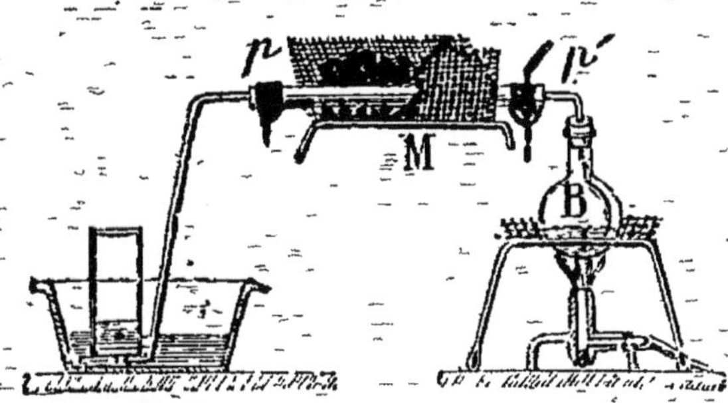

Fig. 126. — A la température du rouge, le fer décompose la vapeur d'eau.

Le fer n'est pas nécessaire à la décomposition de l'eau, la vapeur d'eau portée à une très haute température se scinde en ses deux éléments. Ce phénomène, qui est inverse de la *combinaison*, s'appelle **dissociation** [1]. L'expérience a démontré qu'à la température de 1,000 degrés l'eau commence à se décomposer, à se *dissocier*. Une conclusion fort intéressante découle de ce fait. Dans la période de formation du globe terrestre, la température atteignait plusieurs milliers de degrés ; l'eau alors n'existait pas encore, ses deux éléments étaient mêlés incandescents à toutes les vapeurs de cette immense fournaise. Peu à peu la température s'est abaissée, elle est arrivée au-dessous de celle de dissociation, et alors la combinaison de l'hydrogène et de l'oxygène a pu s'effectuer. L'eau formée était à l'état de vapeur, puis lentement, après de longues périodes de siècles, elle s'est condensée. L'eau liquide, bouillante, roulant à la surface de la croûte terrestre solidifiée, a dissous tout ce qu'elle a rencontré de soluble, des chlorures surtout, du sel marin en particulier. C'est ainsi que l'eau de la mer est loin d'être pure ; dans un litre, on trouve environ 35 grammes de matières salines en dissolution, dont les deux tiers sont du sel marin.

Quand on évapore de l'eau salée, l'eau seule, c'est-à-dire l'eau pure, se transforme en vapeur, le sel reste. L'évaporation continuelle qui se fait à la surface des mers donne donc de la vapeur d'eau pure, sauf cependant quelques poussières et quelques gaz tels que l'acide carbonique, qu'elle a pu entraîner ou

1. Deux autres expériences de dissociation peuvent être réalisées aussi simplement que celle indiquée ci-dessus : elles consistent à faire passer de la vapeur d'eau ou de l'acide carbonique dans un tube porté au rouge et contenant du charbon ; on obtient un mélange d'hydrogène et d'oxyde de carbone, ou de l'oxyde de carbone seul.

dissoudre dans l'atmosphère. Mais l'eau de pluie, avant d'arriver aux sources, traverse le sol qui renferme toujours des substances un peu solubles dans l'eau, d'où il résulte que les eaux
de sources contiennent de ces substances en dissolution ; la
proportion atteint rarement 1 gramme par litre.

Les **eaux potables**, c'est-à-dire bonnes à boire, n'en
renferment pas plus de 2 ou 3 décigrammes.

On peut se rendre compte de la présence de ces matières
en chauffant de l'eau ordinaire dans une casserole bien propre ;
lorsque toute l'eau sera vaporisée, il restera dans le vase un
mince dépôt semblable à de la craie, formé de sels de chaux ;
ceux-ci peuvent être précipités, dans l'eau ordinaire, d'une
manière fort simple.

Expérience 236. — Dans un vase plein d'eau de fontaine, on
ajoute une dissolution de carbonate de soude, 1 gramme de
carbonate suffit pour un litre d'eau, et on agite ; le liquide
devient laiteux, puis se clarifie au bout de quelques heures en
laissant un dépôt blanc de craie. L'acide carbonique du réactif
s'est combiné à la chaux des sels en dissolution dans l'eau, et
a formé de la craie insoluble qui s'est lentement précipitée.

Quand on veut se procurer de l'eau pure, on distille de l'eau
ordinaire ; l'opération s'exécute comme il a été indiqué (exp.
136 et 137).

L'eau distillée est très fade et n'est pas bonne à boire ;
il lui manque les sels terreux qui donnent de la saveur à l'eau
de source et en outre de l'air en dissolution.

Expérience 237. — Si l'on met pendant quelques heures au
soleil une carafe remplie de bonne eau de fontaine, on voit
apparaître contre le verre une infinité de petites bulles gazeuses,
c'est l'air que l'eau tenait en dissolution. Les gaz sont d'autant
moins solubles que la température est plus élevée ; l'eau légèrement échauffée par les rayons solaires abandonne la plus
grande partie des gaz qu'elle tient dissous. En chauffant de
l'eau dans un ballon, ces bulles se dégagent rapidement, le
dégagement précède le *chant du liquide* ; l'expérience 147 nous
en a rendus témoins. Il suffit de remplir complètement d'eau
un ballon, de le fermer d'un bouchon traversé d'un tube
abducteur qui ne le dépasse pas intérieurement, et de chauffer
jusqu'à l'ébullition pour pouvoir recueillir et mesurer les gaz
qui sont dissous dans l'eau. Un litre d'eau fournit ainsi de 20
à 30 centimètres cubes d'un gaz analogue à l'air, mais plus
riche que lui en oxygène.

72. LA FLAMME. — Quand on frotte une allumette, la chaleur développée par le frottement (38 — 1°) suffit pour déterminer la combinaison chimique entre le phosphore de l'allumette et l'oxygène de l'air; de cette action chimique résulte un grand dégagement de chaleur qui porte à l'incandescence les produits de la combustion, enflamme le soufre, puis le bois. L'allumette approchée de l'extrémité d'un tube par lequel se dégage un gaz combustible l'enflamme, et la combustion du gaz se continue toute seule; la première portion de gaz, chauffée par l'allumette, s'est combinée à l'oxygène de l'air; la chaleur développée par cette première portion de gaz brûlé a suffi pour déterminer la combustion de la seconde, et ainsi de suite. La température est assez élevée pour que le gaz devienne lumineux (47), il constitue une flamme; *cette* **flamme** *est donc un* **gaz incandescent.**

Le pouvoir éclairant des gaz incandescents est bien faible, quand les gaz sont purs; la flamme de l'hydrogène (exp. 232) est à peine visible en plein jour. Pour qu'une flamme soit éclairante, il faut que le gaz dont elle est formée renferme des *matières solides* en suspension; ces matières solides sont elles-mêmes portées à l'incandescence et ce sont elles qui donnent de l'éclat à la flamme. L'expérience va nous le démontrer.

Expérience 238. — Disposez un appareil à hydrogène, comme l'indique la figure 127. Quand le flacon *est purgé d'air*, enflammez l'hydrogène à l'extrémité du tube effilé *t*.

Au moment de l'allumage, l'hydrogène brûle avec une flamme très pâle; bientôt cette flamme devient jaune parce que le verre fond partiellement et abandonne des traces de la soude dont il est formé. La température de cette flamme pâle est très élevée, un fil mince de fer, de cuivre y est fondu; de la limaille de fer très fine y produit les brillantes étincelles de l'expérience 222.

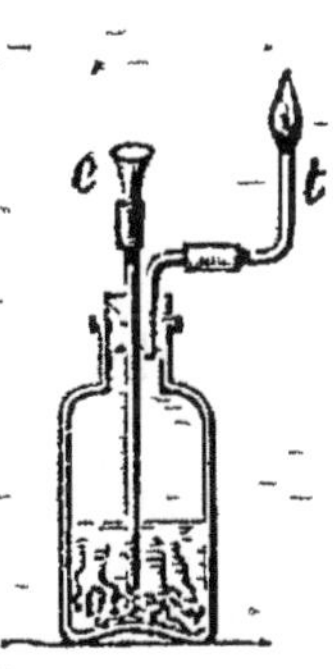

Fig. 127. — Le carbone rend la flamme éclairante.

Un fragment de cuivre colore la flamme en vert, surtout si on l'a préalablement trempé dans un acide; tout composé de cuivre colore de même la flamme en vert. D'une façon générale, on peut dire que chaque corps simple donne une coloration spéciale à une flamme.

En projetant, dans la flamme pâle de l'hydrogène, de la poussière de charbon obtenue par exemple en frottant deux morceaux de charbon l'un contre l'autre, la flamme devient brillante. Elle devient très éclairante quand on verse par le tube à entonnoir *e* quelques gouttes d'essence de pétrole.

Le pétrole est volatil, surtout l'essence; sa vapeur se mêle à l'hydrogène produit dans le flacon; elle est formée d'hydrogène combiné à du carbone, et sous l'influence de la haute température de la flamme d'hydrogène, elle se *dissocie* (exp. 235), l'hydrogène qui est le plus combustible brûle le premier; le charbon libre est d'abord porté à l'incandescence, puis brûle à son tour, c'est-à-dire se transforme en acide carbonique.

Il est facile de mettre en évidence la présence du carbone dans cette flamme, il suffit d'y introduire un corps froid; on obtient immédiatement un dépôt noir de charbon très divisé qu'on appelle *noir de fumée*.

La flamme des lampes, des bougies, est aussi un gaz incandescent renfermant du charbon en suspension. Quand on allume une bougie, la portion de suif voisine de la mèche fond, puis se volatilise, et c'est la vapeur formée qui prend feu. **Les produits de la combustion** des bougies, des lampes, **sont de la vapeur d'eau et de l'acide carbonique.**

Expérience 239. — On introduit une bougie allumée dans une carafe bien sèche (fig. 128), il se forme aussitôt une buée sur les parois froides du verre. Après quelques minutes, on enlève la carafe et par l'eau de chaux et le tournesol, on caractérise l'acide carbonique.

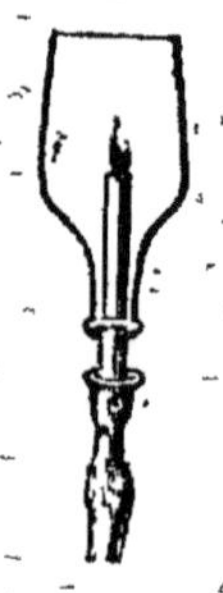

Fig. 128. — La bougie, en brûlant, produit de la vapeur d'eau.

Lorsque l'oxygène qui se renouvelle autour d'une flamme arrive en quantité insuffisante pour la combustion complète du carbone, la flamme devient *fuligineuse* (fumeuse); c'est ce qui arrive si l'on prolonge l'expérience précédente, l'air ne se renouvelle pas assez vite dans la carafe, la flamme s'allonge, et il se dépose un peu de noir de fumée sur le fond de la carafe.

Les mèches, dans les lampes ou les bougies, ont pour objet de faire monter, par capillarité (17), l'huile, ou le suif fondu, en *petite* quantité sur une *grande* surface, de manière que l'oxygène de l'air ambiant soit en proportion suffisante. Quand la mèche d'une lampe est trop élevée, la quantité d'huile ou de pétrole qui se volatilise augmente (l'évaporation croît avec la surface), et il peut arriver que les orifices par lesquels l'air peut pénétrer dans la cheminée de verre soient insuffisants : la lampe *file*. La mèche étant convenablement réglée, la lampe filera encore si l'on ferme plus ou moins complètement ces orifices en les entourant de la main ; la flamme s'allonge, devient plus rouge, et dès l'abord un peu plus éclairante ; si l'on continue à restreindre l'entrée de l'air, la fumée apparaît. L'étranglement des verres a pour effet de rassembler l'air sur la flamme ; ordinairement quand cet étranglement est à un centimètre au plus au-dessus de l'extrémité de la mèche, la lampe ne file pas.

Les produits de la combustion des bougies et des lampes étant de l'acide carbonique et de l'eau, sont inodores ; si une lampe répand une mauvaise odeur, c'est que la combustion n'est pas complète ; il se forme alors des produits très complexes rappelant l'odeur de graisse brûlée, ces produits sont dits **empyreumatiques.**

Les végétaux renferment du charbon et un peu d'hydrogène ; quand on chauffe un morceau de bois, l'hydrogène et un peu de carbone se combinent et forment un gaz analogue à ceux que nous venons de brûler. Dans le foyer d'une cheminée, ce gaz rencontre l'oxygène à mesure qu'il se dégage, alors il s'enflamme. Si on le préparait en chauffant des bûches en vase clos, on pourrait le recueillir dans un gazomètre et le brûler à volonté. C'est un Français Ph. Lebon (de Brachay, Haute-Marne) qui réalisa le premier l'expérience et inventa ainsi le **gaz d'éclairage.**

Répétons en petit l'expérience de Lebon.

Expérience 240. — Dans un tube à essai, on met du bois en menus fragments, et on le chauffe dans des charbons que l'on allume peu à peu au moyen d'une lampe à gaz, à alcool ou autrement (fig. 129) ; puis on active le feu en soufflant sur les charbons.

Les vapeurs qui se dégagent tout d'abord sont peu combustibles, elles sont formées de l'eau que contient toujours le bois, d'alcool et de vinaigre de bois, et de produits goudronneux à odeur empyreumatique. Peu à peu le dégagement de la vapeur d'eau cesse, et la température continuant à s'élever, le gaz d'éclairage se produit ; on peut l'enflammer à son arrivée dans l'air, à l'extrémité effilée *b* du tube à dégagement.

Fig. 129. — Le bois, ou mieux le liège, chauffé en vase clos, fournit du gaz d'éclairage.

Quand le gaz cesse de se dégager, il reste, dans le tube, du *charbon de bois*, et, contre les parois qui ont été le moins chauffées, quelques gouttelettes roussâtres de *goudron*.

Cette expérience réussit fort bien en remplaçant le bois par du liége, on obtient rapidement du gaz très éclairant; il suffit de chauffer le tube au moyen d'une lampe à alcool ou de quelques charbons. (fig. 105 où 106).

73. LE CHARBON. — Le bois complètement brûlé dans un foyer ne laisse qu'un faible résidu de *cendres*; quand on arrête la combustion lorsqu'il n'y a plus ni flamme ni fumée, on obtient de la **braise** facile à rallumer; les boulangers *étouffent* les charbons incandescents, retirés du four, dans de grandes boîtes de tôle appelées *étouffoirs*. Si la combustion du bois est limitée en ne laissant arriver qu'une juste quantité d'air pour brûler les gaz qui se dégagent, le résidu est du **charbon de bois**. La braise et le charbon de bois sont du *carbone* impur, ils renferment les cendres du bois.

Expérience 241. — En recouvrant peu à peu d'un tube fermé à une extrémité, un morceau de bois allumé par un bout, on voit le bois brûler avec flamme à l'extérieur, et laisser un résidu de charbon à l'intérieur du tube (fig. 130).

Ce tube se remplit de fumées analogues à celles du début de l'expérience précédente. Il s'est formé du gaz d'éclairage, sa combustion, qui produit la flamme, a été limitée par le défaut d'oxygène, le charbon formé a été *étouffé* dans le tube.

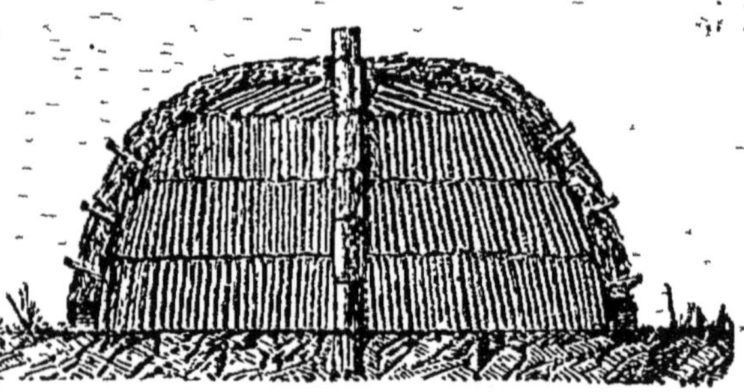

Fig. 130. — Production du charbon de bois.

Le charbon de bois se prépare en grand, dans les forêts, par un procédé qui repose sur le même principe.

Sur une aire plane, on dispose, autour de trois ou quatre piquets verticaux, des bûches coupées de la même longueur; sur un premier rang on en met un second, puis un troisième et on termine le tas par quelques bûches à demi couchées. Le tout est recouvert de mousses

Fig. 131. — La meule du charbonnier.

ou d'herbes sèches, puis de terre. Le charbonnier remplit plus ou moins complètement de braise allumée, la cheminée formée par les piquets verticaux des ouvertures appelées *évents*, pratiquées à la base de la meule, laissent arriver l'air, et le feu se communique peu à peu à toute la masse. Les évents et la cheminée sont alors fermés ; des produits empyreumatiques et du gaz d'éclairage s'échappent en fumées, mais l'air n'arrivant pas en suffisante quantité, le charbon ne peut brûler. Le charbonnier a soin de fermer tous les orifices à mesure qu'ils se produisent dans la couverture de terre ; et lorsque tout dégagement de fumée a cessé, l'extérieur de la meule est comprimé en le frappant d'une pelle, l'oxygène ne peut plus pénétrer, la combustion cesse et le tout se refroidit. Le charbon peut alors être extrait et expédié.

La branche de bois sec qui se détache de l'arbre, dans la forêt, se consume lentement et finit par ne laisser que des cendres, celle qu'on jette dans le four d'un boulanger brûle rapidement, et laisse aussi des cendres ; dans les deux cas, la quantité de chaleur résultant de la combustion est la même ; seulement, tandis que dans la forêt la combustion dure plusieurs années, dans le four, elle se fait en quelques minutes ; l'élévation de température est insensible dans le premier cas, elle est considérable au contraire dans le second.

Une combustion sans flamme se nomme **combustion lente** ; *c'est une* **combustion vive**, *s'il y a production de lumière.*

Le bois enfoui dans la terre humide se pourrit peu à peu ; il subit une combustion lente mais incomplète, comme celle qui donne naissance au charbon de bois. Le résultat est encore du charbon et quelques gaz combustibles qui se dégagent.

Expérience 242. — A l'aide d'un bâton, on agite la vase au fond d'un marais : des bulles de gaz s'élèvent à la surface et on peut les recueillir dans un flacon plein d'eau muni d'un entonnoir (fig. 132).

Ce gaz provient de la combustion lente et incomplète de végétaux entraînés au fond de la vase où le charbon est resté ; il se nomme **gaz des marais** ou *protocarbure d'hydrogène* ou encore *hydrogène protocarboné*. On pourra l'enflammer comme dans l'expérience 229, sa flamme est peu éclairante.

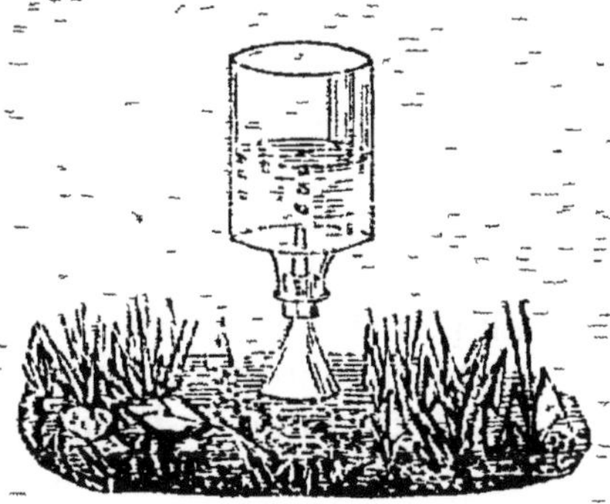

Fig. 132. — Extraction du gaz des marais.

Un gaz semblable s'échappe des mines de houille, et son mélange avec l'air forme le terrible **grisou** ; c'est aussi du protocarbure d'hydrogène ; il contient moins de carbone, par suite doit être moins éclairant que le *bicarbure* ou *hydrogène bicarboné* renfermé en grande proportion dans le gaz d'éclairage.

Le charbon, très impur, qui résulte de la décomposition actuelle des végétaux dans les terrains marécageux, s'appelle de la **tourbe**.

La **houille** est un charbon naturel produit par la combustion lente de végétaux enfouis dans le sol depuis des milliers de siècles. Ces végétaux qui ressemblaient les uns à de colossales fougères, les autres à nos sapins actuels, ont disparu de la surface de la terre. A l'époque où ils vivaient, personne ne les exploitait, car l'homme n'avait pas encore paru ; ils tombaient de vétusté dans les sols humides où ils étaient nés ; enfouis dans la vase, ils se trouvaient à l'abri de l'oxygène de l'air. Les débris d'un grand nombre de générations de ces gigantesques végétaux se sont ainsi accumulés de siècle en siècle. Puis sont venus des bouleversements du sol qui les ont enfouis plus profondément ; ces dépôts, dont quelques-uns atteignent 20 mètres d'épaisseur, constituent les *houillères*.

En calcinant de la houille en vase clos, on obtient du **coke**.

Expérience 243. — Un tube métallique, contenant quelques menus fragments de houille, est disposé comme l'indique la figure 133. L'une des extrémités plonge dans l'eau par un tube coudé, ou est fermé par un bouchon plein ; l'autre extrémité est mise en relation avec un flacon contenant

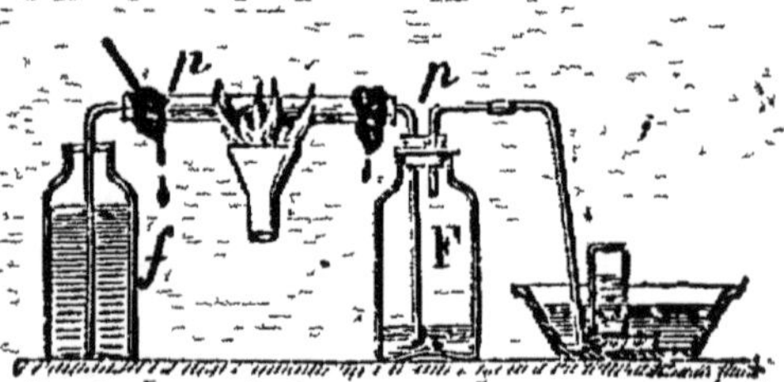

Fig. 133. — Préparation du gaz de houille : **T**, tube métallique contenant de la houille ; *p*, papier buvard maintenu humide pendant la durée de l'expérience ; **F**, flacon laveur où s'arrête le goudron ; *f*, sert de support, et un peu de gaz s'y dégage si **T** s'obstrue.

un peu d'eau destinée à condenser les vapeurs solubles et le goudron entraîné. Un tube abducteur permet de recueillir le gaz. 5 grammes de houille peuvent donner un litre de gaz, si la distillation est faite à la température du rouge, et complète, comme cela a lieu dans les usines à gaz.

Le tube qui contient la houille dans cette expérience peut être remplacé par une pipe de terre ; on remplit incomplètement le fourneau de fragments de houille ; on le ferme par un petit tampon de terre glaise ou bien de plâtre ; si l'on chauffe ensuite au rouge dans des charbons allumés, le gaz se dégage par le tuyau de la pipe et il peut être enflammé.

Le charbon qui reste dans le tube métallique ou la pipe est du *coke*.

Le **noir de fumée** s'obtient en brûlant incomplètement des matières résineuses ou goudronneuses.

Expérience 244. — Mettons, dans une coupelle, des fragments de bois ou de papier buvard et versons dessus quelques gouttes de pétrole; enflammons-le, et empêchons l'accès de l'air en glissant sur la coupelle un petit morceau de bois ou de brique, nous obtiendrons une flamme fumeuse. En plaçant un corps froid au-dessus, un verre, un entonnoir retournés, une cuillère de fer, nous recueillerons du *noir de fumée* (fig. 134).

Fig. 134. — Production du noir de fumée.

Au moyen d'une lampe fumeuse, on peut préparer de la même manière le *noir de lampe* employé pour les peintures fines.

En brûlant des os à l'air libre, la matière grasse et les tissus charnus sont détruits ; on obtient des *os blancs* formés de phosphate et de carbonate de chaux, c'est la matière première pour la préparation du phosphore.

Les os chauffés au rouge, *en vase clos*, laissent pour résidu du **noir animal** formé d'os blancs, plus 1/10 environ de charbon et un peu d'azote.

Expérience 245. — On place des os dans une marmite de fonte ou une casserole de tôle hors d'usage. Le vase, clos d'un couvercle, est placé dans un poêle bien allumé. Les matières grasses des os sont transformées en gaz qui brûlent en s'échappant sous le couvercle, et en produits ammoniacaux. La combustion des gaz produits est incomplète; aussi il se dégage dehors, par la cheminée, une odeur extrêmement désagréable et bien connue, celle que répand un os tombé dans le réchaud allumé d'une cuisine.

L'opération est terminée quand le dégagement de gaz cesse; le résidu peut se pulvériser facilement.

Le charbon absorbe les couleurs et les odeurs.

Expérience 246. — Mêlez du vin à du charbon en poudre et filtrez ensuite, le vin sera décoloré et il aura perdu aussi son bouquet. L'expérience réussit surtout avec du noir animal qui renferme cependant peu de carbone, mais où celui-ci est plus divisé. Le charbon absorbe les gaz, par conséquent les odeurs. En mêlant à de l'eau de fumier du noir animal en poudre, de manière à faire une pâte semi-

Fig. 135. — Le noir animal est un décolorant et un désinfectant.

fluide, l'eau est désinfectée; le mélange jeté sur un filtre (fig. 135)
laisse couler une eau claire et inodore,

74. L'ACIDE CARBONIQUE. — *La combustion* **complète**
de toutes les espèces de charbon donne de l'acide carbonique, reconnaissable à ce qu'il éteint les corps en combustion, trouble l'eau de chaux et rougit faiblement le tournesol.

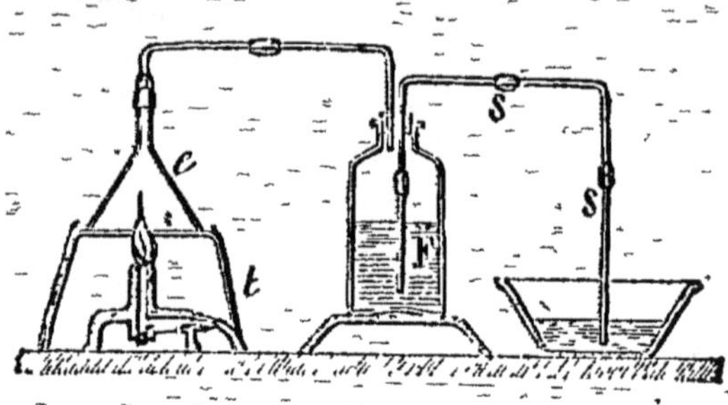

Fig. 136. — Moyen de recueillir les produits de combustion

Expérience 247.
— Au-dessus d'un foyer quelconque, fourneau à gaz ou à charbon, lampe à alcool, à pétrole ou à huile, bougie, chandelle, etc., plaçons un entonnoir relié à une bouteille disposée en gazomètre (fig. 136). En faisant fonctionner le siphon s, les produits de la combustion viendront remplacer l'eau à mesure de son écoulement; ils sont formés d'acide carbonique, d'azote résidu de l'air ayant servi, et d'un peu de vapeur d'eau. L'acide carbonique sera facilement caractérisé par l'eau de chaux et le tournesol.

Le **diamant**, la plus riche des pierres précieuses, s'enflamme quand il est fortement chauffé et donne de l'acide carbonique comme le ferait un fragment de braise de boulanger; le diamant est donc du charbon.

La **plombagine** improprement nommée *mine de plomb* et qui sert à faire des crayons, à rendre brillants les objets de fonte ou de tôle, est aussi du charbon. La plombagine appelée aussi **graphite** est plus pure que la houille, mais moins pure que le diamant, qui est du carbone cristallisé.

On a dit (69) que *la respiration est une combustion lente*, elle donne en effet de l'acide carbonique.

Expérience 248. — Au moyen d'un tube ou d'une paille, soufflez pendant une minute ou deux dans de l'eau de chaux claire; vous troublerez l'eau comme si vous l'agitiez dans le flacon de l'expérience 214.

Quand l'air, arrivant dans un foyer où l'on brûle du charbon, est en quantité insuffisante, il se produit de l'**oxyde de carbone** qui contient moins d'oxygène que l'acide carbonique, la moitié exactement; qui est combustible et donne en brûlant de l'acide carbonique ; enfin qui est non seulement asphyxiant mais *délétère,* c'est-à-dire qu'il empoisonne.

Ce gaz brûle à l'air avec une flamme bleue que l'on a pu souvent remarquer sur un feu fraîchement recouvert de charbon. On peut le préparer en faisant passer de la vapeur d'eau sur du charbon porté au rouge dans un tube métallique ; c'est la répétition de l'expérience 235, dans laquelle le fer est remplacé par le charbon.

Il se dégage à la fois de l'hydrogène et de l'oxyde de carbone, brûlant tous deux avec une flamme peu éclairante, mais très chau-

Fig. 137. — L'air expiré contient de l'acide carbonique.

de. Les forgerons mettent à profit cette décomposition de l'eau par le charbon ; ils savent, par expérience, que l'intensité de leur foyer sera augmentée par la projection d'un peu d'eau sur le combustible.

L'oxyde de carbone ne rougit pas le tournesol, ne s'unit pas aux bases pour former des sels, voilà pourquoi on ne l'appelle pas *acide carboneux* (67).

Les pierres calcaires telles que le marbre, la craie, etc., sont formées d'acide carbonique combiné à la chaux (exp. 202) ; elles peuvent servir, ainsi que tous les carbonates, à la préparation de l'acide carbonique. Il suffit de les mettre en contact avec un acide plus énergique que l'acide carbonique.

Expérience 249. — Dans un flacon contenant de la craie ou des cailloux, on verse de l'acide chlorhydrique étendu d'eau, il se produit une effervescence, et l'acide carbonique se dégage par le tube abducteur (fig. 138).

On constate ses propriétés par les moyens connus.

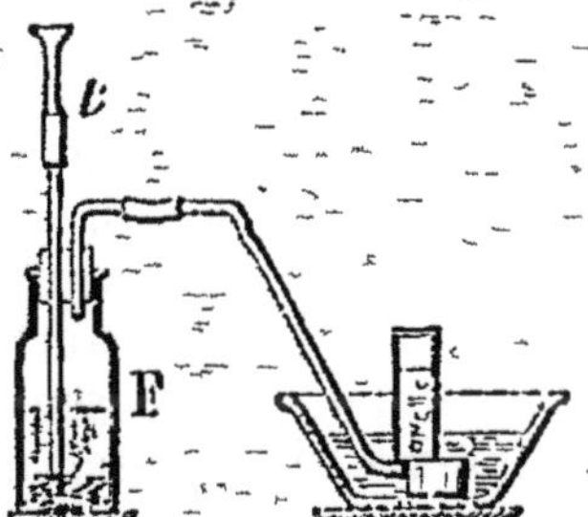

Fig. 138. — Préparation de l'acide carbonique.

L'acide azotique, l'acide sulfurique, peuvent remplacer l'acide chlorhydrique dans cette préparation. Avec l'acide sulfurique le résidu est fort trouble, le sel produit (*sulfate de chaux* ou *plâtre*) étant peu soluble dans l'eau.

Les légendes suivantes indiquent les réactions.

Avec l'acide azotique :

$$\text{CRAIE} = \left\{ \begin{array}{l} \text{acide carbonique (qui se dégage),} \\ \text{chaux,} \end{array} \right\} \text{azotate de chaux (soluble).}$$
$$\text{ACIDE AZOTIQUE...}$$

Avec l'acide chlorhydrique :

$$\text{CRAIE} = \left\{ \begin{array}{l} \text{acide carbonique (qui se dégage)} \\ \text{chaux} = \left\{ \begin{array}{l} \text{calcium. .....} \\ \text{(métal)} \\ \text{oxygène. ,} \\ \text{hydrogène} \end{array} \right\} \text{eau} \\ \text{chlore. .....} \\ \text{(métalloïde)} \end{array} \right. \text{chlorure de calcium (soluble) (corps binaire)}$$
$$\text{ACIDE CHLORHYDRIQUE} =$$

Si, à la solution d'azotate de chaux ou de chlorure de calcium, on ajoute de l'acide sulfurique, il se précipite du sulfate de chaux (plâtre) ; les acides chlorhydrique et azotique sont chassés par l'acide sulfurique qui est plus énergique qu'eux.

Voici la réaction pour l'azotate :

$$\text{AZOTATE DE CHAUX} = \left\{ \begin{array}{l} \text{acide azotique (reste dans le liquide)} \\ \text{chaux} \end{array} \right\} \text{sulfate de chaux (plâtre) insoluble,}$$
$$\text{ACIDE SULFURIQUE.......} \qquad \text{se précipite.}$$

Avec le chlorure de calcium, l'eau intervient dans la réaction :

$$\begin{array}{l} \text{CHLORURE de calcium.} \\ \text{EAU. ...} \\ \text{ACIDE SULFURIQUE :} \end{array} = \left\{ \begin{array}{l} \text{calcium. ....} \\ \text{chlore. ...} \text{acide chlorhydrique (reste dissous)} \\ \text{hydrogène} \\ \text{oxygène...............} \\ \text{...................} \end{array} \right\} \text{chaux} \right\} \text{sulfate de chaux.}$$

La densité de l'acide carbonique, est 22 fois supérieure à celle de l'hydrogène ; un litre pèse (22 fois 0 gr, 09) environ 2 grammes ; **ce gaz est donc plus lourd que l'air.**

Expérience 250. — Après avoir rempli d'acide carbonique, au moyen de l'appareil (fig. 138), un flacon à large ouverture, élevons-le à quelques

Fig. 139. — L'acide carbonique est asphyxiant et plus lourd que l'air.

centimètres au-dessus de la flamme d'une bougie et inclinons-le comme s'il s'agissait d'en verser le contenu : la bougie s'éteint, ce qui prouve que le gaz asphyxiant est *tombé* sur la flamme.

Une petite éprouvette et une allumette (fig. 139) suffisent à la réalisation de cette expérience.

L'acide carbonique est soluble dans l'eau.

Expérience 251. — En faisant passer pendant 5 ou 10 minutes un courant d'acide carbonique dans l'eau d'un flacon (fig. 140), il y a dissolution du gaz, ainsi que le prouverait une addition d'eau de chaux, et l'eau acquiert une saveur agréable, légèrement acidulée. C'est de l'eau de Seltz.

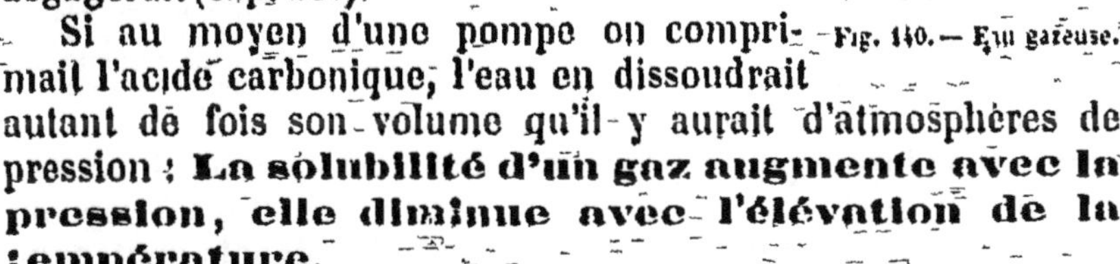

Fig. 140. — Eau gazeuse.

En chauffant cette eau, le gaz dissous se dégagerait (exp. 237).

Si au moyen d'une pompe on comprimait l'acide carbonique, l'eau en dissoudrait autant de fois son volume qu'il y aurait d'atmosphères de pression : **La solubilité d'un gaz augmente avec la pression, elle diminue avec l'élévation de la température.**

L'eau de Seltz des limonadiers renferme 3 ou 4 fois son volume d'acide carbonique ; le gaz, préparé au moyen de la craie et de l'acide sulfurique dilué, est introduit avec l'eau, par une pompe de compression, dans des bouteilles spéciales, très solides, appelées *siphons*. La **limonade gazeuse** est de l'eau de Seltz sucrée.

L'eau chargée d'acide carbonique dissout un peu de craie.

Expérience 252. — L'eau gazeuse de l'expérience précédente se trouble par une addition d'eau de chaux, il se forme du carbonate de chaux (craie) insoluble.

Faisons à nouveau passer l'acide carbonique, le liquide s'éclaircit ; la craie qui troublait l'eau s'est dissoute. Ainsi, un peu d'acide carbonique trouble l'eau de chaux, une plus grande quantité d'acide carbonique redissout la craie formée. Un litre d'eau chargée d'acide carbonique peut dissoudre environ un gramme de carbonate de chaux.

Cette expérience nous indique **l'origine de la craie des eaux de sources** : l'eau de pluie dissout d'abord de l'acide carbonique dans l'atmosphère, puis une minime quantité de carbonate de chaux dans les sols qu'elle traverse avant de sourdre à la surface de la terre.

En faisant bouillir de l'eau contenant de la craie dissoute à la faveur de l'acide carbonique, celui-ci se dégage, la craie reprend l'état solide et se précipite. En voici la preuve.

Expérience 233. — Chauffons dans un ballon de verre l'eau éclaircie de l'expérience précédente, et faisons passer les bulles gazeuses qui se dégagent dans un verre contenant de l'eau de chaux (fig. 141), les deux liquides se troublent : celui du ballon parce qu'il perd de l'acide carbonique, celui du verre parce qu'il en reçoit.

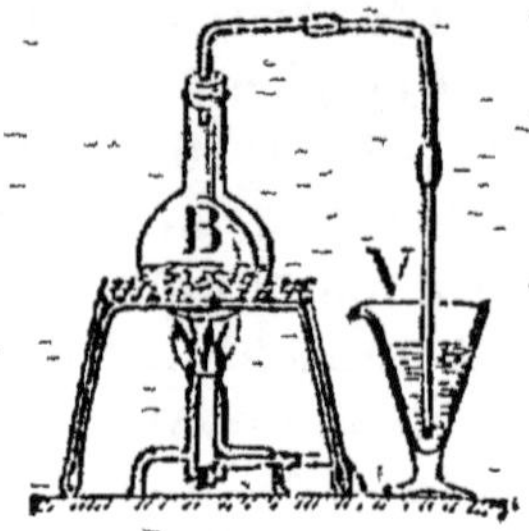

Versons l'eau du ballon dans un verre, la craie en suspension se précipite rapidement ; le ballon vide paraît blanchi à l'intérieur, une partie de la craie insolubilisée s'est attachée contre le verre.

Fig. 141. — B, renferme de l'eau de chaux redevenue claire par l'acide carbonique ; V, contient de l'eau de chaux ordinaire. En chauffant, les deux liquides se troublent.

Le même fait se produit quand on fait bouillir de l'eau ordinaire dans une marmite ; il se forme peu à peu une couche grise, assez dure, qui atteint quelquefois, dans les chaudières des machines à vapeur, une épaisseur de plusieurs centimètres. Ces dépôts sont dangereux, ils peuvent provoquer l'explosion des chaudières ; en tous cas, ils sont mauvais conducteurs de la chaleur, et à mesure qu'ils se forment, la dépense de combustible augmente.

Pour obtenir le dépôt calcaire, l'ébullition de l'eau n'est pas nécessaire ; la fontaine à eau chaude d'une cuisinière en fonte s'incruste rapidement, et l'eau n'y est que fort rarement à la température de l'ébullition. Il suffit, pour que la craie se dépose, que l'acide carbonique dissous dans l'eau se dégage, ce qui peut se produire par une simple exposition à l'air ou dans un endroit chaud (exp. 237). La carafe contenant de l'eau sur la table s'incruste peu à peu ; on la nettoie de temps à autre avec du gravier, des cendres, etc. ; il serait beaucoup plus simple d'employer quelques gouttes de vinaigre.

Les incrustations des générateurs à vapeur ne s'enlèvent pas par les acides, le fer pourrait être attaqué.

Certaines eaux naturelles renferment de notables quantités d'acide carbonique et de craie en dissolution ; quand elles arrivent à la surface du sol, elles abandonnent leur acide carbonique et laissent, sur les objets en contact, des dépôts appelés **pétrifications**. Les brindilles de bois, les mousses, baignées par l'eau de ces sources ou **fontaines pétrifiantes**, ne sont pas *changées* en pierre, mais simplement recouvertes d'une couche tenace de carbonate de chaux.

Il sera parlé plus loin, d'autres sources d'acide carbonique et des asphyxies par ce gaz (exp. 335 et 338).

CHAPITRE III

LA TERRE

75. FORMATION DE LA TERRE ET DES TERRAINS.
Comme toutes les planètes, le globe terrestre dérive du Soleil (exp. 19). A l'origine, les éléments ou corps simples qui le constituent sont gazeux et simplement mélangés, car l'excessive température qui règne dans ce chaos dissocierait toute combinaison (exp. 235).

Lentement, la masse incandescente perd de sa chaleur par rayonnement (38) à travers les espaces où son mouvement l'entraîne; les métaux se liquéfient, et les plus lourds tombent vers le centre. Puis arrive une période où les combinaisons chimiques commencent. L'oxygène forme, avec quelques métalloïdes, des vapeurs acides qui restent dans l'atmosphère, et, avec les métaux les plus combustibles, des oxydes qui surnagent à la surface du noyau liquide sous forme de scories. Celles-ci finissent par couvrir toute la surface et peu à peu se solidifient en cristallisant, comme le fait un corps en fusion ignée (exp. 135) que l'on abandonne au refroidissement : les premières roches sont esquissées.

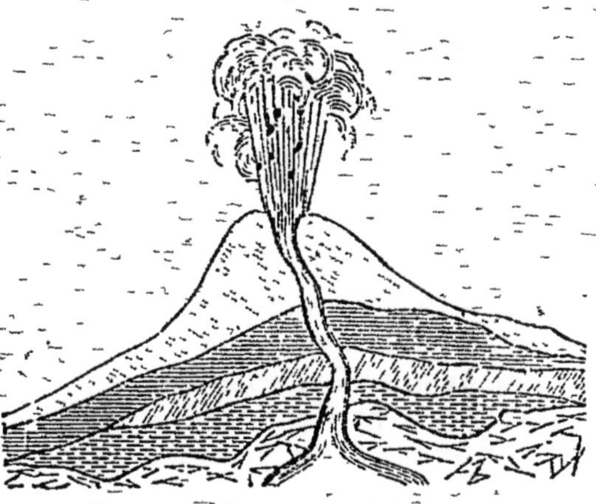

Fig. 112. — Un volcan.

L'abaissement de température continuant toujours, l'hydrogène brûle à son tour, et l'eau se produit; plus tard elle se condense avec les vapeurs acides déjà formées. Un déluge bouillant et corrosif tombe alors des nues sur le sol brûlant, et remonte en vapeurs pour retomber encore ; il exerce ses ravages sur les roches primitives, les désagrège et les dissout partiellement.

Au milieu de ces épouvantables tourmentes, la croûte terrestre à peine solidifiée est crevassée par le feu central; des volcans (fig. 124) font sortir leurs cônes au-dessus de la nappe liquide qui les recouvre, et les premières îles apparaissent.

C'est probablement par millions de siècles qu'il faudrait compter le temps nécessaire à l'accomplissement de ces transformations. Et ce fut seulement lorsque la température arriva assez au-dessous du point d'ébullition de l'eau (70° au plus), que la vie put commencer son développement. — Alors une ère nouvelle s'ouvrit; à tous ces formidables cataclysmes succéda une période de tranquillité relative.

La croûte terrestre, bien que disloquée encore fréquemment par les effets de la chaleur intérieure, prit une certaine consistance; le **granit** et les **terrains cristallisés** furent formés. L'eau, ou mieux le liquide boueux qui représentait la mer commença à déposer les matières en suspension, et de cette immense décantation naquirent les premiers **terrains de sédiment**. L'atmosphère renfermait, outre l'azote et l'oxygène, de grandes quantités de vapeur d'eau et d'acide carbonique, mais elle ne contenait plus de vapeurs corrosives.

Dans ces conditions, les premiers êtres apparurent, êtres qui n'étaient point minéraux puisqu'ils étaient vivants, mais qu'il aurait été difficile de classer dans es végétaux ou les animaux.

Ce n'est qu'après bien des siècles encore (on les évalue à 100,000), que les conditions nécessaires à la vie humaine se trouvèrent réunies. Les plantes et les animaux primitifs, vivant au sein des eaux, se perfectionnèrent peu à peu et se multiplièrent en se diversifiant; à la suite des mollusques vinrent les poissons. Les terrains de sédiment, soulevés

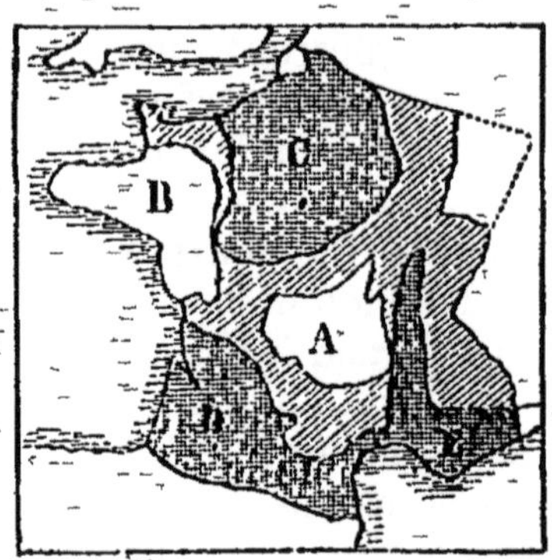

Fig. 143. — A l'époque primaire A et B sont soulevés hors de l'eau; A l'époque secondaire, C, D, E sont encore submergés.

sur leurs assises granitiques que poussait le feu central, s'élevèrent par place au-dessus du niveau des mers, et la végétation houillère put prendre son développement.

A cette époque, la position qu'occupe la France était sous les eaux, excepté la Bretagne et l'Auvergne où le granit et le porphyre se sont déjà soulevés. Plus tard de nouveaux bouleversements, dus au feu central, percent encore la couche de sédiments, et font surgir au-dessus de l'eau d'énormes masses de roches primitives qui constitueront les Alpes, les Pyrénées, etc. Lorsque la poussée centrale est insuffisante pour crever le dépôt sédimentaire, il se forme une énorme bosse sur les flancs de laquelle la couche de sédiment au lieu d'être horizontale est presque verticale; une action de ce genre a formé le Jura.

De ces soulèvements, il résulte des changements de niveau du fond des mers; des terres émergent pour être immergées plus tard. Ces changements de niveau se produisent encore de nos jours, le rivage de la mer s'éloigne sur certains points, envahit les terres sur d'autres. La côte de la Suède s'élève actuellement, tandis que celle de la Norwège s'enfonce; on a calculé que la différence de niveau est d'environ 1^m,30 par siècle.

Mais pendant tous ces soulèvements, les végétaux et les animaux se succèdent, leurs cadavres s'enfouissent dans la vase, y font leurs moules qu'une pétrification remplit et transforme en **fossiles**. Les dépôts s'accumulent, se compriment et forment de nouvelles roches qui gardent par leurs fossiles l'histoire de la vie à l'époque de leur formation.

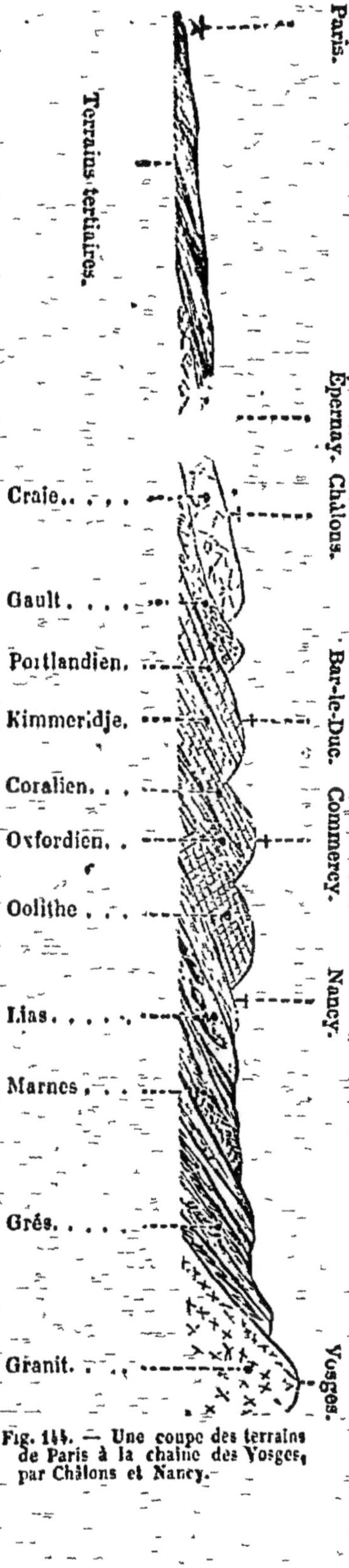

Fig. 144. — Une coupe des terrains de Paris à la chaîne des Vosges, par Châlons et Nancy.

Les *géologues*, en fouillant les diverses couches, et en étudiant leurs fossiles ont pu décrire un grand nombre de végétaux et d'animaux aujourd'hui disparus, et d'autant plus différents de ceux qui existent actuellement qu'ils sont trouvés dans des couches plus profondes.

Les êtres vivants se sont donc lentement et continuellement perfectionnés depuis l'apparition de l'être rudimentaire des premiers dépôts de sédiment, jusqu'à nos jours.

Les couches du sol, distinctes les unes des autres, qui commencent au granit et s'élèvent jusqu'à celle que nous foulons aux pieds, s'appellent des **terrains**.

Les terrains se divisent en deux catégories :

1º Les **terrains ignés** (de *ignis* feu,) ou **plutoniens** forment la couche solide la plus profonde, ils sont faits de *granits*, de *porphyres* et d'anciennes laves appelées *basaltes*; ils ne renferment nécessairement pas de fossiles.

2º Les **terrains d'origine aqueuse** (de *aqua*, eau) ou **neptuniens**, formés par les dépôts ou sédiments des eaux, comprennent quatre grands groupes correspondant chacun à une longue période ou *âge* qu'on désigne sous les noms de *primaire, secondaire, tertiaire* et *quaternaire*.

Les **terrains primaires**, à la base desquels on trouve l'ardoise, renferment la houille dont la formation a été expliquée (exp. 242).

Les **terrains secondaires** sont surtout formés de craie; on y trouve des minerais métalliques et les fossiles de nombreux coquillages et de quelques énormes reptiles (*Icthyosaure, ptérodactyle.*)

Les **terrains tertiaires** formés de sable, d'argile, de calcaire, présentent les premiers fossiles d'animaux mammifères de grande taille (*Mastodontes, éléphants, rhinocéros*) et les *lignites* (sorte de houille) de végétaux analogues aux arbres de nos forêts.

Enfin le **terrain quaternaire** appelé aussi *terrain de transport* ou d'*alluvions* dont la formation a commencé il y a plus de 1000 siècles, renferme des ossements, plus ou moins pétrifiés, d'animaux analogues ou identiques à ceux qui vivent actuellement, et quelques débris humains.

On estime que l'épaisseur de tous ces terrains est de 50 kilomètres, le reste du globe est encore en fusion. Cette estimation est basée sur ce fait, qu'à mesure qu'on s'enfonce dans le sol, la température croit (38-2º) d'environ 30º par kilomètre. A ce compte la température serait de 3000 degrés à 100 kilomètres, cette chaleur suffit non seulement à la fusion, mais à la dissociation.

La croûte terrestre, qui est bien peu de chose relativement au diamètre de la Terre (13000 kilom.), continue à s'épaissir insensiblement à mesure du refroidissement, lequel devient de plus en plus lent. L'eau pénètre dans l'écorce terrestre en se combinant aux roches; mais comme la température atteint probablement celle de l'ébullition de l'eau à quelques kilomètres de profondeur, elle empêche l'eau de descendre plus bas.

La pénétration de l'eau se continuera avec le refroidissement; et l'océan, l'atmosphère même, qui paraissent avoir été autrefois beaucoup plus considérables qu'aujourd'hui, disparaîtront peu à peu. Alors les dernières traces de la vie s'éteindront à la surface de notre globe.

76. LA TERRE ARABLE. — On appelle **terre arable** ou *terre végétale* la couche superficielle que peut entamer la bêche ou la charrue, et dans laquelle on fait des semis ou des plantations; elle est constituée par des matériaux divers qui résultent de la désagrégation des *terrains* affleurant à la surface. Les roches primitives ou celles des terrains sédimentaires se sont peu à peu effritées sous l'action des agents atmosphériques; la gelée fait éclater les pierres (exp. 144); l'eau les dissout un peu et les use; l'acide carbonique et l'oxygène de l'air, agissant chimiquement, concourent aussi à leur désagrégation, et il se forme une masse plus ou moins pulvérulente dans laquelle les végétaux peuvent croître.

Chacun sait y distinguer les *pierres* et la *terre* proprement dite. Les pierres en fragments plus ou moins gros n'ont subi qu'à un moindre degré l'effet des agents destructeurs; leur composition est analogue à celle de la terre qui les renferme. Séparons-les d'abord.

Expérience 253. — On dessèche quelques hectogrammes de terre jusqu'à ce qu'elle garde l'empreinte des doigts sans y adhérer, puis on la crible au moyen d'une toile métallique à mailles d'un millimètre carré environ. Les cailloux restent sur la toile et il est facile de les peser ainsi que la terre proprement dite.

Cette première séparation effectuée, l'eau va nous venir en aide pour en opérer une seconde.

Expérience 254. — Dans un verre à expérience A (fig. 145) mettons 20 grammes de terre et de l'eau, et agitons vivement avec une baguette de verre ou de bois B. Le *gravier* tombe au fond d'une eau bourbeuse ; versons celle-ci et remplaçons-la par de l'eau claire ; elle devient encore trouble par l'agitation, on l'ajoute à la première décantée, et on répète cette opération jusqu'à ce que l'eau, malgré une agitation prolongée, reste claire.

L'eau bourbeuse abandonne par le repos un limon assez semblable à de la terre glaise délayée ; on enlève la plus grande partie de l'eau claire par décantation, et on filtre le reste.

Ce que retient le filtre est formé en grande partie d'**argile**, nous en verrons la composition plus loin.

Fig. 115. — Séparation de l'argile et du gravier.

Le gravier ressemble à des cailloux très fins, c'est lui qui s'accumule souvent le long des chemins où se sont écoulées les eaux d'une forte pluie. Voyons de quoi il est fait.

Expérience 255. Dans le verre au fond duquel il est rassemblé, on verse de l'eau et *peu à peu* de l'acide chlorhydrique ; une effervescence due à un dégagement d'acide carbonique se manifeste, la conclusion est que le gravier contient du carbonate de chaux. Ce calcaire est dissous par l'acide, et on peut le reconstituer (exp. 204) ; à cet effet, lorsque l'acide chlorhydrique ne produit plus d'effervescence, on filtre et on ajoute au liquide clair une dissolution de carbonate de soude ; la craie qui se précipite est facile à séparer par un nouveau filtrage.

La substance insoluble dans l'acide chlorhydrique, restée sur le premier filtre, est rugueuse au toucher et absolument semblable au sable employé pour sécher l'écriture, ou à la poudre obtenue en pulvérisant un fragment de meule à aiguiser les couteaux. Cette substance est en effet du sable, ou mieux de la **silice**, corps composé formé de silicium (métalloïde) et d'oxygène ; c'est par conséquent un acide (*acide silicique*) ; il ne rougit pas le tournesol puisqu'il est insoluble dans l'eau (67), mais il se combine aux bases pour former des sels appelés **silicates** dont les roches primitives sont presque exclusivement composées. Le *grès*, la *pierre à fusil* sont de la silice impure.

L'acide chlorhydrique produit souvent une faible effervescence par son contact avec l'argile du liquide boueux de l'expérience 254 ; dans ce cas, l'eau a entraîné un peu de calcaire avec l'argile. Lorsqu'un chimiste fait l'analyse d'une terre, il traite séparément par l'acide chlorhydrique l'argile et le gravier, et c'est dans les deux liquides filtrés qu'il précipite le carbonate de chaux.

La conclusion des expériences précédentes est que **le gravier se compose de silice et de carbonate de chaux, et que la terre arable renferme en outre de l'argile.**

77. L'ARGILE. — L'argile pure est une terre blanche compacte, douce au toucher, formant avec l'eau une pâte liante facile à pétrir et à façonner, *elle est plastique*.

Convenablement humectée, *elle devient imperméable à l'eau*; en pétrissant de la *terre glaise* qui est de l'argile impure, on peut faire un vase étanche. *Desséchée, l'argile se contracte et se fendille; cuite elle devient poreuse et très dure.*

L'argile pure s'emploie sous le nom de **kaolin**, pour la fabrication de la porcelaine. Les argiles contenant peu de matières étrangères servent à faire la faïence, les poteries, les creusets, les pipes; les plus grossières sont utilisées à la confection de briques, de tuiles, de tuyaux, en particulier des tuyaux poreux employés en agriculture pour le *drainage*.

Certaines argiles font effervescence par les acides, elles renferment du calcaire, on les appelle **marnes**; d'autres sont jaunes ou **ocreuses**, elles contiennent de l'oxyde de fer.

L'argile absorbe les couleurs.

Expérience 256. — En écrasant des feuilles vertes, de l'oseille par exemple, on obtient un liquide coloré. Si l'on augmente le volume avec de l'eau, qu'on y délaye de l'argile et qu'on filtre ensuite, l'argile retient la matière colorante et le liquide passe clair.

Les corps gras sont absorbés par l'argile; on utilise cette propriété pour détacher les étoffes, et dégraisser les tissus.

L'argile absorbe aussi les gaz; la terre glaise des murs d'écurie s'imprègne rapidement d'ammoniaque.

L'argile est un silicate qui résulte de la combinaison de *l'acide silicique* (sable) et d'une base appelée *oxyde d'aluminium* ou **alumine**; c'est ce que va nous démontrer l'expérience suivante.

Expérience 257. — On pulvérise de l'argile desséchée, et on la chauffe au voisinage du rouge sombre sur une plaque ou dans une vieille casserole de tôle; après refroidissement, on la met dans une assiette ou un verre, et on l'arrose d'acide sulfurique non étendu, de manière à bien l'imbiber. Après quelques jours, la masse sera couverte d'efflorescences blanches. En traitant alors la matière par de l'eau chaude, une partie reste insoluble, c'est de la silice ; l'autre est dissoute, c'est du **sulfate d'alumine** ; on les sépare au moyen du filtre.

Si l'on ajoute du carbonate de soude dissous au liquide clair, on obtient un précipité blanc *gélatineux* d'**alumine**. De cette alumine on peut extraire par des procédés spéciaux, longs et coûteux, un métal blanc, léger, très dur, très sonore, l'**aluminium** ; ce métal sert à faire quelques menus objets, dés à coudre, tubes de lorgnettes, etc., il entre pour 1/10 dans la composition de l'alliage connu sous le nom de *bronze d'aluminium*.

L'alun est un produit obtenu en faisant cristalliser ensemble du *sulfate d'alumine* et du *sulfate de potasse*.

Expérience 258. — Au sulfate d'alumine très acide de l'expérience précédente, il suffit d'ajouter encore un peu d'acide sulfurique, puis du carbonate de potasse ou simplement des cendres, qui en renferment ; lorsque l'effervescence cesse, on décante ou on filtre ; puis on concentre le liquide par évaporation et on laisse cristalliser.

Le sulfate d'ammoniaque peut remplacer celui de potasse pour la préparation de l'alun ; le sulfate de soude ajouté au sulfate d'alumine cristallise difficilement ; aussi, dans le commerce, on trouve de l'*alun de potasse* (alun ordinaire), et de l'*alun d'ammoniaque*, mais il n'y a pas d'alun de soude.

On peut rapidement préparer de l'alumine au moyen de l'alun.

Expérience 259. — Il suffit de verser du carbonate de soude dans une dissolution d'alun ordinaire.

L'alumine se précipite ; en y ajoutant quelques gouttes d'encre rouge, puis en faisant bouillir dans un ballon de verre, l'alumine se colore fortement. Au filtrage (fig. 146), la liqueur passe presque incolore, mais le précipité resté sur le filtre est d'un beau rouge : c'est une *laque*.

Fig. 146. — L'alumine retient la couleur et forme une laque.

78. QUALITÉS DU SOL. — Les roches des terrains ignés renferment de fortes proportions de *silicate d'alumine* ou *argile pure* combinée à d'autres silicates, en particulier du *silicate de potasse* et du *silicate de chaux*. Cette combinaison s'appelle, en minéralogie, un **feldspath**.

Les roches primitives renferment en outre : 1° du **mica**, de composition analogue au feldspath, mais susceptible de se diviser en feuilles minces, flexibles et transparentes, quelquefois assez grandes pour qu'on en puisse faire des verres de lampes et des vitres, le plus souvent en petites paillettes qu'on trouve parfois rassemblées au bord de la mer et qu'on vend sous le nom de *poudre d'or* à sécher l'écriture ; 2° de la **silice** non combinée à des bases, et cristallisée en fragments plus ou moins volumineux qu'on appelle **quartz** ou *cristal de roche*.

Un mélange homogène de feldspath, de mica et de quartz constitue le **granit.**

Le **porphyre** présente des cristaux de feldspath empâtés dans une poudre homogène également de feldspath, comme les amandes dans du nougat.

Les **basaltes,** noirs ou de couleur foncée, proviennent de laves qui, en se refroidissant, se sont fendillées en une multitude de longs prismes verticaux souvent très réguliers, et d'un aspect des plus pittoresques.

Quand on agite, pendant longtemps avec de l'eau, de la poudre fine de ces roches, l'eau dissout quelque chose ; ce n'est pas le silicate d'alumine mais celui de potasse qui est soluble. L'argile, en général, provient donc des roches pulvérisées dont la partie soluble a été peu à peu enlevée par l'eau.

En résumé, les substances qui se rencontrent en *grande quantité,* soit dans les roches primitives, soit dans les terrains de sédiment ou la terre arable qui en dérive, sont : la **silice** ou acide silicique ; **l'alumine** ou oxyde d'aluminium, dont la combinaison avec la silice forme l'argile ; la **chaux** ou oxyde de calcium, combinée à l'acide silicique dans les roches ignées, et à l'acide carbonique dans les terrains sédimentaires.

La proportion de ces substances est très variable dans les terres arables.

La silice domine dans les **sols sableux,** l'argile dans les **sols argileux** et la craie dans les **sols calcaires.**

Une terre qui s'égrène au moindre effort quand on veut la mettre en mottes, et qui fait à peine effervescence par les acides est **sableuse ;** celle qui se pétrit sous les doigts, se coupe au couteau, se durcit au point de ne pouvoir être brisée qu'au marteau, est une terre **argileuse,** l'effervescence est nulle, ou à peu près, par les acides ; enfin celle qui se tasse en mottes blanchissant les doigts, qui durcit puis se délite à l'air humide, et qui se dissout presque complètement par les acides avec une vive effervescence est une terre **calcaire.**

Ces trois terres ne conviennent, ni l'une ni l'autre, à la culture ; un mélange, en proportion convenable des trois, constitue une **terre franche**, elle convient à toutes les cultures ; elle est formée d'environ de 1/10 de calcaire, 2 ou 3/10 d'argile et le reste de sable ; elle se tasse dans la main, mais s'égrène, quand elle est sèche, en la pressant fortement sous les doigts ; elle fait effervescence par les acides.

Une terre qui renferme moins de 5 pour cent de craie est dite **argilo-sableuse**, si la proportion d'argile dépasse 3/10, et **sablo-argileuse** si la proportion de sable dépasse 7/10. La première est aussi appelée **terre forte**, elle convient au blé ; la seconde est dite **terre légère** et convient au seigle.

La terre qui contient au moins 1/10 de craie est dite **argilo-calcaire** lorsqu'elle renferme plus de 3/10 d'argile, et **sablo-calcaire** si elle contient plus de 7/10 de sable ; dans le premier cas on l'appelle aussi **glaise blanche**, elle convient au trèfle, à la luzerne ; dans le second, elle convient particulièrement au sainfoin, aussi à la luzerne, c'est une **terre blanche**.

Avant d'aller plus loin, voici quelques définitions qu'il importe de connaître. On appelle substance **inorganique** ou *minérale*, celle qui appartient au règne minéral, et substance **organique** celle qui provient d'êtres vivants, animaux ou plantes. Les **matières organiques** sont essentiellement faites des corps simples : *carbone*, *hydrogène*, *oxygène* et *azote* ; ce dernier manque parfois (84).

Les substances minérales que renferment les terres sont nécessaires aux plantes, mais tout à fait insuffisantes. *Ce qui fait la richesse d'un sol est le* **terreau** ; c'est une matière organique provenant d'engrais, de débris d'animaux ou végétaux.

Le terreau communique à la terre une teinte brune qui se fonce par la calcination ; l'**humus**, son principe essentiel, est un produit de combustion incomplète (exp. 242) ; si on le calcine modérément, la combustion se continue et il reste du charbon, de là, la teinte noire.

Expérience 260. — Chauffons dans une cuillère de fer ou une coupelle de tôle quelques grammes de terreau ; l'eau s'évapore d'abord, puis il se répand une odeur d'herbe brûlée et la masse devient plus noire ; chauffons davantage de manière à atteindre la température du rouge, le carbone brûle à son tour et la teinte noire disparaît ; il ne reste plus que les matières minérales.

L'humus a une réaction acide, le carbonate de soude le dissout en donnant une liqueur brune analogue, par la couleur, à du *purin*. Plus cette coloration est foncée, plus la terre est riche en humus.

Voici un moyen de séparer ce dernier.

Expérience 261. — Préparez une dissolution de carbonate de soude concentrée, et ajoutez-y du terreau de manière à faire une bouillie semi-fluide. Abandonnez-la pendant quelques heures dans un endroit chaud, puis ajoutez de l'eau, quatre ou cinq fois le volume de la pâte; agitez ensuite et laissez déposer. Dans le liquide décanté, versez peu à peu de l'acide chlorhydrique pour décomposer la carbonate de soude; la quantité est suffisante lorsque l'effervescence cesse.

Il se forme des flocons bruns qui se précipitent lentement; en décantant la plus grande partie du liquide et filtrant le reste, on recueille ces flocons qui sont de l'humus.

Les propriétés physiques d'un sol dépendent de celles des éléments constituants.

L'argile est tenace, absorbe l'eau avec avidité et la restitue difficilement; le sable jouit de la faculté inverse : une terre sera d'autant plus humide qu'elle sera plus argileuse, et plus friable qu'elle sera plus sableuse.

Le terreau absorbe mieux la chaleur que le sable, mais le pouvoir émissif étant égal au pouvoir absorbant (exp. 127), le terreau se refroidira plus vite que le sable; il en résulte qu'un sol sableux s'échauffe plus lentement, mais conserve plus long-temps sa chaleur qu'une terre humifère. La quantité d'eau que pourra retenir le sol, soit par sa nature, soit par celle du *sous-sol* qui peut être poreux ou étanche, aura aussi une grande influence au point de vue calorifique, l'eau étant un corps qui conduit mal la chaleur et qui en absorbe beaucoup pour s'échauffer peu (exp. 123 et 128).

Enfin les qualités d'un sol dépendront aussi de son inclinaison, de son exposition et du voisinage. Le manque de pente est un défaut pour une terre humide, parce que l'assainissement par écoulement de l'eau est difficile. La pente donnant une exposition au midi corrige les défauts d'une terre froide, tandis qu'elle aggrave ceux des terrains secs; les rayons solaires échauffent d'autant mieux qu'ils tombent plus perpendiculairement, l'explication en a été donnée après l'expérience 156. Le voisinage des arbres est généralement nuisible, et d'autant plus que ceux-ci projettent plus d'ombre.

Outre les matières qui viennent d'être décrites, et qui se trouvent dans la terre en masses considérables, on rencontre

aussi en quantités assez notables pour les exploiter, des miné-
rais, du soufre, du plâtre, du sel, du salpêtre.

Examinons succinctement chacune de ces substances.

79. MINERAIS. — On appelle minerais des composés naturels
qui servent à la préparation des **métaux**. Tel qu'il sort de la
mine, le minerai est mélangé de matériaux terreux appelés
gangue que l'on sépare aussi complètement qu'on le peut,
soit par un triage à la main, soit par des lavages mécaniques;
il est ensuite soumis à une opération chimique qui a pour but
de séparer le métal. Exemple, le minerai de fer extrait du sol
soit *à ciel ouvert*, soit dans des *galeries souterraines*, selon la
profondeur de la couche, est séparé, par le mineur, de la plus
grande partie de la terre; on le fait ensuite passer dans une
auge traversée par un courant d'eau où frappent des pilons
(fig. 147) qui détachent la terre; celle-ci est entraînée par l'eau.

Le minerai ainsi *bocardé* est conduit au fourneau pour
subir le traitement chimique.

Les minerais sont, pour la plupart, des combinaisons du
métal avec l'oxygène
ou le soufre, c'est-
à-dire des *oxydes* ou
des *sulfures*, ou en-
core des *carbonates*
(oxydes plus acide
carbonique). Les
métaux précieux (or,
argent, platine) et
aussi le cuivre, se
rencontrent quel-
quefois à l'état na-
tif, ce qui veut dire
que le métal n'est
combiné à aucun au-
tre corps.

*Un oxyde chauffé
avec du charbon est
réduit;* cela signi-
fie *que l'oxygène de*
l'oxyde se combine

Fig. 147. — Le minerai est écrasé par les pilons du bocard,
et l'eau entraîne la terre.

au charbon pour former de l'acide carbonique, ou de l'oxyde
de carbone, et que le métal est mis en liberté.

Expérience 262. — Mêlons intimement quelques grammes

d'oxyde de zinc (exp. 223) au quart en poids de charbon pilé. Plaçons le mélange dans une coupelle de fer (fig. 148); recouvrons-le d'une autre coupelle destinée à empêcher l'accès de l'air, et chauffons au chalumeau.

Fig. 148. — L'oxyde de zinc est réduit par le charbon.

On peut remplacer la coupelle de fer par un fourneau de pipe cassée; on y introduit le mélange qu'on recouvre d'une couche de cendres ou de terre, et on place l'espèce de creuset ainsi préparé dans des charbons ardents.

Après avoir maintenu le mélange au rouge pendant dix minutes environ, la réduction de l'oxyde est sinon terminée, au moins suffisamment avancée pour qu'on puisse distinguer, dans la masse refroidie, de petits globules brillants de zinc métallique.

La réduction de l'oxyde de plomb, de l'oxyde d'étain, se ferait de même; celle de l'oxyde de cuivre a été faite (exp. 208).

Dans l'industrie, on opère d'une façon semblable. Tantôt le mélange de minerai et de charbon est chauffé dans une sorte de cornue en terre réfractaire communiquant à un récipient où coule le métal fondu (fig. 149); tantôt il est placé dans un fourneau dit *four à manche* à cause de la tuyère (*mancha*, en catalan) qui amène un courant d'air à la partie in-

Fig. 149. — Sorte de cornue pour la réduction de l'oxyde de zinc.

férieure, un peu au-dessus de l'orifice par lequel le métal coule dans les lingotières (fig. 150).

Les corps avides d'oxygène, faciles à enflammer, conviennent à la réduction des oxydes; l'hydrogène s'empare de l'oxygène de la rouille et met le fer en liberté, il réduit facilement aussi l'oxyde de cuivre (exp. 207 et 208), mais il ne peut être employé industriellement; le charbon est beaucoup plus commode et plus économique.

En chauffant un mélange de rouille et de charbon pilé, on n'obtient pas de fer, mais la réduction peut être obtenue en faisant passer de l'oxyde de carbone (exp. 248) sur l'oxyde de fer porté au rouge.

La réduction du minerai de fer se fait industriellement dans le **haut-fourneau** (fig. 151).

U est la *cuve* terminée à sa partie supérieure par une ouverture H appelée *gueulard*, que surmonte la *cheminée* I ordinairement très courte (on la supprime dans les nouvelles constructions), et munie de portes pour le service du gueulard. En F sont les *étalages* le long desquels le métal fondu coule, par *l'ouvrage* O, dans le *creuset* C, au-dessus duquel vient déboucher la tuyère d'une puissante machine soufflante (23).

Quand on procède à la *coulée*, on fait écouler d'abord les scories sur un plan incliné *d* par un orifice horizontal fermé provisoirement de terre glaise, et placé au-dessus du creuset; puis on dégage une fente verticale également bouchée de terre glaise, descendant jusqu'à la partie inférieure du creuset, et par laquelle s'échappe la fonte en fusion.

Le haut-fourneau est continuellement en feu, on n'arrête sa marche que pour les réparations; les coulées se font à 6 ou 12 heures d'intervalle; les charges, beaucoup plus souvent; ces dernières consistent en couches successives de charbon et de minerai qu'on introduit par le gueulard.

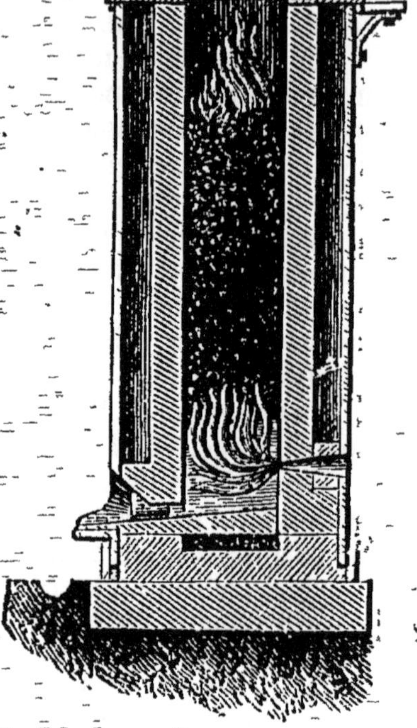

Fig. 150. — Fourneau pour la réduction de l'oxyde d'étain.

Le métal obtenu s'appelle **fonte**; c'est du fer combiné à du charbon et à du silicium, et mêlé en outre d'un peu de scories (silicates). Pour *mouler* la fonte, on la refond dans un **cubilot** semblable au four de la figure 150, et on la coule dans les moules.

La fonte *affinée*, c'est-à-dire débarrassée des matières étrangères par un traitement spécial dans les *fours à pudler*, constitue le **fer**.

Le fer chauffé au rouge cerise dans des caisses remplies de poussière de charbon, se combine à nouveau à 1 ou 2 pour cent de carbone, c'est alors de l'**acier**.

L'acier se distingue du fer en ce qu'il devient très *élastique*,

mais aussi *cassant* par la **trempe** ; cette opération consiste
à *tremper*, dans de l'eau froide ou un autre liquide froid, la
pièce d'acier portée à la température du rouge. L'acier se distingue encore du fer en ce qu'il garde les propriétés magné-

Fig. 151. — Haut-fourneau.

tiques que lui fait acquérir un aimant ou un courant (exp. 107).
  Les minerais composés de carbonates se traitent comme
les oxydes, car, par la chaleur, le carbonate devient un oxyde,
puisque son acide carbonique se dégage. Il n'existe que deux
carbonates indécomposables par la chaleur : celui de potasse
et celui de soude.

Les oxydes des **métaux alcalins** (*potassium* et *sodium* dont les oxydes sont appelés *alcalis*), ceux des **métaux terreux** (*calcium*, *magnésium*, *aluminium*, dont les oxydes ressemblent à des terres), sont très difficiles à réduire; il faut, pour obtenir leurs métaux, employer des méthodes spéciales qui ne seront point décrites ici.

Le sulfure de zinc ou *blende*, le sulfure de plomb ou *galène*, le sulfure de cuivre et fer ou *pyrite cuivreuse*, le sulfure de mercure ou *cinabre*, le sulfure d'argent ou *argyrose*, sont utilisés comme minerais. Pour extraire le métal qu'ils renferment on les soumet à un traitement variable pour chacun d'eux; quand on *grille* un sulfure, c'est-à-dire quand on le chauffe à l'air, le soufre se combine plus ou moins à l'oxygène en donnant de l'acide sulfureux qui se dégage; avec le sulfure de mercure ou de cuivre, le soufre disparaît totalement et il reste du métal; avec la blende, le soufre se transforme également en acide sulfureux, mais le zinc s'oxyde, on le traite ensuite par du charbon.

80. LE SOUFRE. — Ce métalloïde jaune, que chacun connaît, se trouve à l'état natif dans le voisinage des volcans; on le sépare de la terre qui l'accompagne en l'enflammant après l'avoir mis en tas : une partie du soufre brûle; la chaleur produite fond le reste qui coule et se sépare ainsi des matériaux terreux. On le purifie par de nouvelles fusions, et un raffinage qui consiste à le chauffer, jusqu'à l'ébullition, et à faire condenser sa vapeur dans une sorte de chambre froide de manière à le liquéfier ; le soufre liquide est coulé dans des moules coniques et vendu sous le nom de **soufre en canons**.

La vapeur de soufre refroidie brusquement donne une poudre jaune appelée **fleur de soufre** (exp. 205).

Le soufre s'extrait aussi de la **pyrite** ou **bisulfure de fer** sulfuré doublement), qui ne peut servir de minerai de ce métal; l'opération serait trop longue et le fer de mauvaise qualité à cause de la difficulté d'affinage.

La pyrite se trouve dans un grand nombre de minéraux, et surtout dans la houille, en fragments cubiques ou prismatiques très durs, faisant feu au briquet (d'où le nom de *pyrite*), coupant le verre et présentant une couleur jaune métallique qui les fait prendre par bien des personnes pour une pierre précieuse.

La pyrite chauffée perd du soufre; abandonnée à l'air, ses deux éléments, *fer* et *soufre*, se combinent à l'oxygène pour donner du *sulfate de fer* ou **couperose verte** (exp. 233) que l'on prépare ordinairement de cette manière. Spontanément la combustion peut être vive, et l'on cite des cas d'incendies dus à l'inflammation des pyrites exposées à l'humidité au voisinage de matières organiques.

Le soufre est un corps comburant. — Il se combine facilement aux métaux comme on l'a déjà vu, la combinaison peut être accompagnée d'une production de lumière.

Expérience 263. — Au fond d'un tube à essai, on chauffe un peu de soufre, quand il commence à se volatiliser on introduit dans le tube quelques fragments de cuivre; subitement, ils sont portés au rouge, puis ils cessent d'être lumineux, ils sont transformés en une matière noire qui est du **sulfure de cuivre**, et qui pèse la moitié en plus que le cuivre employé.

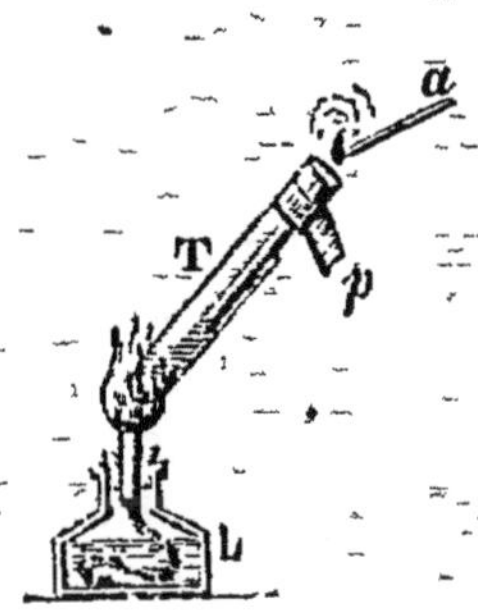

Fig. 152. — Le cuivre s'enflamme dans la vapeur de soufre.

Le sulfure de fer peut être obtenu d'une façon semblable (exp. 219).

Quand on fait passer de la vapeur de soufre sur du charbon porté au rouge dans un tube, à l'abri de l'air, les deux métalloïdes se combinent et donnent des vapeurs qui se condensent par refroidissement en un liquide appelé **sulfure de carbone**. Il est plus lourd que l'eau, très réfringent (49), facilement inflammable et très volatil, son odeur est extrêmement désagréable; l'emploi en a été proposé pour la destruction du *phylloxera*.

On a vu (exp. 206 et 215) que **le soufre est aussi un corps combustible**, et qu'il donne en brûlant de l'acide sulfureux. Celui-ci peut être recueilli de la manière suivante :

Expérience 264. — Enflammons du soufre dans une petite coupelle placée sous un entonnoir, et recueillons les produits de la combustion comme nous l'avons fait pour le charbon (exp. 247); nous obtiendrons dans le flacon G (fig. 153) un mélange d'acide sulfureux, et d'azote résidu de l'air qui a fourni l'oxygène.

Fig. 153. — Moyen de recueillir l'acide sulfureux. Le soufre est brûlé dans une coupelle c placée sur une casserole C servant de support; le gaz sulfureux produit sous l'entonnoir E, posé sur t, se rend dans le flacon G disposé en gazomètre.

Si l'on intercalle, entre le flacon et l'entonnoir, une petite fiole ou éprouvette (fig. 117) renfermant des flocons de laine jaunie ou une fleur de violette ou de pensée, la laine, la fleur, sera blanchie par le gaz sulfureux.

Dans l'industrie, on blanchit les tissus de laine en les exposant dans des chambres closes appelés *soufroirs* où l'on enflamme du soufre.

L'acide sulfureux est un gaz incombustible, mais il peut néanmoins se combiner à une nouvelle quantité d'oxygène pour former l'**acide sulfurique**. Cette combinaison a lieu quand on mélange de l'acide sulfureux, de la vapeur d'eau et un peu d'acide azotique.

Dans l'industrie, l'acide sulfurique se produit en quantités considérables dans de vastes *chambres* de 2 ou 3,000 mètres cubes, entièrement faites de *plomb*, où arrivent en même temps de l'acide sulfureux, de l'air, de la vapeur d'eau et quelques vapeurs d'acide azotique.

L'acide sulfurique n'est pas seulement formé de soufre et d'oxygène, il renferme en outre de l'eau, environ un cinquième quand il est le plus concentré possible, à 66° Baumé (exp. 41); cette eau (oxyde d'hydrogène) joue le rôle d'une base, elle est en effet *combinée* à l'acide, et on ne peut l'enlever qu'en la remplaçant par une véritable base; par l'ébullition, l'acide se volatilise en même temps que son eau. On sait que l'acide sulfurique mélangé à l'eau s'échauffe (exp. 207), ce qui indique une combinaison; c'est à cause de sa grande avidité pour l'eau que l'acide sulfurique est si dangereux. Toutes les *matières organiques* (78) contiennent de l'hydrogène et de l'oxygène, par suite de l'eau ou de quoi en faire; elles renferment aussi du carbone; quand on les met au contact de l'acide sulfurique, l'eau se combine et le carbone reste, la matière est *carbonisée*.

Expérience 265. — Le sucre est une matière organique; si l'on en met un morceau dans un verre et qu'on verse dessus quelques gouttes d'acide sulfurique, il deviendra noir en quelques instants, comme si on l'avait chauffé sur une plaque de fer rouge pour faire du caramel. Le résultat est analogue dans les deux cas, l'eau s'est combinée à l'acide sulfurique dans le premier, elle s'est volatilisée dans le second, et le charbon est resté.

Un morceau de bois trempé dans l'acide sulfurique devient rapidement noir; les étoffes de coton disparaissent presque instantanément, elles sont même détruites quand l'acide est très étendu d'eau; celles de laine résistent mieux. La chair des animaux est entièrement détruite par l'acide sulfurique, aussi le maniement du *vitriol* est-il très dangereux, ses brûtures sont terribles.

81. LE PLATRE. — Quand on évapore de l'eau de mer, le dépôt qui se forme le premier est du plâtre : on attribue sa formation, dans les terrains, à l'évaporation de lacs salés On trouve dans le bassin de Paris de grands gisements de **pierre à plâtre** ou **gypse**; c'est un *sel* composé d'*acide* sulfurique et d'*oxyde de calcium* ou chaux, son nom chimique est donc *sulfate de chaux*. On peut le préparer artificiellement en versant de l'eau acidulée par de l'acide sulfurique, sur de la craie en poudre, ou bien en ajoutant de l'acide sulfurique au liquide résultant de la préparation de l'acide carbonique (exp. 249).

Le plâtre est un peu soluble dans l'eau.

Expérience 266. — Dans un verre d'eau on ajoute quelques pincées de plâtre, on agite et on filtre. En versant une dissolution de carbonate de soude dans le liquide filtré, il se forme un précipité blanc de carbonate de chaux ou craie. L'eau avait donc dissous du sulfate de chaux. La légende suivante explique la réaction :

SULFATE DE CHAUX (plâtre)	{ chaux . . . . acide sulfurique	} sulfate de soude	carbonate de chaux.
CARBONATE DE SOUDE =	{ soude . . . . acide carbonique	(reste dissous)	(craie, insoluble, se précipite.)

Un litre d'eau peut dissoudre 2 grammes de plâtre. Les eaux de sources des terrains gypseux en renferment une quantité moindre, mais suffisante pour les rendre impropres aux usages domestiques et industriels.

Le plâtre chauffé de 110 à 130 degrés laisse dégager de la vapeur d'eau et devient du **plâtre cuit**; le **plâtre cru**, ou naturel, perd environ le cinquième de son poids par cette opération ; cette perte est due à la volatilisation de l'eau qui était combinée dans les cristaux de sulfate de chaux. Réduit en poudre et mêlé à l'eau, le plâtre cuit reprend l'eau perdue, cristallise à nouveau, et les petits cristaux s'enchevêtrant les uns dans les autres deviennent une masse solide.

Expérience 267. — Délayons du plâtre cuit dans la moitié de son poids d'eau ; versons la pâte obtenue sur une pièce de monnaie légèrement graissée, ou sur tout autre objet présentant un relief; au bout de quelque temps, le plâtre est pris, et en le détachant de l'objet sur lequel ou l'a coulé, on obtient un moule en creux.

Le plâtre cuit s'emploie dans les constructions; le plâtre crû, en agriculture. Le gypse se rencontre accidentellement, à l'état naturel, en beaux cristaux volumineux, prismatiques, qu'on peut subdiviser en feuillets excessivement minces au moyen d'un couteau; ces cristaux quelquefois très larges par rapport à l'épaisseur, affectent la forme d'un *fer de lance*.

L'albâtre *gypseux* servant à faire des objets d'ornement est aussi du sulfate de chaux; il y a aussi l'*albâtre calcaire* qui fait effervescence aux acides.

82. LE SEL. — L'origine du **sel marin** a été expliquée (exp. 235, suite). Le **sel gemme**, c'est-à-dire celui qu'on trouve dans la terre, a la même composition que le premier et la même origine; il provient de l'évaporation des lacs salés formés par le retrait de la mer.

L'extraction du sel gemme se fait comme celle des pierres dans une carrière. Le sel marin s'obtient plus difficilement; l'eau de la mer est amenée dans des bassins appelés **marais salants**, l'eau s'évapore, la dissolution se concentre peu à peu et le sel cristallise; on l'enlève avec des râteaux et on le met en tas; l'humidité lui enlève ensuite les matières étrangères, ce qui le blanchit. Les cristaux de sel, en se formant, emprisonnent un peu d'eau; si l'on jette le sel dans le feu, cette eau se volatilise, et fait éclater les cristaux, on dit qu'ils *décrépitent*.

Le sel est un *corps binaire* (67) formé par la combinaison d'un métal, le *sodium*, avec un métalloïde, le *chlore*, que nous allons préparer. Ces deux corps simples sont de violents poisons, leur combinaison est inoffensive. Les exemples de deux corps corrosifs formant un composé non vénéneux ne sont pas rares en chimie (exp. 218); on trouve aussi l'exemple inverse de corps inoffensifs dont la combinaison est vénéneuse. Cela ne paraîtra pas extraordinaire si l'on se souvient que la combinaison chimique modifie profondément la nature des corps (63).

Quand on verse de l'acide sulfurique sur le sel, il se dégage un gaz que les anciens appelaient *esprit de sel* ou *acide muriatique* et qu'en chimie on nomme **acide chlorhydrique ou** *hydrochlorique*, ce nom indique qu'il est composé de chlore combiné à l'hydrogène : c'est un *hydracide* (exp. 220).

Expérience 268. — Versons sur quelques pincées de sel placées au fond d'un verre (fig. 164) un peu d'acide sulfurique, il se produit une effervescence due à un gaz acide, l'*acide chlorhy-*

drique, qui fume à l'air en se dégageant parce qu'il est très avide d'humidité.

Plaçons, dans les fumées, un papier buvard teinté en bleu par du tournesol; il deviendra rouge.

Le gaz acide chlorhydrique est très soluble dans l'eau; c'est sa dissolution dans l'eau qui constitue l'acide chlorhydrique ou *muriatique* du commerce. Voici un moyen d'en obtenir.

Expérience 269. On met, dans un petit ballon de verre, une dizaine de grammes de sel et le double en poids d'acide sulfurique, on n'ajoute pas d'eau; le ballon B est ensuite réuni à un flacon F vide, celui-ci à un autre flacon contenant un peu d'eau où le gaz acide se dissoudra (fig. 155). Le flacon H est relié.

Fig. 154. — L'acide sulfurique et le sel produisent un gaz acide

à un tube qui débouche dans un verre d'eau destiné à absorber les bulles de gaz acide qui pourraient échapper à la dissolution.

Cette dissolution se faisant avec dégagement de chaleur, il est bon de placer le second flacon dans l'eau froide d'une terrine T.

Le dégagement commence à froid; pour l'activer, on chauffe dans un bain-marie B. Lorsque l'air du premier flacon a été expulsé et remplacé par le gaz acide, on ne voit plus de bulles

Fig. 155. — Préparation de l'acide chlorhydrique.

barboter dans l'eau du flacon H; il semble que l'expérience soit terminée, mais si l'on examine de près le premier tube plongeant dans l'eau, on remarque à son extrémité des *stries* descendantes qui indiquent que le gaz se dissout à mesure de son arrivée et que sa dissolution est plus dense que l'eau, c'est pourquoi il suffit que ce tube touche le niveau du liquide dans le flacon.

Si, pendant l'expérience, le dégagement gazeux se ralentissait par suite d'un abaissement de la température du bain-marie, il pourrait y avoir une absorption (exp. 49); pour l'éviter on ajoute ordinairement au ballon, et même aux flacons, un tube droit, dit *tube de sûreté*, dont l'un des bouts s'ouvre à l'air, l'autre plonge dans l'eau, et qui laisse au besoin rentrer l'air. Par l'adjonction du flacon vide F (fig. 155), la rentrée du liquide dans le ballon est peu à craindre, et le tube de sûreté peut être supprimé.

L'absorption de l'acide chlorhydrique par l'eau est très vive, ce que nous allons constater d'une manière fort curieuse.

Expérience 270. — Le flacon F de l'appareil précédent est rempli d'acide chlorhydrique gazeux. Détachons ce flacon, et, après avoir fermé l'un des tubes, plongeons l'autre dans de l'eau teintée par du tournesol.

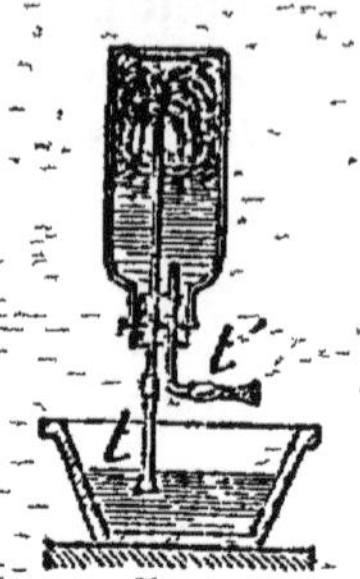

Fig. 156. — L'eau jaillit avec force dans un flacon rempli de gaz acide chlorhydrique.

L'eau ne tarde pas à monter dans le tube, doucement d'abord ; puis lorsqu'elle a atteint l'extrémité supérieure, elle jaillit avec force. Le tournesol est devenu rouge ; le gaz du flacon est donc un *acide*, **très avide d'eau.** Un litre d'eau peut dissoudre 500 litres d'acide chlorhydrique gazeux ; cette solution fume à l'air.

Une goutte d'acide chlorhydrique produit sur les habits une tache rouge que l'on fait disparaître par une substance basique soluble c'est-à-dire qui ramène au bleu la teinture du tournesol : la potasse, la soude, l'ammoniaque ou leur carbonate conviennent ; il y a neutralisation (exp. 218).

Le résidu de la préparation de l'acide chlorhydrique est du **sulfate de soude :** on n'ajoute pas d'eau à l'acide sulfurique employé, mais l'acide concentré en renferme (80). Voici la légende de la réaction :

SEL MARIN = { sodium / chlore.... } acide chlorhydrique (gazeux) } soude . } sulfate de soude.
EAU = { hydrogène / oxygène. }
ACIDE SULFURIQUE.

Le but qu'on se propose, dans l'opération industrielle qui fournit l'acide chlorhydrique, est l'obtention du sulfate de soude ; on emploie ce sel dans les verreries, les teintureries, etc. ; il sert surtout à fabriquer le **carbonate de soude.** A cet effet on le chauffe dans des fours spéciaux après l'avoir mélangé à de la craie et du charbon pulvérisés. La masse obtenue est lessivée ; la lessive est concentrée par évaporation, et par refroidissement, elle laisse déposer de volumineux cristaux de *carbonate.*

L'acide chlorhydrique chauffé avec du bioxyde de manganèse perd son hydrogène qui forme de l'eau avec une partie de l'oxygène du bioxyde, et le **chlore** se dégage.

C'est un gaz **très dangereux** à respirer ; il attaque fortement les matières animales en s'emparant de leur hydrogène ; son introduction dans les poumons amène des crachements de sang. On peut le préparer sans danger en s'y prenant de la manière suivante.

Expérience 271. — On dispose au dehors, ou sur l'appui d'une fenêtre ouverte, un appareil semblable à celui de là figure 155 ; on s'assure que les bouchons ferment parfaitement, puis on met 10 grammes de bioxyde de manganèse et un demi décilitre d'acide chlorhydrique dans le ballon qu'on ferme aussitôt ; le tube de sûreté est inutile. A défaut d'acide chlorhydrique, on met ce qu'il faut pour en produire, c'est-à-dire qu'on ajoute, au bioxyde, du sel et de l'acide sulfurique. La lampe qui chauffe le bain-marie peut être supprimée, et il suffit, pour faire dégager le chlore, de mettre le ballon dans un vase contenant de l'eau tiède à laquelle on ajoute peu à peu de l'eau bouillante.

Le chlore ne tarde pas à remplir le premier flacon, on le reconnaît à sa couleur jaune verdâtre, peu foncée. L'excès de chlore se dissout, s'il n'est pas en grande quantité, dans l'eau du flacon et du verre suivant en donnant de l'**eau de chlore**. La dissolution se fait mieux si l'eau renferme du carbonate de soude, et on obtient de l'**eau de Javel** ; celle du commerce est préparée en faisant dégager du chlore dans des touries qui renferment une dissolution de carbonate de potasse ou de soude.

Le chlore est un gaz comburant ; les métaux brûlent dans le chlore, le résultat de la combustion est un chlorure.

Expérience 272. — Si, dans le premier flacon de l'appareil à chlore, on introduit un fil de cuivre ou un copeau de cuivre tenu par un fil de fer et préalablement chauffé au rouge, le cuivre se maintient incandescent, et il se forme des fumées épaisses de *chlorure de cuivre*. En employant un fragment de cuivre d'un poids insuffisant pour se combiner à tout le chlore, le fer qui le suspend brûle à son tour et il se forme du *perchlorure de fer*.

Les vapeurs de chlorure de cuivre, versées en penchant le flacon sur une flamme, la colorent en vert bleuâtre (exp. 238). Si l'on verse de l'eau dans le flacon, elle dissout le chlorure et se colore en vert ; quelques gouttes d'ammoniaque donnent à la solution une belle coloration bleu céleste : c'est un *caractère* des sels de cuivre.

Le chlore est un décolorant. — Quelques gouttes d'encre ordinaire, versées dans le flacon ou le verre contenant de l'*eau de chlore*, se décolorent. Si l'on met, dans le premier flacon de l'appareil à chlore, une feuille de papier humide où ont été tracés à l'avance quelques caractères à l'encre ordinaire, les caractères disparaissent. L'encre d'imprimerie composée de noir de fumée et d'huile de lin épaisse n'est pas attaquée par le chlore ; on peut enlever, au moyen de l'eau de chlore, ou de l'eau de Javel, les taches d'encre ordinaire faites dans les livres.

Expérience 273. — Faisons une tache d'encre sur une pierre, un pavé, une planche, un morceau de journal, puis couvrons la tache d'eau de Javel ou d'eau de chlore, elle disparaît au bout de quelques minutes ; on lave à l'eau ordinaire et on laisse sécher s'il s'agit d'un livre.

L'expérience réussit bien, sur les pavés et planchers, en se servant d'une poudre blanche vendue dans le commerce sous le nom de **chlorure de chaux** ; on en fait une pâte dont on couvre la tache et on arrose de quelques gouttes d'acide chlorhydrique ou de vinaigre. Le chlorure de chaux aurait pu être obtenu, dans l'expérience 271, si l'on avait mis un peu de chaux en poudre au fond du premier flacon (F, fig. 155) ; dans l'industrie, on l'obtient en faisant arriver du chlore dans une chambre divisée par des claies horizontales couvertes de chaux en poudre.

Le chlore est un désinfectant. — Il détruit les odeurs, les miasmes, etc. On jette du chlorure de chaux dans les lieux d'aisances pour les désinfecter, mais l'odeur du désinfectant est presque aussi désagréable que celle qu'on veut faire disparaître, l'emploi du sulfate de fer serait préférable (exp. 310).

On assainit les salles d'hôpitaux par des fumigations de chlore ; aucun ferment, aucun germe putride ne résiste au chlore.

Un tonneau moisi peut être remis en bon état en le lavant à l'eau de chlore ou à l'eau de Javel, ou bien au chlorure de chaux. Pendant que le liquide chloré est dans le tonneau, on y ajoute un peu d'acide chlorhydrique ou de vinaigre, le chlore se dégage, on le laisse agir quelque temps ; puis on rince à l'eau ordinaire, puis à l'eau contenant un peu de carbonate de soude, enfin à grande eau. Cette opération ne présente aucun inconvénient, l'addition du carbonate de soude a pour effet de transformer en sel marin ce qui pourrait rester de chlore dans les pores du bois.

Les caves dans lesquelles le vin, la bière, le lait tournent, sont débarrassées pour longtemps des germes fermentescibles par une fumigation de chlore ; celle-ci s'effectue en mettant dans une terrine au bain-marie ce qui est nécessaire pour produire du chlore. Un badigeonnage au chlorure de chaux peut remplacer la fumigation.

Les eaux de la mer qui ont laissé déposer leur sel dans les marais salants renferment, outre le sel qui les sature encore, d'autres produits qu'on appelle des **bromures** et des **iodures** ; ce sont des corps binaires formés par la combinaison, avec les métaux alcalins, de deux métalloïdes : le **brôme** qui est un liquide rouge très dense, d'odeur aussi désagréable que le chlore, et l'**iode**, corps solide gris, qui émet de belles vapeurs violettes en se volatilisant. La teinture d'iode que vendent les pharmaciens est une dissolution d'iode dans l'alcool ; elle est facile à reconnaître au moyen de l'empois d'amidon froid qu'une seule goutte de teinture d'iode colore en bleu intense ; ce sera un moyen de reconnaître l'amidon dans les tissus végétaux qui en renferment (85).

Un métalloïde dont les propriétés se rapprochent de celles du chlore est le **fluor** ; il existe dans le mica (78) et dans une pierre qu'on appelle *spath fluor*, dont le nom chimique est *fluorure de calcium*. On ne connaît pas le fluor pour l'avoir vu, on ne peut pas le préparer ; il attaque tous les corps connus à l'exception toutefois de l'oxygène avec lequel il ne se combine pas ; c'est probablement un gaz. On connaît son hydracide, l'**acide fluorhydrique**, qui jouit de la remarquable propriété de dissoudre la silice.

Le **verre** est un mélange de silicate de chaux et d'un peu de silicate de potasse ou de soude ; l'acide fluorhydrique corrode le verre, il en dissout la silice.

Expérience 274. — Mettons dans une coupelle *de plomb* quelques grammes de fluorure de calcium en poudre, ajoutons de l'acide sulfurique pour former une pâte, et chauffons doucement de manière à ne pas fondre le plomb. Le gaz fluorhydrique se dégage, c'est un corrosif dangereux, aussi sa préparation doit-elle être faite au-dehors, à l'air libre.

Une plaque de verre exposée à ses vapeurs se corrode et devient opaque. Si l'on enduit le verre de cire, et qu'on enlève ensuite la cire par places, les endroits mis à nu seront seuls attaqués ; exemple : on chauffe avec précaution un verre à expérience, au-dessus de la flamme d'une lampe, et on le frotte d'un morceau de cire ; la cire s'étend uniformément en promenant le verre au-dessus de la flamme. Versons dans le verre

10 grammes d'eau et faisons un trait juste au niveau de l'eau ; répétons l'opération en mettant 20, puis 50, puis 100 grammes d'eau : écrivons au-dessus de chaque trait le nombre correspondant, en ayant soin d'enlever la cire à fond. En exposant le verre, tenu par une pince pendant quelques minutes aux vapeurs d'acide fluorhydrique, l'attaque se fera partout où le verre est à nu. Il suffira d'enlever la cire en la fondant et en essuyant d'un linge ou d'un chiffon de papier, pour avoir un vase d'une graduation peu précise, il est vrai, mais qui pourra néanmoins servir pour quelques mesures approchées.

On pourrait prendre un verre à boire, une carafe, et y graver de la même manière des dessins, des lettres, etc.

L'acide fluorhydrique est employé pour la **gravure sur verre**, quand on peut se contenter d'un travail grossier. Les travaux délicats sur les cristaux et les glaces se font au moyen de meules spéciales.

83. — LE SALPÊTRE ET L'AMMONIAQUE. — Voici deux substances qui se produisent naturellement dans le sol, et qui ont pour origine l'azote des matières organiques. Quelques expériences vont nous faire connaître leur composition et leurs principales propriétés.

Expérience 275. — On introduit dans une petite cornue 20 grammes de salpêtre et autant d'acide sulfurique ; on ne met pas d'eau. On laisse le col de la cornue relevé pendant quelques instants pour que l'acide qui en mouille les parois s'écoule, autrement il se mêlerait à l'acide azotique pendant la distillation de celui-ci.

Fig. 157. — Préparation de l'acide azotique.

Le col étant sec, on l'introduit dans un ballon B plongé dans l'eau froide (fig. 157). La cornue est placée sur une toile métallique, et l'on chauffe doucement à la lampe ou à l'aide de charbons allumés. Le ballon est maintenu froid en versant au moyen d'un tube *t* de l'eau froide sur la feuille de papier ou le chiffon qui le recouvre.

On voit bientôt des vapeurs se condenser et couler dans le col de la cornue, c'est de l'**acide azotique** ; il est formé d'azote combiné à l'oxygène ; on l'appelle aussi **acide nitrique ou eau forte**. Il attaque tous les métaux, moins l'or et le platine qu'on ne dissout que par l'**eau régale**, mélange d'acide azotique et d'acide chlorhydrique ; l'attaque se fait avec dégagement d'un gaz rouge (exp. 208), appelé *hyponitride* et provenant d'acide nitrique qui a perdu de l'oxygène ; un peu de ce gaz rouge se produit dans notre expérience, c'est lui qui jaunit l'acide obtenu. L'acide azotique attaque les matières organiques ; il jaunit fortement la peau, la laine, les plumes. Il peut servir à graver les métaux ; la *gravure à l'eau forte* se fait en dessinant, sur une couche de cire dont on recouvre le métal, de manière à mettre celui-ci à nu, comme pour la gravure sur verre, et en passant ensuite sur les traits un pinceau ou un bout d'étoffe trempé dans l'acide azotique.

Expérience 276. — Sur une lame de couteau, étendez une mince couche de cire, écrivez une date, un nom, etc. ; puis faites agir l'acide azotique pendant quelques minutes ; lavez à l'eau et retirez la cire, les caractères resteront gravés en creux. L'acide azotique *fumant*, tel qu'on l'a obtenu dans la préparation précédente, n'attaque pas le fer, il faut préalablement l'étendre d'un peu d'eau.

L'expérience 274 prouve que le salpêtre renferme de l'acide azotique ; celui-ci était combiné à une base, la potasse, avec lequel il formait de l'**azotate de potasse** ou **nitre**, deux autres noms du salpêtre. L'acide sulfurique a chassé l'acide azotique et s'est combiné à la potasse pour former du **sulfate de potasse** qui est resté dans la cornue. Légende de la réaction :

$$\text{SALPÊTRE} = \begin{cases} \text{acide azotique (qui a distillé).} \\ \text{potasse} \\ \end{cases}$$
$$\text{ACIDE SULFURIQUE} \ldots \end{cases} \text{sulfate de potasse.}$$

La préparation de l'acide nitrique du commerce se fait au moyen de l'**azotate de soude** ou **salpêtre du Pérou**, ainsi nommé parce qu'on en trouve de grands gisements en Amérique, particulièrement au Pérou.

Au moyen de l'acide azotique et du carbonate de soude, on peut reconstituer le nitrate de soude.

Expérience 277. — A 10 grammes de carbonate de soude préalablement dissous dans le double en poids d'eau, ajoutons peu à peu de l'acide azotique ; il y a effervescence due au dégagement d'acide carbonique, et les deux liquides se neutralisent (exp. 220), ce qu'indiquerait le tournesol. En évaporant le liquide, nous obtiendrons des cristaux d'azotate de soude. La légende de la réaction serait analogue à la précédente.

La même expérience, faite avec du carbonate de potasse, donnerait du salpêtre ordinaire ou nitre.

En projetant du salpêtre sur des charbons ardents, la combustion est activée; il se produit un sifflement particulier dû à un dégagement de gaz, on dit que les azotates *fusent*. Ils se décomposent, et l'oxygène qu'ils renferment se combine vivement au charbon en formant de l'acide carbonique.

Les corps combustibles s'enflamment facilement quand ils sont mêlés au salpêtre.

Expérience 278. — Mêlons ensemble, après les avoir séparément pulvérisés, 6 grammes de salpêtre, 1 gramme de soufre et 1 gramme de charbon. Humectons d'un peu d'eau et triturons le mélange sur un pavé en roulant dessus un cylindre de bois dur ou une bouteille ordinaire, puis laissons sécher. La matière obtenue est de la **poudre**; elle brûlera moins vivement que la poudre à canon ou la poudre de chasse, parce que notre mélange est imparfait, cependant il ne faut pas l'enflammer sans précautions. Introduisons-là dans un cylindre de papier confectionné comme l'enveloppe d'une fusée, après l'avoir additionnée de limaille fine de quelques métaux tels que du fer, du zinc, du cuivre, puis mettons le feu (cette opération a lieu au dehors); il sortira de la fusée une petite gerbe lumineuse projetant des étincelles brillantes diversement colorées suivant la nature des métaux qui, en brûlant, les produisent.

La légende suivante indique les produits de la combustion de la poudre :

$$\text{SALPÊTRE} = \begin{cases} \text{potasse} = \begin{cases} \text{potassium.} \\ \text{oxygène} \end{cases} \\ \text{acide} \quad \begin{cases} \text{oxygène} \\ \text{azote (gazeux se dégage)} \end{cases} \end{cases} \quad \left.\rule{0pt}{2em}\right\} \text{acide carbonique} \atop \text{(gazeux se dégage)} \quad \left.\rule{0pt}{2em}\right\} \begin{array}{l} \text{sulfure de} \\ \text{potassium.} \\ \text{(corps binaire.)} \\ \text{est entraîné} \\ \text{avec les gaz.} \end{array}$$

CHARBON.

SOUFRE

L'intervention de l'oxygène de l'air n'est pas nécessaire à la combustion; et la quantité de gaz formé occupe un volume beaucoup plus grand que celui de la poudre employée; il en résulte une force élastique (22) produisant une explosion dont les effets sont utilisés dans les armes à feu, les trous de mines, etc.

Le nitrate de soude ne convient pas pour la fabrication de la poudre parce qu'il absorbe trop facilement l'humidité de l'air.

Le salpêtre se forme dans les murs humides et vient cristalliser à la surface sous forme d'efflorescences blanches; si l'on recueille ces efflorescences, qu'on les traite par l'eau pour les dissoudre et en séparer les matériaux terreux, le liquide obtenu donnera, par concentration, des cristaux de salpêtre. On les purifie par plusieurs cristallisations successives, c'est-a-dire qu'on les sépare de l'eau mère qui renferme les matières étrangères, du sel marin surtout, puis on les redissout dans de l'eau pure, pour les faire cristalliser à nouveau et ainsi de suite deux ou trois fois.

Ce qui donne naissance au salpêtre est un gaz piquant qui provoque les larmes et dont la dissolution dans l'eau s'appelle **ammoniaque ou alcali volatil**. Il suffit d'ouvrir un flacon renfermant cette dissolution pour percevoir très énergiquement l'odeur de ce gaz.

Le gaz ammoniac est fait d'azote combiné à l'hydrogène; il est difficilement inflammable, mais *il subit la combustion lente quand il se trouve en contact avec l'oxygène dans un corps poreux contenant une base*. Voici alors ce qui se produit : avec l'oxygène, l'azote donne de l'acide azotique, l'hydrogène, de l'eau; et l'acide azotique formé se combine à la base (potasse, soude, chaux, etc.) pour former un *nitrate*. Cet important phénomène a lieu d'une façon continue dans le sol; on l'appelle **nitrification**.

L'ammoniaque provient de la putréfaction de matières organiques azotées; c'est une substance basique, c'est-à-dire qu'elle bleuit fortement le tournesol rouge, et se combine aux acides, comme un oxyde métallique, pour former de véritables sels qu'on appelle **sels ammoniacaux**; comme cette base est gazeuse, on l'appelle *alcali volatil*.

Quand un sel ammoniacal est mis en contact avec une base telle que la potasse, la soude ou la chaux, la base fixe chasse la base volatile, c'est-à-dire qu'elle s'unit à l'acide du sel ammoniacal, et que l'ammoniaque se dégage.

Expérience 279. — Pulvérisez du chlorhydrate d'ammoniaque (*sel ammoniac* des rétameurs), il n'a pas d'odeur; ajoutez de la chaux en poudre, également inodore, il se dégagera une vive odeur d'ammoniaque, suffocante, provoquant les larmes et que l'on reconnaîtra toujours quand on l'aura perçue une fois. Le dégagement de *gaz ammoniac* est surtout abondant si l'on arrose le mélange d'un peu d'eau chaude.

Si vous approchez une baguette trempée dans l'acide chlorhydrique, vous verrez apparaître d'épaisses fumées blanches dues au chlorhydrate d'ammoniaque qui se reforme; c'est un moyen de reconnaître l'ammoniaque, même lorsqu'elle se dégage en très petite quantité.

Expérience 280. — L'expérience est frappante en la disposant comme l'indique la figure 158. Dans une éprouvette ou un verre, on mélange du sel ammoniac et de la chaux, on y ajoute quelques gouttes d'eau très chaude, et on recouvre d'un bocal ou d'un flacon à large col dans l'intérieur duquel on a versé quelques gouttes d'acide chlorhydrique qui en mouillent les parois. Un nuage blanc apparaît; il est si intense, qu'on ne voit plus l'éprouvette ou le verre dans le bocal.

On peut faire l'expérience inverse, c'est-à-dire imprégner le bocal d'un peu d'ammoniaque et mettre dans le verre de l'acide chlorhydrique ou de quoi en faire (sel marin et acide sulfurique exp. 268); ou bien encore mettre sous le même bocal les deux éprouvettes ou verres contenant les mélanges producteurs des deux gaz.

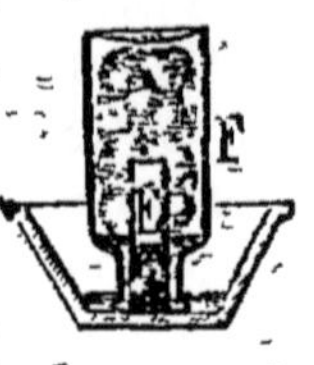

Fig. 158. — Le gaz ammoniac et le gaz acide chlorhydrique forment d'épaisses fumées dues au sel ammoniac reformé.

Quand on distille du bois, de la houille et surtout des os, il se produit de l'ammoniaque. La **suie** des cheminées en contient de notables quantités combinées à différents acides, le reste est du charbon (noir de fumée).

Expérience 281. — Faisons bouillir de la suie pendant quelques minutes dans son volume d'eau; jetons la bouillie épaisse obtenue sur un filtre, il passe un liquide jaunâtre qui renferme un sel ammoniacal. En effet, ajoutons de la chaux, une odeur ammoniacale se dégage; approchons une baguette trempée dans l'acide chlorhydrique, les fumées blanches, caractéristiques de l'ammoniaque, apparaissent aussitôt.

Le liquide obtenu par le lessivage de 100 grammes de suie ordinaire renferme de 5 à 10 grammes d'un mélange de divers sels ammoniacaux qu'il sera facile d'extraire en évaporant le liquide dans une casserole en métal par exemple; il ne faudra pas continuer à chauffer quand les dernières traces de liquide disparaîtront, les sels ammoniacaux sont volatils, ils disparaîtraient à leur tour.

Pour préparer l'alcali volatil, on produit le gaz ammoniac dans un ballon et on le fait dégager par un tube dans de l'eau froide.

Expérience 282. — Disposons l'appareil comme pour la préparation de l'acide chlorhydrique (exp 269).

Remplissons à demi le ballon (fig. 159) d'eau provenant du lessivage de la suie et ajoutons quelques grammes de chaux; ou bien mettons de l'eau ordinaire, 10 ou 15 grammes de sel ammoniac (ou de sulfate d'ammoniaque) par décilitre et un poids égal de chaux.

Chauffons au bain-marie; en chauffant à feu nu, le dégage

ment peut devenir tumultueux, la masse se boursouffle et s'échappe partiellement par le tube de sûreté ou celui de dégagement, quelquefois même le bouchon saute.

Le premier flacon se remplira de gaz ammoniac, l'eau du second absorbera le gaz en excès et donnera de l'alcali volatil ou ammoniaque du commerce.

Un litre d'eau peut absorber 1200 litres de gaz ammoniac, le volume final dépasse deux litres; la dissolution pèse moins que l'eau et d'autant moins

Fig. 159. — Préparation de l'alcali volatil.

qu'elle est plus riche en ammoniaque; on apprécie sa valeur au moyen d'un aréomètre construit pour les liquides moins denses que l'eau (exp. 41). A cause de cette diminution de densité de la solution ammoniacale, il sera bon de faire plonger au fond du deuxième flacon (fig. 159) le tube qui amène le gaz; comme dans la préparation de l'acide chlorhydrique, l'absorption est à craindre.

Expérience 283. — En disposant le premier flacon de l'appareil précédent, comme on l'a fait pour l'acide chlorhydrique, on aura une idée de l'énergie avec laquelle a lieu la dissolution du gaz ammoniac dans l'eau. Si l'eau de la terrine *t* (fig. 160) a été préalablement teintée par du tournesol rouge, on la voit devenir bleue en entrant dans le flacon.

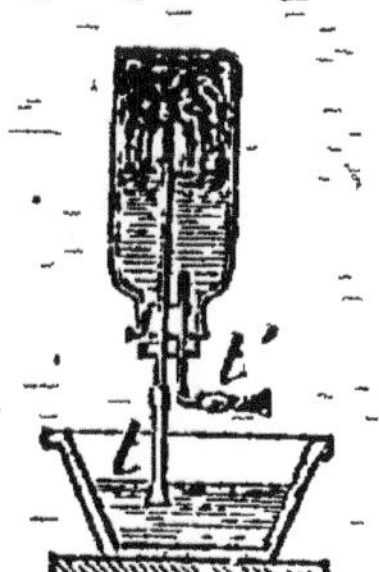

Fig. 160. — L'eau se précipite avec force dans un flacon rempli de gaz ammoniac.

On se sert de l'ammoniaque pour cautériser les morsures de vipères et les piqûres d'insectes venimeux. Un litre d'eau additionnée de deux cuillerées d'ammoniaque ordinaire du commerce guérit une vache **météorisée**, c'est-à-dire affectée d'un gonflement au ventre survenant à la suite de rations trop copieuses de luzerne fraîche ou de trèfle. Ce gonflement est produit par le dégagement des gaz carbonique et sulfhydrique (exp. 210) que l'ammoniaque peut absorber en s'y combinant.

Au sujet de la formation naturelle de l'ammoniaque et du salpêtre, voici ce qu'il importe de savoir :

Les matières organiques *azotées* sont susceptibles d'entrer en *putréfaction;* c'est une sorte de combustion lente de laquelle résulte de l'eau, de l'acide carbonique, *de l'ammoniaque* et quantité d'autres produits d'odeur désagréable. L'urine putréfiée (qui peut servir à la préparation de l'ammoniaque), les eaux de vidanges, les fumiers, renferment beaucoup d'ammoniaque sous forme de sels plus ou moins volatils : sulfate, chlorhydrate, carbonate, etc. Le carbonate se volatise tout seul à l'air, il a une forte odeur ammoniacale; c'est lui qui se dégage des écuries et surtout des bergeries où le fumier séjourne ordinairement longtemps.

Si les matières ammoniacales se trouvent répandues dans la terre, elles ne tardent pas à se transformer en salpêtre (nitrification).

Le salpêtre et les sels ammoniacaux sont de puissants engrais; ils sont solubles dans l'eau; c'est dans leur solution que les plantes puisent, par leurs racines, l'azote indispensable à leur végétation.

CHAPITRE IV

LES VÉGÉTAUX

84. COMPOSITION DES VÉGÉTAUX. — Les organes des plantes sont formés de substances qu'on peut diviser en deux catégories bien distinctes : les **matières organiques** (78) formées des trois éléments *carbone*, *hydrogène*, *oxygène*, auxquels s'ajoute souvent l'*azote*; et les **matières minérales** constituant les cendres.

Les matières organiques disparaissent par la combustion; il est facile de se convaincre qu'elles renferment du carbone, de l'hydrogène et de l'oxygène.

Expérience 284. — Chauffons dans un tube une matière végétale telle que de la fécule, de l'amidon, du sucre : il se dégage de la vapeur d'eau, quelques goudrons et du gaz d'éclairage; il reste du charbon.

La conclusion est que les éléments ou corps simples qui formaient la matière végétale servant à l'expérience sont : le *carbone*, l'*hydrogène* et l'*oxygène*.

Les expériences 240 et 241 nous l'avaient déjà démontré.

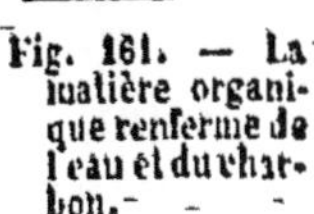

Fig. 161. — La matière organique renferme de l'eau et du charbon.

Les matières organiques qui ne renferment que ces trois éléments sont dites **ternaires**; celles qui renferment en outre de l'azote sont dites **quaternaires** ou simplement azotées.

Une substance azotée dégage en brûlant l'odeur de laine, de corne, ou de plume brûlée; *elle est susceptible d'entrer en putréfaction;* chauffée avec un alcali fixe (potasse, soude ou chaux), elle donne de *l'alcali volatil* ou ammoniaque.

Expérience 285. — En chauffant dans un tube un mélange de

farine ou de pain et de chaux en poudre; il se dégage un mélange de divers gaz à odeur désagréable, et renfermant de l'ammoniaque qu'il est facile de reconnaître en approchant une baguette trempée dans l'acide chlorhydrique (exp. 279), ou une petite feuille de papier de tournesol rouge.

L'expérience pourra être disposée comme l'indique la figure 162.

Fig. 162. — Du pain chauffé avec de la chaux laisse dégager de l'ammoniaque. Le mélange est placé dans un tube de verre T fermé en *a* ; le tournesol rouge de l'éprouvette E devient bleu.

Ainsi, *les végétaux sont principalement formés de quatre éléments : le* **carbone, l'hydrogène, l'oxygène** *et l'azote ; ce dernier manque dans les substances ternaires.*

Quand on brûle complètement un végétal à l'air libre, toute la matière organique disparaît et il ne reste que des **cendres** ; la proportion de celles-ci varie suivant les diverses plantes et même suivant les différentes parties d'un même végétal. Tandis qu'un kilogramme de bois de chêne laisse de 20 à 40 grammes de cendres, ses feuilles et son écorce en fournissent le double ; la paille de blé, les sarments de vigne en donnent de 40 à 60 grammes ; les fanes de pommes de terre 150 grammes.

La quantité de cendres varie donc de 2 à 15 pour cent du poids de la matière végétale *préalablement desséchée.*

Une partie des cendres est soluble dans l'eau.

Expérience 286. — Faisons bouillir de l'eau, et versons-la sur des cendres contenues dans le filtre d'un entonnoir (fig. 163). Il passe un liquide jaunâtre qui bleuit le tournesol, ce qui prouve qu'il est alcalin, et il fait effervescence si l'on y ajoute quelques gouttes d'acide chlorhydrique : c'est donc un *carbonate* alcalin.

Fig. 163. — Les cendres contiennent du carbonate de potasse.

En évaporant le liquide, on obtient un résidu ou *salin,* formé en grande partie de **carbonate de potasse** ou *potasse du commerce.* Les cendres des végétaux marins donneraient du **carbonate de soude** ; nous étudierons plus loin (111) ces deux produits.

Si l'on continue à verser de l'eau bouillante sur les cendres, il arrive un moment où le liquide obtenu n'agit plus sur le tournesol ; il ne reste alors sur le filtre que la partie insoluble des cendres, elle renferme surtout de la silice et du carbonate de chaux, à moins qu'on n'ait calciné très fortement les cendres (88 tab. 1 et 2), auquel cas la craie serait devenue de la chaux qui est soluble et que l'eau aurait enlevée en partie.

Expérience 287. — A une portion de ces cendres lessivées, ajoutons de l'eau et peu à peu de l'acide chlorhydrique, tant qu'il se produira une effervescence ; filtrons ensuite, sur le filtre il restera de la silice (exp. 255) ; et en ajoutant, au liquide clair, du carbonate de soude ou la lessive de l'expérience précédente, on obtiendra un précipité blanc de carbonate de chaux facile à reconnaître (exp. 204).

Ainsi *dans la cendre des végétaux, il y a de la* **potasse,** *de* **la chaux,** *de la* **silice** ; l'acide carbonique vient de la combustion du carbone de la matière végétale.

Des expériences délicates, dont la description ne saurait trouver place ici, démontreraient en outre la présence de la *magnésie,* de *l'acide phosphorique,* de *l'acide sulfurique* et du *chlore,* parfois d'un peu de *fer* et de *manganèse.*

En résumé les végétaux sont formés d'une douzaine de corps simples dont les plus importants sont :

Le charbon, l'hydrogène, l'oxygène *et* **l'azote** *pour la matière organique ;*

Le phosphore, *le* **silicium,** *le* **potassium** *et le* **calcium** *pour la matière minérale* (88).

85. PRINCIPES IMMÉDIATS. — Les éléments organiques peuvent se combiner d'une foule de manières ; et de même qu'avec 4 chiffres, par exemple, on peut, en les prenant chacun une ou plusieurs fois, faire une infinité de nombres, de même avec 4 corps simples on peut obtenir, par des arrangements divers, une infinité de produits différents.

Les substances telles que le *sucre,* l'*amidon,* la *résine,* etc., dont les propriétés sont bien définies, et qui *présentent toujours les mêmes caractères,* quel que soit le végétal duquel on les extrait, se nomment **principes immédiats.**

La **cellulose** est un principe immédiat qui se rencontre dans tous les végétaux. Une tranche mince de jeune tige enlevée au moyen d'un canif ou d'un rasoir présente, quand on l'examine au microscope, une foule de petits globules plus ou moins arrondis, appelés *cellules.* Ce sont des espèces de petits sacs renfermant un liquide au sein duquel nagent différents corpuscules dont quelques-uns sont susceptibles de donner naissance à de nouvelles cellules ; celles-ci se serrent, s'allongent et se groupent pour former du *tissu végétal.* Ce tissu végétal principalement composé de cellules a reçu le nom de cellulose.

La cellulose, fine et déliée dans les jeunes plantes, devient compacte à mesure que le végétal croît ; cette substance est pure dans la moelle de sureau, le coton; dans le bois, elle est accompagnée de matières diverses dont on peut la séparer par des dissolvants convenables.

Expérience 288. — Dans un flacon à large col renfermant des copeaux de bois, on verse une solution saturée de *bichromate de potasse* additionnée d'un dixième en poids d'acide sulfurique, et on abandonne pendant quelques jours; les copeaux se désagrègent, et il reste une matière semblable à de la pâte à papier; elle est un peu verdie par le sel de chrôme qu'ont formé le bichromate et l'acide sulfurique, mais la couleur disparaît par des lavages répétés à l'eau ordinaire.

Cette matière est de la cellulose; elle pourrait servir, comme le coton ou les chiffons, à la confection du *papier*.

On emploie aujourd'hui, pour la fabrication du papier, de grandes quantités de sciure de bois blanc à laquelle on fait subir des traitements divers, destinés à débarrasser la cellulose des autres matières qui l'accompagnent.

Les cellules de certains organes végétaux, tels que les fruits charnus, les racines, les tubercules, sont gorgées de liquides tenant en solution ou en suspension des principes immédiats très importants. On trouve du sucre dans la betterave, la canne à sucre et un grand nombre de fruits; la pomme de terre renferme de la fécule; le jus de raisin du sucre et du tartre; etc.

Voici quelques expériences qui nous feront connaître l'origine et les propriétés de quelques-uns des principes immédiats les plus importants.

Expérience 289. — Râpons une pomme de terre au moyen d'une lame de couteau ou mieux d'une râpe en fer blanc, de manière à la réduire en pulpe fine; plaçons cette pulpe dans un entonnoir ou un verre, et versons peu à peu de l'eau de manière à faire un lavage.

Fig. 164. — Un grain de fécule gonflé par l'eau et grossi 100 fois en diamètre. (Sur la surface occupée par le dessin on pourrait mettre les uns à côté des autres 10,000 grains de fécule.

Le liquide obtenu est laiteux, et laisse déposer une poudre blanche, la **fécule.** Vue au microscope cette matière apparaît sous forme de grains ovoïdes que l'eau chaude gonfle, fait éclater en un grand nombre de couches concentriques se terminant par un canal appelé *hile* (fig. 164).

La fécule forme avec l'eau chaude un *empois* qui pourrait servir comme celui d'amidon pour empeser le linge; l'empois refroidi se colore en bleu intense par l'iode (82).

La fécule est un principe ternaire, c'est-à-dire exempt d'azote (exp. 284).

Le liquide qui l'a laissée se déposer renferme d'autres principes immédiats faciles à isoler.

Expérience 290. — Filtrons-le et portons-le ensuite à l'ébullition dans un ballon de verre; il se forme de petits flocons d'une matière solide blanche ou plutôt grise, analogue au blanc d'œuf cuit ; c'est de l'**albumine végétale** qui se coagule ; c'est un *principe azoté*, le seul dans la pomme de terre.

La pulpe obtenue en râpant la pomme de terre brunit rapidement à l'air; elle renferme, outre la *cellulose* qui est son principe essentiel, une matière mal définie qu'on appelle **matière colorante**.

Voilà donc 5 *principes immédiats* séparés, ou au moins reconnus, dans un tubercule de pomme de terre : la *cellulose*, la *fécule*, l'*albumine*, la *matière colorante* et l'eau.

On en peut séparer un sixième dans le liquide où l'albumine s'est coagulée ; pour cela un réactif particulier est nécessaire, c'est l'*acétate de plomb* ; il est du reste facile à préparer.

Expérience 291. — Dans une assiette, on met quelques rognures de plomb, ou du plomb de chasse (la litharge ou *oxyde de plomb*, la céruse ou *carbonate de plomb*, conviennent mieux) et on verse un peu de vinaigre de manière que le plomb ne soit pas entièrement recouvert et reste par quelques points en contact avec l'oxygène de l'air, et on abandonne pendant un jour. Il se produit de l'oxyde de plomb qui s'unit au vinaigre (acide acétique) pour former de l'acétate de plomb ; le liquide filtré est enfermé dans un flacon bouché, et étiqueté pour éviter toute erreur : c'est un poison, comme tous les sels de plomb.

Quelques gouttes d'acétate de plomb versées dans du jus de citron, qui est acide, donnent un précipité blanc dû à l'**acide citrique**.

Si l'acétate de plomb est versé dans du jus de pomme de terre débarrassé de son albumine par ébullition et filtrage, il déterminera un précipité blanc semblable au précédent; la pomme de terre renferme de l'*acide citrique*.

En écrasant les fruits du groseillier épineux, en faisant bouillir le jus pour coaguler l'albumine végétale, puis en filtrant, on obtient aussi un liquide rougissant le tournesol, riche en acide citrique et précipitant par le sel de plomb.

L'amidon, principe immédiat qui ne diffère de la fécule qu'en ce que ses grains sont beaucoup plus petits encore, existé dans un grand nombre de graines ; celles des céréales en renferment de fortes proportions : les deux tiers environ de la farine de blé sont formés d'amidon, il en est de même pour le seigle, l'orge, l'avoine, le maïs ; le riz en contient les trois quarts. La substance azotée de la farine est le **gluten**, la farine de blé en renferme de 10 à 14 pour cent.

Expérience 292. — Ajoutons de l'eau à 20 grammes de farine de manière à former en pétrissant, une pâte *épaisse* et *ferme*. Trempons dans l'eau d'un verre ou d'une terrine la boulette obtenue, retirons et pressons légèrement entre les doigts ; répétons un grand nombre de fois cette opération.

Il faut avoir soin de ne pas trop étendre la pâte, autrement elle adhère aux doigts, et il devient impossible de continuer l'expérience.

Il arrive un moment où l'on n'a plus entre les doigts qu'une matière grisâtre très élastique, c'est le *gluten*, substance putrescible ; par le repos, l'eau devenue blanche laissera déposer l'*amidon*, qu'il est facile de séparer par décantation.

Si l'expérience a été faite avec soin, et qu'on dessèche ensuite les deux produits pendant plusieurs heures sur une plaque chauffée au bain-marie, de manière à leur faire perdre toute humidité, on trouvera de 12 à 15 grammes d'amidon et 2 ou 3 grammes de gluten. Le reste des 20 grammes de farine était formé d'environ un dixième d'eau, d'un peu de cellulose, de sucre, de quelques corps gras, et de 1 à 2 centièmes de *sels minéraux* presqu'entièrement formés de *phosphates de magnésie et de potasse.*

Les corps gras se rencontrent dans les graines *oléagineuses* (de *oleum*, huile) ; ce sont des substances formées surtout de carbone et d'hydrogène, et d'un peu d'oxygène ; **leur caractère est de laisser sur le papier une tache translucide qui ne disparaît pas par la chaleur.**

Expérience 293. — Chauffons doucement sur un poêle allumé, ou sur une plaque de tôle placée au-dessus du foyer, l'amande écrasée d'une noix ou d'une noisette ; plaçons-la ensuite dans du papier et pressons entre deux morceaux de bois ; de l'huile s'échappe et produit sur le papier la tache caractéristique.

Les principes immédiats solubles dans l'eau peuvent cristalliser quand on concentre convenablement leur dissolution. C'est ainsi qu'on obtient le **sucre** des jus extraits de la **canne à sucre**, de la **betterave** ou de l'**érable à sucre.**

Expérience 294. — Râpons une betterave comme nous l'avons fait pour la pomme de terre, et comprimons avec la main pour en extraire le jus. Ajoutons au liquide une pincée de chaux et chauffons presque jusqu'à l'ébullition, mais sans l'atteindre ; la chaux se combine aux acides des sels, l'albumine se coagule, et en filtrant on obtient une liqueur sucrée.—La concentration de cette liqueur donnera du sucre mélangé de *mélasse*, ce qu'il sera facile de reconnaître à la saveur.

—Dans les sucreries, le liquide sucré est débarrassé, par des procédés spéciaux, des matières étrangères qu'il renferme ; l'évaporation se fait ensuite dans des chaudières closes où de puissantes machines font le vide, afin d'abaisser le point d'ébullition (exp. 139) ; sans cela la température d'ébullition sous la pression atmosphérique serait suffisante pour décomposer une partie du sucre et le transformer en **sucre dit interverti** qui est incristallisable, et dont la saveur est moins sucrée que celle du sucre ordinaire, cristallisable.

Une dissolution de sucre dans l'eau, concentrée de manière à marquer 37° à l'aréomètre de Baumé, et abandonnée à l'évaporation lente dans une étuve chauffée seulement à 30°, laisse déposer de beaux cristaux en prismes obliques qui constituent le **sucre candi**. Une dissolution plus concentrée (42° Baumé) versée dans des vases coniques, cristallise irrégulièrement en une masse de la forme du vase, c'est le **sucre en pain**.

Les acides étendus agissent, comme la chaleur, sur le sucre ordinaire et le transforment en sucre interverti ; ces modifications sont assez importantes pour nous arrêter un instant.

—*Expérience 295.* — Mettons dans un ballon de verre 20 grammes de sucre, 5 grammes d'eau et chauffons ; la masse fond et prend une teinte jaune, si à ce moment on la coulait sur une surface unie, graissée d'un peu d'huile, et si on la roulait en petits cylindres, on aurait le **sucre d'orge** ; cette préparation était faite autrefois en ajoutant au sucre une infusion d'orge.

Pendant qu'elle est encore fluide, on peut l'étirer en longs filaments qui prennent un aspect blanc opaque ; l'étirage se fait facilement si au lieu d'eau pure on a ajouté au sucre de l'eau gommée (dissolution de gomme arabique dans l'eau) ; et le produit obtenu, tordu en petites cordelettes, constitue la **pâte de guimauve** que les confiseurs aromatisent plus ou moins agréablement Dans le **sucre de pomme**, le sucre est additionné de *gelée de pomme*.

Quand on fait bouillir de l'eau sucrée après y avoir ajouté un centième au moins d'un acide sulfurique, chlorhydrique, etc., on obtient du sucre interverti ou incristallisable. Ceci explique pourquoi l'on n'obtient pas de cristaux en concentrant le jus sucré des fruits acides; on s'expliquera également pourquoi le sucre des vieilles confitures est moins sucré que celui qui a servi à les préparer

On appelle **glucose** une espèce de sucre interverti, incristallisable, obtenu en traitant la fécule ou l'amidon par de l'eau acidulée, ou en faisant germer de l'orge (exp. 346). Ce sucre brunit par la potasse, c'est un moyen de le distinguer du sucre ordinaire.

Quelques principes immédiats sont de véritables acides; tels sont : l'acide **citrique** (du citron), il est toujours accompagné de l'acide **malique** (de *malum*, pomme), l'acide **oxalique** (*oxalis*, oseille), l'acide **tartrique** (du *tartre* déposé par le vin), l'acide **tannique** ou *tannin* (du *tan* ou écorce de chêne pilée), etc. Ils cristallisent facilement; on les trouve tantôt libres, tantôt en combinaisons solubles dans l'eau sous forme de sels de potasse, ou en combinaisons insolubles sous forme de sels de chaux. Le microscope révèle souvent la présence de cristaux de ces sels dans les tissus végétaux.

Voici un exemple seulement de **préparation des acides organiques.**

Expérience 296. — En concentrant du jus d'oseille clarifié (exp. 256) on obtient des cristaux de **sel d'oseille** ou *oxalate de potasse.* La dissolution de cet oxalate, additionnée d'une dissolution d'azotate de chaux ou de chlorure de calcium (résidu de l'exp. 249), donne un précipité blanc d'*oxalate de chaux.*

Si l'on recueille cet oxalate de chaux et qu'on l'arrose d'eau acidulée par de l'acide sulfurique, il se forme du sulfate de chaux ou plâtre, et l'acide oxalique reste dissous dans le liquide qu'il suffit de faire évaporer après filtrage, pour obtenir des cristaux d'**acide oxalique.** Voici la légende des réactions :

	1re opération.			*2e opération.*	
Oxalate de potasse et azotate de chaux;	donnent	azotate de potasse et oxalate de chaux.	Oxalate de chaux acide sulfurique	=	acide oxalique (soluble) chaux sulfate de chaux (plâtre, peu soluble).

L'acide oxalique est un voisin de l'acide carbonique, c'est le seul acide organique qui ne renferme pas d'hydrogène, encore ses cristaux contiennent-ils de l'eau combinée. Quand on les chauffe avec de l'acide sulfurique, ils se décomposent en *eau* que prend l'acide sulfurique, et en *acide carbonique et oxyde de carbone* qui se dégagent. Il ne faudra donc pas, dans l'expérience précédente, mettre plus d'acide sulfurique qu'il n'en faut pour prendre la chaux de l'oxalate de chaux, autrement l'acide oxalique formé serait détruit pendant la concentration ; pour 6 grammes d'oxalate, il faut seulement 5 grammes d'acide sulfurique qu'on étend d'eau.

Un sel de potasse à acide organique donne en brûlant du carbonate de potasse, ou potasse du commerce.

Expérience 297. — Dans une coupelle de tôle placée sur une lampe-chalumeau (fig. 165) ou des charbons ardents, on chauffe au rouge quelques grammes du **tartre** qui se dépose dans les tonneaux contenant le vin ; il se dégage des fumées épaisses et une odeur rappelant un peu celle du *pain grillé*. On obtient un résidu gris semblable à de la *potasse du commerce* ; c'est en effet du *carbonate de potasse*, *très soluble* dans l'eau, il bleuit le tournesol et fait effervescence par les acides (exp. 286).

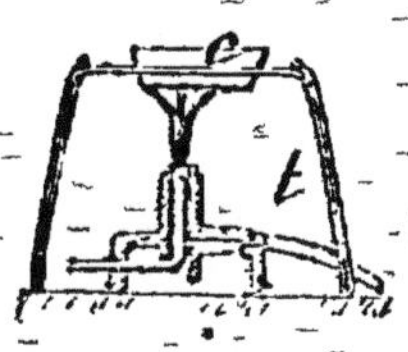

Fig. 165. — Le tartre calciné devient de la potasse.

Le tartre, au contraire, est *peu soluble* dans l'eau (5 grammes par litre d'eau froide, le double dans l'eau bouillante), et il rougit le tournesol. Le tartre purifié par cristallisation s'appelle **crème de tartre.**

L'analyse a permis de déterminer la proportion des corps simples qui composent *toutes* les substances minérales ou organiques ; par synthèse on peut reconstituer tous les composés minéraux et aussi quelques substances organiques. Il en est parmi ces dernières telles que le cellulose, l'amidon, etc., qui servent particulièrement aux *fonctions vitales*, qui ne cristallisent jamais, et ne peuvent sans s'altérer changer d'état physique : on leur réserve le nom de **substances organisées.** La synthèse ne les a jamais pu reproduire ; pour les constituer, il faut l'intervention d'une force mystérieuse que la nature s'est entièrement réservée ; *cette force est la* **vie.** C'est elle qui groupe, qui *organise* les corps simples, pour former les tissus dans les végétaux ou les animaux.

86. GERMINATION. — *Pour qu'une graine en bon état de conservation puisse germer, il lui faut de l'eau, de l'air et de la* **chaleur.** Quand on veut garder des graines, on les place au sec ; des graines semées en hiver, dans un sol humide, à l'air, ne lèvent point ; la température n'est pas assez élevée.

Expérience 298. — Si l'on met, en un endroit chaud (15 ou 20°), quelques haricots dans du sable humide ou dans les trous d'une éponge mouillée, la vie ne tarde pas à se manifester, les graines germent. L'eau traverse la peau ou **épiderme** de la graine, et l'intérieur se gonfle ; l'enveloppe extérieure se déchire et bientôt le germe (fig 166) apparaît au dehors.

Fig. 166. — L'embryon et les cotylédons.

Quelques jours après, la graine fendue en deux est sortie de terre ; quatre parties essentielles peuvent alors être facilement distinguées. Les deux masses charnues les plus apparentes, placées des deux côtés, s'appellent **cotylédons** ; ils renferment la provision de nourriture nécessaire au développement de la jeune plante que représentent la **radicule**, ou commencement de racines, placée au-dessous des cotylédons, la **tigelle**, et la **gemmule**.

Cette jeune plante était représentée en miniature par **l'embryon** ou germe, dans lequel s'est manifestée la force vitale, aussitôt que les conditions nécessaires se sont trouvées remplies. L'amidon formé de carbone, d'hydrogène et d'oxygène, se transforme peu à peu en sucre, dans les cotylédons humides, sous l'influence d'un principe spécial la *diastase* (exp. 348) ; le sucre devient ensuite de la cellulose, substance ternaire comme le sucre, comme l'amidon. Puis sous l action de la force vitale, les cellules se groupent de manière à former de petites racines et de petites feuilles.

Fig 167. — Le haricot a germé ; la tigelle, la gemmule et la radicule se sont développées aux dépens des cotylédons qui se dessèchent.

L'oxygène est nécessaire à cette mystérieuse évolution, car une combustion lente s'est produite.

Expérience 299. — Si dans un flacon on place du sable humide et quelques graines de haricot ou d'orge, etc., qu'on ferme hermétiquement et qu'on abandonne dans un endroit chaud, les graines germeront ; mais au bout de huit jours, on pourra constater la présence de l'acide carbonique dans le flacon. Il suffira d'y introduire une allumette allumée qui s'y éteindra, ou, après avoir transvasé le gaz (exp. 225), déverser de l'eau de chaux dans une fiole qui en sera remplie, l'eau de chaux se troublera.

Ainsi, **une graine qui germe absorbe de l'oxygène et émet de l'acide carbonique**, elle perd donc du carbone. Mais aussitôt que la gemmule se développe et verdit, un phénomène inverse se produit, la plante emmagasine du carbone, et c'est l'air atmosphérique qui le lui fournit par l'acide carbonique qu'il renferme toujours.

Cette assimilation du carbone ne peut se faire sans le concours de la lumière, concours inutile pour la germination seule.

Expérience 300. — Dans deux pots à fleur, on plante quelques haricots; on enferme l'un des pots dans une armoire, l'autre reste à la lumière, et tous les deux sont arrosés en temps utile. Après deux ou trois semaines, les haricots ont poussé et ont atteint une taille de plusieurs décimètres, si la température a été convenable, ceux qui se sont développés à la lumière sont vigoureux et verts, tandis que ceux qui ont été enfermés dans l'armoire sont étiolés et jaunes. Un plant de haricot vert arraché, débarrassé de la terre adhérente aux racines, puis desséché, pèse beaucoup plus qu'une graine de haricot également desséchée; mais un plant de haricot jaune, traité de la même manière, pèse moins.

L'analyse montrerait que la quantité de carbone a augmenté dans le haricot qui a subi l'influence de la lumière. Ce carbone vient de l'acide carbonique décomposé par l'action *simultanée de la feuille verte et de la lumière*; quant à *l'oxygène de l'acide carbonique*, il est devenu libre et *s'est répandu dans l'air*.

Ce fait d'une très grande importance, peut être mis en évidence de la manière suivante.

Expérience 301. — Dans une carafe remplie d'eau, on fait passer, pendant quelques minutes, un courant d'acide carbonique (exp. 251); puis on y introduit des feuilles *vertes* et *fraîches* après les avoir bien mouillées pour les débarrasser des bulles gazeuses qui pourraient rester adhérentes.

On ferme la carafe d'un bouchon traversé de deux tubes, l'un assez large ne dépasse pas le bouchon inférieurement, *b* (fig. 168), l'autre *c* ordinaire plonge dans l'eau et s'élève extérieurement aussi haut que le premier. Le tube large est ensuite rempli entièrement en y versant de l'eau, puis fermé au moyen d'un petit bouchon bien ajusté.

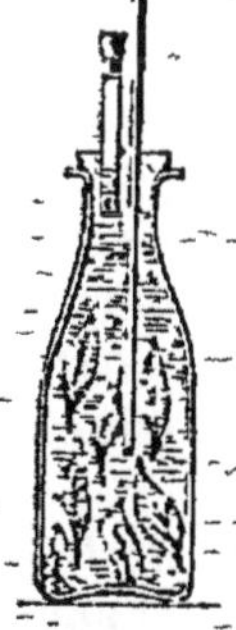

Fig. 168.—Sous l'influence de la lumière, les feuilles s'approprient le carbone de l'acide carbonique, et mettent de l'oxygène en liberté.

La carafe ainsi disposée est exposée aux rayons solaires pendant une heure ou plus, les feuilles se couvrent de bulles gazeuses qui se détachent et montent peu à peu dans le tube large; à mesure de leur formation, un volume égal d'eau s'écoule par l'autre tube. On enfonce ce dernier, à la fin de l'opération, de manière que son extrémité supérieure soit au niveau de l'eau dans le tube large; celui-ci peut alors être ouvert sans que le gaz qu'il renferme soit poussé au dehors par la pression de l'eau, et en y plongeant une allumette présentant seulement un point incandescent, elle se rallume (exp. 210), c'est le caractère de l'oxygène.

87. VÉGÉTATION. — Les jeunes plantes de l'expérience 298 ne tardent pas à périr, même si elles sont arrosées; l'acide carbonique de l'air est donc insuffisant pour leur permettre de se développer, de s'accroître, en d'autres termes de **végéter.**

Les tissus végétaux renferment des matières minérales (exp. 286 et 287); et il n'est besoin d'aucune explication pour comprendre que la végétation d'une plante n'est possible, que si celle-ci se trouve dans un milieu où elle puisse absorber par ses feuilles, ou ses racines, tous les corps simples que l'analyse y a fait reconnaître.

Expérience 302. — Dans un pot à fleur contenant du sable pur, c'est-à-dire calciné et lavé à l'eau acidulée de manière à ne laisser que la silice, de grains de haricot, de blé, etc., peuvent germer si l'on maintient l'humidité; mais la végétation s'arrête quand les cotylédons sont épuisés, si l'eau employée pour l'arrosage est pure.

Au contraire les jeunes plantes se développeront, et pourront arriver à maturité, si l'on dissout dans l'eau d'arrosage des matières minérales et azotées bien choisies et en proportion convenable. 1 gramme de chacun des produits suivants suffit pour 4 litres d'eau : *salpêtre, sel de Stassfurt* (chlorure de potassium impur), et *os calcinés*; il faut préalablement dissoudre ces derniers au moyen de quelques gouttes d'acide (exp. 315).

De cette expérience et de la précédente, on peut tirer les conclusions suivantes :

Le carbone est absorbé par les feuilles; l'eau, les matières azotées, les substances minérales sont absorbées par les racines; et pour que la plante ne périsse ni ne souffre, il faut que le sol dans lequel elle pénètre les renferme toutes.

Il faut en outre que ces matières **azotées et minérales puissent se dissoudre,** *soit dans l'eau, soit dans la sève des végétaux, afin que ceux-ci puissent les absorber.*

Quand on examine au microscope l'extrémité d'une racine coupée dans le sens de sa longueur, on voit, à l'intérieur, des filaments très déliés, *perméables* aux liquides, et, à l'extérieur une enveloppe ou **épiderme**, également perméable, peu résistante, excepté vers la pointe où les cellules sont serrées, ce qui les rend assez dures pour déplacer la terre sur leur passage.

Entre les filaments déliés ou **fibres**, existent des tubes ou **vaisseaux** se continuant dans la tige et dans lesquels un liquide peut monter par *capillarité* (17); mais ces tubes ne s'ouvrent pas au dehors, ils s'arrêtent à l'épiderme, il faut donc que ce dernier soit d'abord traversé. Or, toutes les membranes, végétales ou animales, se laissent traverser par des liquides contenant ou non des solides *en dissolution;* cette propriété s'appelle **endosmose** ou **diffusion**.

Expérience 303. — Une membrane, telle qu'une peau de vessie, par exemple, est ramollie par immersion dans l'eau, puis tendue sur la partie large d'un verre de lampe et solidement fixée au moyen d'une ficelle. On verse de l'eau sucrée dans le verre de lampe et on plonge celui-ci dans un vase contenant de l'eau ordinaire de manière que les deux liquides soient au même niveau. Cette dernière condition n'est pas nécessaire, mais si elle est remplie, les pressions sur la membrane seront égales dessus et dessous (exp. 34) et on ne pourra attribuer la marche du phénomène à leur influence.

Au bout de quelques heures, l'eau du vase extérieur est sucrée, ce qui prouve que le sucre a traversé la membrane. Si au lieu de sucre on avait employé un sel soluble, la diffusion se serait également produite; si par exemple on a mis dans le verre de lampe une dissolution d'un sel de cuivre, on obtiendra une teinte bleue dans le vase extérieur en y versant de l'ammoniaque (exp. 272).

Le passage de la dissolution sucrée ou saline à travers la membrane n'est qu'une partie du phénomène, car l'eau du vase extérieur a pénétré dans le verre de lampe.

Il s'est donc établi deux courants de sens contraire à travers la membrane, mais la vitesse de ces deux courants est inégale, *le liquide le* **moins dense** *passe* **plus facilement** *que l'autre;* il en résulte que le volume augmente dans le verre de lampe, ainsi qu'on peut s'en convaincre en modifiant légèrement la disposition de l'expérience précédente.

Expérience 304. — On choisit un verre de lampe présentant un fort étranglement, ceux des lampes à pétrole sont ordinairement dans ce cas; on fixe une membrane comme précédemment; on remplit d'eau sucrée jusqu'au rétrécissement, puis en cet endroit, on glisse un bouchon bien ajusté, traversé d'un tube de faible diamètre; le tout disposé comme l'indique la figure 169 constitue un **endosmomètre** (mesure de l'endosmose).

En ajustant le bouchon, le liquide s'élève et remplit le tube étroit, on en fait écouler un peu en inclinant le verre de lampe et en appuyant légèrement sur la membrane.

On marque le niveau de l'eau sucrée dans le tube étroit, en versant par exemple de l'eau ordinaire en *a* dans le verre de la lampe, jusqu'à ce niveau; puis on abandonne l'appareil sans y toucher jusqu'au lendemain :

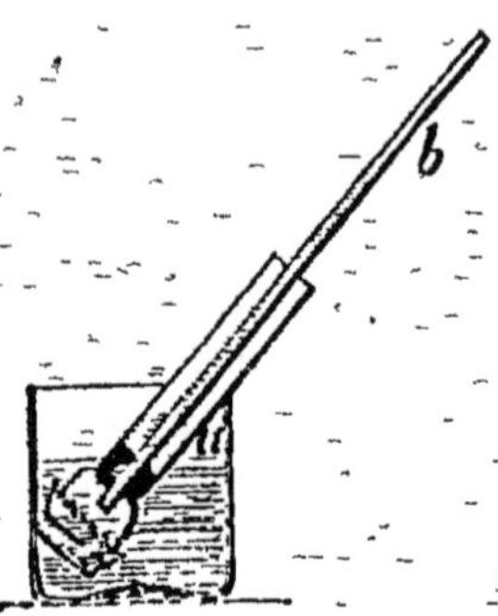

Fig. 169. — Endosmomètre.

on remarque alors que le tube *b* est rempli, ou à peu près. Si l'eau pure était mise dans le verre de lampe, et l'eau sucrée à l'extérieur, le niveau du liquide s'abaisserait en *b*; il demeurerait constant si le liquide était de même nature des deux côtés de la membrane.

L'épiderme des racines est une membrane qui se comporte comme celle de l'expérience précédente. La racine, placée dans un sol humide, est traversée par les liquides qui imprègnent la terre; et comme ces liquides sont moins denses que ceux de la plante, le courant le plus fort s'établit de l'extérieur vers l'intérieur du végétal.

De plus, il est prouvé qu'un corps insoluble dans l'eau seule, mais soluble dans la **sève** des végétaux, peut être dissous et absorbé plus ou moins, à travers l'épiderme des racines qu'il touche.

Expérience 305. — Dans le verre de lampe (exp. 303), on met de l'eau distillée ou de l'eau de pluie qu'on charge d'acide carbonique (exp. 251); on pose la membrane sur de la craie pilée, et on abandonne pendant une nuit. Le lendemain, on constate facilement la présence d'un sel de chaux dans l'eau, en y versant quelques gouttes de sel d'oseille (exp. 296) : il se forme un précipité blanc. L'eau chargée d'acide carbonique a donc dissous de la craie à travers la membrane.

La sève des végétaux dissoudra de même, à travers l'épiderme des racines, *s'ils touchent celles-ci*, les minéraux insolubles dans l'eau pure, mais solubles dans les acides de la sève. La dissolution se fera d'autant mieux que la matière minérale sera plus divisée, plus intimement mêlée au sol, par suite plus sûrement en contact avec les racines.

Voyons comment se comporte ensuite la sève en s'élevant dans les vaisseaux capillaires des végétaux (exp. 42).

Elle rencontre dans le tissu végétal et elle dissout certaines substances solubles de la nature des sucres, et les transporte dans les bourgeons pour développer les premières feuilles et y donner naissance aux grains de **chlorophylle** (matière verte des feuilles) qui seuls jouissent de la propriété de décomposer l'acide carbonique sous l'influence de la lumière (exp. 391).

Les feuilles se développent rapidement, et deviennent le siège d'une évaporation active qui a pour résultat d'enrichir la sève, en diminuant sa proportion d'eau. On a mesuré la quantité d'eau évaporée par diverses plantes; cette quantité atteint quelquefois en une heure le poids de la feuille évaporante; bien plus souvent, elle ne dépasse pas la moitié. Il a été reconnu en outre que c'est bien plus la lumière que la sécheresse de l'air qui active l'évaporation.

Voici une expérience, aussi simple qu'intéressante, qui montre à la fois la diffusion d'une substance soluble à travers un liquide, et sa concentration en un point où l'évaporation se produit.

Expérience 306. — Dans un flacon à large col, contenant un peu d'eau, on fait plonger deux mèches de coton renfermées dans deux tubes qui traversent le bouchon obturateur. L'une des deux mèches a été préalablement trempée dans une dissolution d'un sel quelconque ou mieux imprégnée du sel pulvérisé, soit du sulfate de cuivre ou du sulfate de fer; le tube qui le renferme est coiffé d'un autre tube fermé, pour empêcher l'évaporation de ce côté (fig. 170).

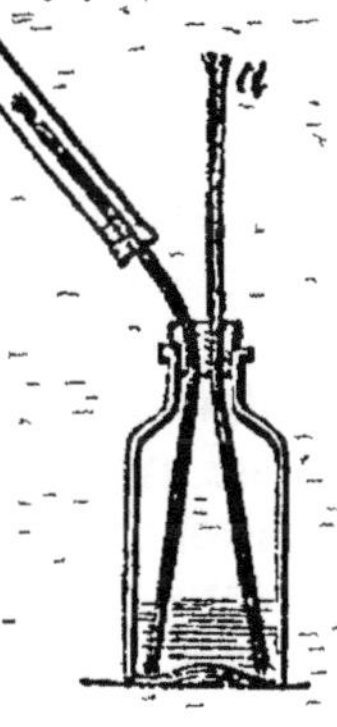

Fig. 170. — Transport produit par l'évaporation.

L'autre mèche sort par une extrémité à l'air libre; le liquide s'y élève par capillarité, et il se produit une évaporation continuelle.

Après quelques jours, on voit se déposer à l'extrémité *a* de petits cristaux de sulfate de cuivre ou de fer.

Le sel métallique de la mèche couverte est donc descendu dans l'eau du flacon, il l'a traversée et s'est ensuite élevé et concentré dans la mèche évaporante; il y a eu transport de la substance soluble sans mouvement apparent du liquide.

La même chose a lieu dans les plantes; les dissolutions qui forment la sève perdent de l'eau dans les feuilles, elles absorbent du carbone, donc elles se concentrent. Comme le liquide inférieur est moins dense, une nouvelle diffusion doit se produire, dont le sens du courant est inverse du premier, c'est-à-dire qu'il est descendant. La sève s'est élevée par les *vaisseaux* dans les feuilles où elle est devenue nutritive ; elle est descendue ensuite dans les *tissus*, surtout dans les plus jeunes, lesquels sont voisins de l'écorce dans les arbres.

La sève ascendante s'est enrichie ; la **sève descendante** *abandonne aux tissus qu'elle rencontre les matériaux qu'ils sont susceptibles de s'assimiler ;* de sorte que, revenue à l'épiderme des racines, la sève ne contient plus que les éléments inutiles qui sont rejetés au dehors, *toujours par la diffusion ou endosmose,* c'est-à-dire en vertu des principes que les expériences précédentes ont mis en évidence.

Supposons, pour résumer et bien faire saisir ces mouvements et ces modifications de la sève dans les végétaux, que le sol d'une vigne renferme du salpêtre (*azotate de potasse,* 83) et du sel marin (*chlorure de sodium,* 82). Les cendres de sarment contiennent beaucoup de potasse, très peu de soude, encore moins de chlore ; ce qui indique que le tissu d'une branche de vigne *est surtout apte* à absorber de la potasse (en outre de l'azote, comme toutes les plantes). Le salpêtre et le sel, dissous par l'humidité de la terre, pénètreront dans les racines et s'élèveront par les vaisseaux jusqu'aux feuilles ; la sève épaissie descend, laisse aux tissus les éléments qui leur conviennent : l'azote, la potasse et ce qu'il faut pour constituer la *cellulose* (85), mais peu de soude et de chlore ; de sorte que le liquide redescendu dans le tissu des racines renferme une plus *forte* proportion de sel marin que le liquide qui imbibe le sol, et une plus *faible* proportion de salpêtre. Alors il y aura transport dans les deux sens : *de l'intérieur vers l'extérieur pour le sel,* et *de l'extérieur vers l'intérieur pour le salpêtre.* Il en résultera qu'un peu de sel marin sortira par les racines ; une nouvelle quantité de salpêtre y entrera ; et ainsi de suite. Répétons encore que le mouvement de diffusion d'une substance en dissolution ne cesse que quand elle est *diffusée,* c'est-à-dire quand elle est en proportion égale dans les deux liquides séparés par la membrane, alors seulement il y a équilibre.

Les racines des plantes absorbent toutes les matières dissoutes dans les liquides qui les baignent ; les tissus ne s'assimilent que ceux qui leur conviennent, les inutiles sont rejetées, cependant s'il y en avait de nuisibles, la plante périrait empoisonnée. C'est ainsi qu'en arrosant suffisamment un cep de vigne avec du vin, on le fait périr ; le vin renferme des éléments utiles à la vigne puisqu'il en provient, mais le sucre que contenait le raisin s'est transformé en alcool par la fermentation, et l'alcool est un poison.

Une substance inoffensive et même utile peut devenir nuisible si elle est en trop forte proportion autour des racines ; chacun sait qu'une graine peut germer dans le fumier, mais qu'aucune plante n'y végète.

88. EFFETS DES RÉCOLTES SUR LE SOL. — Les plantes sont comme les animaux ; chacune d'elles a des aliments qu'elle préfère, c'est-à-dire qu'elle fixe en plus ou moins grande proportion dans ses tissus.

Dans la nature sauvage, quand une plante meurt, elle tombe et pourrit sur place ; elle rend à la terre ce qu'elle lui avait pris, et en outre une partie de ce que l'atmosphère lui avait fourni ; le reste subit la combustion lente et retourne à l'atmosphère.

Dans les terres cultivées, il n'en est pas de même, la main de l'homme enlève la récolte et le sol s'appauvrit. La terre qui serait cultivée au moyen d'une même plante pendant plusieurs années, finirait par ne plus contenir les substances dont elle a besoin et se refuserait à la nourrir.

Supposons, par exemple, qu'un hectare de terre ensemencé en blé, fournisse une récolte de 4,700 kilogrammes de paille et de 25 hectolitres de blé du poids de 76 kilogrammes chacun, soit 1,900 kilogrammes de grain. Par l'analyse chimique, on peut déterminer les quantités de matières minérales et d'azote que renferment 1 kilogramme de paille et 1 kilogramme de graine. Les résultats d'une analyse de ce genre sont inscrits dans le tableau ci-contre ; ils permettent de calculer ce qu'une récolte enlève à un hectare de terre : il suffit en effet de multiplier par 4,700 les nombres trouvés dans l'analyse de la paille, et par 1,900, ceux trouvés dans l'analyse du grain.

Les matières principales contenues dans la récolte d'un hectare se répartissent alors ainsi :

	AZOTE	ACIDE phosphorique	POTASSE et soude	CHAUX et magnésie
Dans la paille . . .	15ᵏᵍ04	10ᵏᵍ81	28ᵏᵍ67	17ᵏᵍ39
Dans le grain . . .	39 , 52	15 , 58	11 , 59	5,32
TOTAL . . .	54ᵏᵍ56	26ᵏᵍ39	40ᵏᵍ26	22ᵏᵍ71

Si donc on veut à nouveau ensemencer en blé le même hectare de terre, il faut, pour lui conserver le même degré de fer-

TABLEAU I. — Matériaux enlevés au sol par les récoltes. — CÉRÉALES ET VIN.

SUBSTANCES DOSEES dans 1 KILOG. DE RÉCOLTES.	BLÉ		SEIGLE		ORGE		AVOINE		SARRAZIN		MAÏS		VIGNE	
	GRAIN	PAILLE	GRAIN	PAILLE	GRAIN	PAILLE	GRAIN	PAILLE	GRAIN	PAILLE	GRAIN	PAILLE	VIN	SARMENT
	gr.	gr.	gr.	gr.	gr.	gr.	gr.	gr.	gr.	gr.	gr.	gr.	gr.	gr.
Silice	0,3	28,2	0,3	23,7	5,9	2,6	12,3	22,1	»	2,8	0,3	17,9	0,1	2,7
Acide phosphorique	8,2	2,3	8,2	1,9	7,2	1,9	5,3	1,8	4,4	6,1	5,3	3,8	0,3	2,6
— sulfurique	0.4	1,2	0.4	0,8	0,4	1,6	0,5	1,5	0,2	2,7	0,1	2,5	0,2	0,4
Potasse	5,5	4,9	5,4	7,5	4,8	9,3	4,2	9,7	2,1	24,1	3,3	16,6	1,0	4,5
Soude	0,6	1,2	0,3	1,3	0,6	2,0	1,0	2,3	0,6	1,1	0,2	1,5	»	0,1
Chaux	0,6	2,6	0,5	3,1	0,5	3,3	1,0	3,6	0,3	9,5	0,3	5,0	0,1	6,8
Magnésie	2,2	1,1	1,9	1,3	1,8	1,1	1,8	1,8	1,2	1,9	1,8	2,6	0,1	1,5
TOTAL DES CENDRES (calcinées au rouge)	17,9	41,5	17,0	39,7	21,2	42,8	26,3	42,8	8,8	48,2	11,5	49,9	1,8	18,6
Azote	20,8	3,2	17,6	2,4	16.0	4,8	17,9	4,0	14,4	13,0	16,0	4,8	»	0,2
RENDEMENT À L'HECTARE — R. moyen en fourrage vert.	»		18,000 kg.		18,000 kg		18,000 kg.		18,000 kg.		30,000 kg		VIGNES DU MIDI moy. par hect.)	
— en paille	4,000 kg.		3,500 kg.		2,500 kg.		3,000 kg		2,500 kg.		2,800 kg.		Sarment 3,000 kg	
— en grains	15 hectol.		22 hectol.		30 hectol.		40 hectol.		18 hectol.		45 hectol.		Vin 120; hectol. Marc 10 à 15 kg.	
R. maximum	45 —		35 —		44 —		67 —		60 —		60 —		par hectolitre et renfermant par kilogramme :	
Quantité de semence	120 à 350 l.		200 à 250 l.		200 à 300 l.		220 à 230 lit.		50 à 140 lit.		30 à 40 lit.		5 gr. de potasse.	
Poids moyen de l'hectolitre de grains	76 kilog.		72 kilog.		64k orge d'h. / 56 — print.		47 kilog.		58 kilog.		67 kilog.		1 — d'azote.	

TABLEAU II. — Matériaux enlevés au sol par les récoltes. — FOURRAGES SECS, RACINES, etc.

SUBSTANCES DOSÉES dans 1 KILOG. DE RÉCOLTES	TRÈFLE			LUZERNE	SAINFOIN	FOIN DES PRAIRIES	VESCES EN FOURRAGE VERT	BETTERAVES		CAROTTES	NAVETS	COLZA (GRAIN)	LIN (PLANTE ENTIÈRE)	POMME DE TERRE
	ROUGE	BLANC	BÂTARD					A SUCRE	FOUR-RAGÈRES					
	gr.	gr.	gr.	gr.	gr.	gr.	gr.	gr.	gr.	kg.	kg.	kg.	kg.	gr.
Silice	1,5	2,7	0,6	1,2	0,8	19,7	0,3	0,3	0,2	0,2	0,1	0,4	0,8	0,2
Acide phosphorique	5,6	8,5	4.7	5,1	7,3	4,1	2,0	1,1	0,8	1,1	1,1	16,4	7,4	1,8
— sulfurique	1,7	5,3	1,9	3,7	»	3,4	0,6	0,4	0,3	0,6	0,4	1,	1,6	0,6
Chlore	2,1	1,9	1,3	1,1	»	5,3	0,5	0,2	0,5	0,3	0,4	0,3	1,9	0,3
Potasse	19,5	10,6	13,7	15,2	4,8	17,1	6,6	4,0	4,3	3,2	3,4	8,8	11,3	5,6
Soude	0,9	4,7	0,7	0,7	2,5	4,7	0,5	0,8	1,2	1,9	0,2	0,4	1,5	0,1
Chaux	19,2	19,4	14,8	28,8	22,7	7,7	4,1	0)5	0,4	0,9	0,8	5,2	5,0	0,2
Magnésie	6,9	0,0	7,1	3,5	3,3	3,3	1,1	0,7	0,4	0,5	0,1	4,6	2,9	0,4
TOTAL DES CENDRES (calcinées au rouge)	57,4	59,5	46,8	59,3	»	65,3	15,7	8,0	8,1	8,7	6,2	37,2	32,4	9,2
Azote	21,3	23,8	24,5	23,0	23,0	13,1	4,8	1,6	1,7	2,6	1,3	31,0	»	3,2
Soufre (des matières protéiques)	2,4	2,7	»	2,6	»	1,7	0,3	»	0,4	0,1	»	8,2	»	0,2
Eau	160	160	160	160	»	144	620	816	883	860	915	120	250	750
RENDEMENT MOYEN A L'HECTARE — en fourrage sec	6 à 9,000 kg.			kg. 7500	kg. 7500	kg. 3 à 6000	»	25,000	»	»	»	»	La graine de lin renferme 32 d'azote et 1,7 de soufre.	»
— vert	25 à 35,000 kg.			25000	»	16500	kg. 19000	(à) 40,000 kg. de racines produisant de 2 à 3000 kg. de sucre	kg. 11000 feu.lles	kg. 8000 (feuill.)	»	»		»
— en racines	»			»	»	»	»		kg. 30000	kg. 40000	kg. 10000	»		kg. 15000

tilité, lui restituer les substances que la récolte a enlevées, soit le total qui précède.

Les tableaux 1 et 2 ci-contre permettent de faire un calcul semblable pour toutes les récoltes qui y sont inscrites. Les chiffres qu'ils renferment n'ont rien d'absolu, c'est-à-dire que les quantités de matières minérales et d'azote contenues dans 1 kilogramme de récoltes ne sont pas toujours celles indiquées, mais la variation n'est pas considérable. Il n'en est pas de même du rendement ; il faut l'évaluer pour chaque récolte, si l'on veut être renseigné sur la proportion de matières fertilisantes à restituer au sol pour lui conserver la même fertilité.

Un champ cultivé peut être comparé à une usine, les bénéfices augmentent avec le rendement ou récolte. Le temps employé pour labourer, ensemencer, sarcler, etc., est le même pour un hectare de froment, que la récolte soit de 6 hectolitres ou de 45. Dans le premier cas, la rémunération que tire le cultivateur de son travail est bien maigre ; dans le second, elle est une source de richesses, car les récoltes se vendent *cher*, et ce qu'on met pour les remplacer coûte *bon marché*.

C'est là une question d'un intérêt capital pour l'agriculture, l'étude en est complexe. Le problème qu'il faudrait que chaque cultivateur fût à même de résoudre peut se formuler ainsi :

Maintenir ou accroître la fertilité d'un sol cultivé, tout en récoltant le plus possible.

Parmi les substances enlevées à la terre par une récolte, **l'azote, l'acide phosphorique, la silice, la potasse et la chaux sont indispensables** ; les autres matières accompagnent généralement les premières, elles peuvent du reste se substituer l'une à l'autre, et il n'y aura pas à s'en préoccuper.

La silice existe généralement en quantité considérable dans toutes les terres labourables ; la chaux leur fait rarement défaut, et la craie (ou le plâtre) qui la renferme, est presque toujours accompagnée d'un peu de magnésie.

Il reste donc l'*azote*, l'*acide phosphorique* et la *potasse* qui doivent être ajoutés au sol, les matières employées à cet effet s'appellent des **engrais.**

On ne peut guère songer, dans la pratique, à transformer en *terre franche* (78) un sol calcaire, ou argileux ou sableux, le travail serait trop onéreux. Cependant, en ajoutant de la chaux, de la craie ou de la *marne* (77) à une terre argileuse, de l'argile à une terre calcaire, etc., on modifie avantageusement les propriétés physiques du sol. Ces matières minérales répandues sur la terre et incorporées par le labour, sont désignées sous le nom **d'amendements.** On ne les confondra pas avec les engrais, lesquels concourent à l'alimentation des plantes. La pratique de l'amélioration d'un sol au moyen d'un amendement est subordonnée au prix de revient de l'opération.

La chaux est à la fois un amendement et un engrais, l'argile qui n'entre dans la constitution d'aucune plante, ne peut servir que d'amendement.

Le meilleur de tous les engrais est le **fumier,** il est la base de toutes les opérations agricoles. Les matières utiles qu'il renferme peuvent être fournies par des produits artificiels appelés **engrais chimiques.**

Voyons d'abord la composition et les propriétés principales des divers engrais, puis nous étudierons leur mode d'emploi.

89. LE FUMIER. — Le fumier dit de ferme ou d'étable est formé par le mélange, puis la combinaison, des déjections des animaux avec diverses matières végétales employées comme litière.

On a vu que les matières organiques se transforment en *terreau* sous l'influence de la combustion lente, et qu'elles fournissent de l'ammoniaque si elles sont azotées. Le fumier, au sortir de l'étable, est entassé encore imprégné d'urine; il ne tarde pas à fermenter et les réactions chimiques qui produisent les combustions lentes en élèvent notablement la température.

L'urine contient un principe azoté, l'**urée** qui, en se putréfiant, produit du *carbonate d'ammoniaque;* c'est ce sel ammoniacal qui est l'agent énergique : il commence l'attaque des matières carbonées des litières. C'est lui qu'il faut conserver avec soin, tant à cause de sa valeur comme engrais azoté que comme agent provoquant la formation du terreau. Il faut donc modérer convenablement l'échauffement de la masse de fumier, échauffement dont l'un des résultats est la volatilisation du carbonate d'ammoniaque; il faut surtout recueillir avec soin toutes les matières qui renferment la précieuse substance.

Les dispositions prises pour atteindre ce résultat varient à l'infini, mais il est peu de dépenses aussi profitables que celles qui ont pour but d'empêcher les déperditions des matières ammoniacales : c'est ainsi que le bétonnage des étables disposé en pentes régulières, et celui des rigoles facilitant l'écoulement des déjections liquides et permettant de les recueillir, sont des dépenses rémunératrices.

Les cultivateurs soigneux rassemblent tous ces liquides dans un puits étanché appelé **fosse à purin**, et au moyen d'une pompe en arrosent de temps en temps le tas de fumier placé à côté ; de cette manière ils empêchent le dégagement de carbonate d'ammoniaque tout en maintenant l'humidité nécessaire à une fermentation lente et régulière.

Toutefois si le fumier doit être maintenu humide, il ne faut pas qu'il soit noyé, ce qui signifie qu'il doit être placé à l'abri des eaux pluviales provenant des toits voisins, car le carbonate d'ammoniaque trop dilué deviendrait incapable de provoquer l'attaque qu'on veut favoriser. Il ne paraît pas utile de couvrir la fosse à fumier d'une toiture ; soumise aux émanations ammoniacales, elle serait bientôt hors de service.

Le tableau suivant indique la composition moyenne en principes fertilisants de 1 kilogramme de fumier d'étable à ses divers états de conservation.

	AZOTE	ACIDE phosphorique	POTASSE et soude	CHAUX et magnésie.
Fumier frais.................	4gr5	2gr1	6gr6	7gr1
— demi-consommé et un peu desséché.	5,0	3,5	9,0	9,4
— consommé.............	5,8	3,4	5,8	11,6

La pratique semble démontrer que les fumiers frais sont favorables aux terres fortes, et les fumiers consommés plus efficaces sur les terres légères.

Le **purin** *renferme la plus-grande partie des matières fertilisantes solubles*, c'est-à-dire de celles que les racines peuvent immédiatement absorber ; *c'est la partie du fumier qui a le plus de valeur.* Voici un moyen simple de mettre en évidence ses propriétés fertilisantes.

Expérience 307. — On remplit un arrosoir à moitié de purin, à moitié d'eau ordinaire, et on en arrose un coin de prairie naturelle ou artificielle. Au bout de quelques semaines, la différence de végétation du fourrage est très frappante ; l'herbe qui a été arrosée est beaucoup plus verte et mieux fournie que la voisine.

L'urine agite comme le purin, on l'étend, selon sa force, de six, huit, ou dix fois son volume d'eau ; 20 ou 30 litres du mélange suffisent pour un are de terre. Les pommes de terre qui en sont arrosées, soit après la plantation, soit avant le buttage, les laitues, les choux, surtout dans les sols légers et sableux, donnent parfois des récoltes monstrueuses.

Les résultats de l'analyse chimique d'un engrais, d'une

terre d'une récolte, etc., ne présentent de garanties d'exactitude que si les dosages ont été faits par un chimiste exercé. Mais on peut par des expériences simples démontrer que les engrais, le purin par exemple, renferment des matières utiles, en particulier de l'ammoniaque. Il suffira de remplacer, dans l'expérience 282, l'eau de suie par du purin.

Toutefois l'ammoniaque obtenue sera très impure, elle n'aura pas l'odeur franche de l'alcali volatil, et colorera en brun l'eau dans laquelle on l'aura fait dissoudre, à cause des composés de l'humus qu'elle aura entraînés.

L'urine *putréfiée* permet de préparer de l'ammoniaque beaucoup plus pure, mais le procédé est répugnant.

Voici un moyen de traiter le purin et d'en tirer de l'alcali volatil ordinaire.

Expérience 308. — Dans une vieille casserole hors d'usage, on met du purin, on y ajoute quelques pincées de plâtre ou mieux de sulfate de fer, et on évapore à sec; c'est-à-dire qu'on fait bouillir jusqu'à disparition totale du liquide. On ajoute ensuite de l'eau, le dixième environ du volume de purin employé; le tout est à nouveau porté à l'ébullition, puis filtré. Le liquide obtenu additionné de chaux en poudre et traité comme il a été dit (exp. 282), laissera dégager de l'ammoniaque assez pure.

En évaporant à siccité de l'urine fraîche ou putréfiée ou du purin, et en calcinant le résidu dans une coupelle de tôle, on obtient une cendre riche en phosphates.

Expérience 309. — Pour isoler ces derniers, on lave d'abord à l'eau pour enlever la potasse, puis on traite le résidu par de l'eau additionnée d'acide chlorhydrique ; l'agitation et la chaleur favorisent la dissolution. La liqueur obtenue est filtrée, puis additionnée d'ammoniaque *jusqu'à réaction alcaline*, c'est-à-dire jusqu'à ce qu'une feuille de papier rouge de tournesol, ou du tournesol même, préalablement rougi par *une* goutte d'acide, redevienne bleu au contact du liquide traité.

Il se forme un précipité blanc gélatineux qui est du phosphate de chaux (exp. 315). C'est en cherchant, dans l'urine, la *pierre philosophale* (pierre qui devait changer en or, par simple contact, les métaux ordinaires), que l'alchimiste *Brandt* y découvrit, dit-on, le phosphore.

L'ammoniaque n'existe dans les déjections animales que si la putréfaction s'est produite (83) ; l'urine fraîche renferme de l'*urée* qui devient du carbonate d'ammoniaque par la putréfaction ; l'acide phosphorique existe dans l'urine, fraîche ou putréfiée.

Les cendres du purin ou du fumier contiennent une partie soluble dans l'eau; c'est du carbonate de potasse et de soude facile à séparer en répétant l'expérience 286. La potasse doit nécessairement se trouver dans le fumier, puisque les litières et les fourrages en renferment (tab. 1 et 2, pages 316 et 317).

Beaucoup de cultivateurs se plaignent de la pénurie d'engrais et bien souvent ils en laissent perdre des quantités considérables. Les cours des fermes sont encore nombreuses où le fumier est jeté d'une façon quelconque, éparpillé par la volaille, desséché par un soleil brûlant ou lavé par les eaux pluviales qui se répandent ensuite sur de grandes surfaces et s'évaporent en émanations désagréables et malsaines, ou qui vont gâter l'eau des abreuvoirs et quelquefois des puits.

Toutes les déjections des animaux, et aussi celles de l'homme qui sont les plus riches en principes fertilisants, sont recueillies avec soin dans les exploitations agricoles soignées.

La répugnance provoquée par l'odeur qui se dégage dans le maniement du purin et surtout des engrais humains, est probablement une des principales causes de leur abandon. Il est facile de désinfecter ces matières à peu de frais par l'emploi du plâtre et du charbon ou mieux par celui du sulfate de fer. Une expérience très simple démontre l'efficacité de ce dernier désinfectant.

Expérience 310. — Si l'on mêle à un demi-litre d'urine putréfiée ou de purin une dizaine de grammes de sulfate de fer préalablement dissous dans un peu d'eau, la désinfection est presque instantanée.

Le procédé est avantageusement appliqué aux fosses d'aisance; l'un des moyens les plus pratiques consiste à mettre dans la fosse de la paille menue et hachée à laquelle on a mêlé du sulfate de fer en poudre; pour un hectolitre de matières fécales, il suffit de deux ou trois kilogrammes de sulfate. Lorsque la couche de paille paraît suffisamment imprégnée, on en met une seconde et ainsi de suite; plus l'addition des couches de paille sera fractionnée, mieux les matières seront mélangées.

La masse obtenue forme un excellent engrais; en l'abandonnant pendant trois ou quatre mois à la fermentation, on obtient un compost très homogène, semblable à du terreau et absolument dépourvu d'odeur. Il est bon d'avoir deux fosses peu profondes, l'une se remplit pendant que l'autre fermente. Le sulfate de fer vaut environ 12 francs les cent kilogrammes; il en faut par personne et par an pour 2 ou 3 francs, et on obtient un engrais qui équivaut à une tonne d'excellent fumier.

L'effet produit par le sulfate de fer est facile à comprendre. L'ammoniaque et l'hydrogène sulfuré sont la principale cause de la mauvaise odeur; l'acide sulfurique de la couperose s'empare de l'ammoniaque pour former du *sulfate d'ammoniaque* inodore et l'oxyde de fer se combine à l'hydrogène sulfuré pour faire de l'eau et du sulfure de fer également inodores. Voici la légende de la réaction :

$$\left.\begin{array}{l}\text{HYDROGÈNE SULFURÉ} = \left\{\begin{array}{l}\text{hydrogène.} \ldots\ldots\ldots\ldots\ldots\ldots\ldots \\ \text{soufre.} \ldots\ldots\ldots\ldots\ldots\ldots\ldots\ldots\end{array}\right. \\ \text{AMMONIAQUE} \ldots\ldots\ldots\ldots\ldots\ldots\ldots\ldots \left\{\text{sulfate.} \atop {}\right. \\ \text{SULFATE DE FER} = \left\{\begin{array}{l}\text{acide sulfurique}\} \text{d'ammoniaque} \\ \text{oxyde de fer} = \left\{\begin{array}{l}\text{fer.} \ldots\ldots\ldots \\ \text{oxygène.} \ldots\ldots\ldots\end{array}\right.\end{array}\right.\end{array}\right\}\begin{array}{l}\text{sulfure} \\ \text{de} \\ \text{fer}\end{array}\left.\right\}\text{eau.}$$

Le sulfate de fer et le plâtre ont été employés pour restreindre la volatilisation des sels ammoniacaux dans les fumiers; ces innovations n'ont jamais eu qu'un médiocre résultat. Le sulfate d'ammoniaque qui se forme est un sel neutre dans lequel, toute activité chimique étant éteinte, on ne peut trouver l'énergie nécessaire à la formation du terreau, énergie dont paraît si bien doué le carbonate d'ammoniaque.

Il faut tenir compte aussi de l'effet du sulfate de fer sur les terres; quelques millièmes de sulfate de fer dans un sol nuisent d'une façon marquée à la végétation, un centième le rend tout à fait stérile; or le sulfure de fer qui résulte du sulfate peut, à l'air, en prenant de l'oxygène, redevenir du sulfate. La chaux détruit le sulfate de fer en formant du plâtre (sulfate de chaux) qui est utile, et de la rouille (oxyde de fer) qui est inoffensive. Si donc un sol, pour une cause quelconque, renfermait du sulfate de fer, on le *chaulerait*, c'est-à-dire qu'on y répandrait de la chaux en poudre.

Mais il faut bien se garder, sous prétexte d'en combattre l'effet possible, d'ajouter de la chaux au fumier ou au purin : il suffit de savoir comment se prépare l'ammoniaque pour comprendre quel serait le résultat d'une pareille opération.

90. ENGRAIS COMMERCIAUX. — Sous ce nom et sous celui **d'engrais chimiques,** on vend divers produits destinés à fournir au sol les éléments fertilisants que contient le fumier de ferme. Les substances qui entrent dans leur composition sont ordinairement : les *sels ammoniacaux,* le *nitrate de soude,* les *débris d'abattoirs,* sang, cornes, etc., les *déchets de laine* et la *poudrette,* pour fournir de l'azote; les *nodules phosphatés* ou phosphate de chaux naturel, les *os*, le *noir animal* qui a servi aux raffineries, pour l'**acide phosphorique**; les *cendres*, le *chlorure de potassium*, le *sulfate de potasse*, quelquefois le *salpêtre ordinaire* qui renferme en outre de l'azote, pour fournir la **potasse**, enfin le *plâtre*, pour la **chaux**.

La fabrication des engrais artificiels s'est considérablement développée depuis quelques années; malheureusement beaucoup de produits, bien fabriqués au début, ont été l'objet de falsifications de la part de marchands peu consciencieux. Les exemples ne sont pas rares d'engrais vendus bien au-dessus de leur valeur. Tout paraît bon aux fraudeurs pour confectionner des engrais : à quelques kilos de poudrette ou de guano, on ajoute force sable ou terre ordinaire; on noircit le tout par quelques résidus noirs des usines à gaz, et le mélange obtenu est vendu effrontément au cultivateur confiant, mais qui ne se laisse pas duper deux fois.

Il ne faut accorder *aucune* confiance aux engrais dont la composition en substances fertilisantes n'est pas *déterminée* et *garantie*. Les vendeurs honnêtes offrent toujours la *garantie d'analyse;* voici ce que cela veut dire : 100 kilos d'engrais doivent contenir *tant* d'azote, *tant* d'acide phosphorique (ou *tant* de phosphate), et *tant* de potasse; le reste ne se paie pas; à l'arrivée de la marchandise, on prélève un échantillon de quelques hectogrammes de matière pris un peu partout dans la livraison, et l'échantillon est adressé soit à la station agronomique voisine, soit à tout autre laboratoire d'analyses. Si la quantité de matières garanties ne s'y trouve pas, le marchand fait une réduction proportionnelle.

L'azote insoluble, c'est-à-dire celui des matières organiques non encore décomposées, est coté environ 2 francs le kilogramme; l'azote soluble, c'est-à-dire celui des sels ammoniacaux ou des nitrates, vaut un peu plus, étant immédiatement assimilable aux plantes, soit 2^{fr}50; l'acide phosphorique des phosphates assimilables vaut 0 80, et la potasse 0^{fr}60; ces prix varient légèrement suivant les cours.

Supposons un engrais renfermant d'après l'analyse : azote insoluble 1, 5 0/0, azote soluble 2, acide phosphorique assimilable 10, potasse 5; sa valeur sera :

$$(2^{fr} \times 1,5) + (2^{fr}50 \times 2) + (0^{fr}80 \times 10) + (0^{fr}60 \times 5)$$
$$= 19^{fr} \text{ les } 100 \text{ kil.}$$

Un agriculteur qui veut avoir de la marchandise pour son argent achète rarement des engrais chimique tout préparés;

il les compose lui-même, selon les besoins de sa terre, et en tenant compte de la quantité de fumier dont il peut disposer. Il mélange les matières premières d'une façon homogène, les transporte aux champs, et les incorpore au double de leur volume de terre pulvérisée; il sème ensuite le mélange à la volée. Pour la culture du froment, par exemple, l'engrais est avantageusement confectionné en deux fois, à l'automne on répand les matières azotées et le fumier, au printemps on sème, *en couverture*, la potasse; les phosphates sont partagés en deux. Les grandes fabriques de produits chimiques pour engrais distribuent gratuitement des notices sur les engrais et leur mode d'emploi.

Voici la richesse 0/0 des matières premières principales lorsqu'elles ne sont pas fraudées par addition de sel marin ou autre produit moins coûteux :

	AZOTE	ACIDE phosphorique	POTASSE.
Salpêtre ordinaire ou nitrate de potasse. . .	13	»	44
Salpêtre du Pérou ou nitrate de soude. . .	16	»	»
Sulfate d'ammoniaque.	20	»	»
Chlorure de potassium à 80° (sel de Stassfurt)	»	»	50
Superphosphates en moyenne.	»	15	»

Le plâtre contient 1/3 environ de son poids de chaux, et il s'en forme 60 0/0, plus ou moins, dans la fabrication des superphosphates; le titre de ces derniers engrais est très variable (exp. 315). Une unité d'acide phosphorique est renfermée dans 2,17 de phosphate.

Le salpêtre ordinaire est peu employé, son prix est aussi élevé que celui de l'azotate de soude et du chlorure de potassium *réunis*. La raison en est qu'on prépare aujourd'hui beaucoup de salpêtre au moyen des deux derniers sels; alors le prix du salpêtre est nécessairement celui des matières premières augmenté des frais de fabrication.

Expérience 311. — Dans de l'eau bouillante, faites dissoudre jusqu'à saturation, d'une part du chlorure de potassium, d'autre part de l'azotate de soude qui se dissout quatre fois mieux que le chlorure; mêlez ensuite les deux dissolutions bouillantes dans les proportions de 4 parties de la première pour une de la seconde; par refroidissement, vous obtiendrez des cristaux de salpêtre ordinaire ou azote de potasse (83), l'eau-mère renferme en outre du chlorure de sodium ou sel marin (82).

Les produits chimiques destinés à fournir aux engrais commerciaux l'azote soluble, sont donc l'azotate de soude et le sulfate d'ammoniaque; les effets de chacun des deux produits ne sont pas identiques, la pratique et le prix de revient guideront dans le choix à faire.

Les nitrates, les sels ammoniacaux, etc., ont la même couleur que le sable blanc et d'autres produits minéraux difficiles à distinguer, à première vue, s'ils étaient frauduleusement ajoutés; on peut se convaincre de la présence des matières inertes et insolubles en faisant dissoudre l'engrais dans de l'eau.

Expérience 312. — On met 10 grammes du sel suspect dans une casserole avec un ou deux décilitres d'eau, on fait bouillir, puis on filtre; s'il y a du sable, il restera sur le filtre; on pourra même le peser après avoir repassé de l'eau chaude sur le filtre, et desséché ensuite. Mais il ne faut pas considérer le chiffre obtenu comme présentant de la précision.

Les nitrates, les chlorures, les sulfates indiqués ci-dessus peuvent être pris l'un pour l'autre; du sel marin acheté pour le bétail peut être confondu, par exemple, avec du nitrate de soude acheté comme engrais, surtout si les produits sont très impurs. L'effet du sel marin dans les champs sera nul ou à peu près, et si le nitrate était mêlé au fourrage, il incommoderait gravement le bétail. A la saveur, on ne s'y trompera guère, mais l'essai suivant dissipera tous les doutes.

Expérience 313. — En projetant un nitrate sur un charbon ardent, il *fuse* (exp. 278); le sel marin décrépite (82), le sel gemme ne décrépite pas, il ne contient pas d'eau interposée. Enfin on pourra répéter sur chacune des deux substances à comparer, l'expérience 209; celle qui donnera un dégagement de vapeurs rouges sera à coup sûr le nitrate.

Les sels ammoniacaux se reconnaissent facilement en faisant dégager l'ammoniaque à l'état gazeux (exp. 279).

Expérience 314. — On en mélange une petite portion avec de la chaux en poudre dans une soucoupe, un godet à dessin, un verre, etc., et on verse dessus quelques gouttes d'eau bouillante: l'odorat, le papier de tournesol, une baguette trempée dans l'acide chlorhydrique caractériseront l'ammoniaque.

Si l'on ne dispose que d'une très petite quantité de matière, la réaction se fait dans un tube à essai, on l'active en chauffant.

Les engrais phosphatés font l'objet d'un grand commerce; on les prépare avec des débris d'os, du noir animal des sucreries, ou des minéraux phosphatés appelés **nodules**. On a donné à ces derniers le nom de **coprolithes** (excréments pétrifiés) parce qu'on leur supposait une origine animale.

Ces engrais se vendent sous trois formes principales, les

phosphates insolubles ou nodules pulvérisés, les **phosphates précipités** et les **superphosphates**. Ceux-ci sont obtenus en traitant les premiers par l'acide sulfurique ; leur dissolution par les eaux pluviales, en se répandant dans le sol, redevient insoluble au contact du calcaire, mais le produit se trouve ainsi très divisé et très intimement mélangé au sol, c'est-à-dire dans les meilleures conditions pour être absorbé par les racines (exp. 305).

Mais la pratique a prouvé que les phosphates naturels, qui coûtent deux fois moins que les autres, sont aussi actifs, surtout s'ils sont préalablement mélangés au fumier, par exemple, à la dose de 100 grammes, par tête de bétail et par jour, répandus sur la litière.

Expérience 315. — Un os calciné dans le feu peut être facilement pulvérisé ; la poudre blanche obtenue est attaquée par les acides (chlorhydrique ou sulfurique étendu) ; il se produit une effervescence due à l'acide carbonique qui se dégage, car la cendre d'os renferme du carbonate de chaux.

Le mélange obtenu est introduit dans un ballon de verre qu'on place dans un bain-marie, afin d'éviter les projections qui pourraient se produire en chauffant à feu nu, puis on verse sur un filtre.

Le liquide clair qui passe renferme du phosphate de chaux soluble ; en y ajoutant de l'ammoniaque, ou simplement du carbonate de soude, on neutralise l'acide qui rendait le phosphate soluble, et celui-ci se précipit en une masse blanche gélatineuse : c'est du phosphate précipité.

Un engrais que le commerce livre aussi en grande quantité est le **guano** ; on le trouve en amas souvent considérables sur les rochers de certains rivages ou de quelques îles. Il consiste en excréments d'oiseaux de mer qui viennent se reposer le soir sur la terre ferme. Les gisements de guano de bonne qualité sont à peu près épuisés ; on vend aujourd'hui du guano, *dit* du Pérou, qui a peu de valeur et qui coûte fort cher, le cultivateur qui en achète ne saurait trop se mettre en garde contre la fraude.

La composition du *vrai* guano et celle de la **poulette** ou engrais des poulaillers sont analogues. Ce dernier produit devra être recueilli avec soin ; il est très riche en matières fertilisantes ; pour l'employer on le mêle à deux ou trois fois son volume de terre pulvérisée. Par des expériences analogues aux précédentes, on se convaincra qu'il renferme beaucoup d'ammoniaque et d'acide phosphorique.

91. EMPLOI DES ENGRAIS. — Une terre qui ne renfermerait pas autre chose que de la silice, de l'argile et de la craie, même dans les proportions d'une terre franche (78), serait tout à fait stérile ; les matières utiles aux plantes et qui sont contenues dans le terreau, par exemple, sont indispensables à sa fertilité. Mais il faut encore que ces matières soient *assimilables*, c'est-à-dire solubles ou puissent le devenir dans le sol. Enfin, et c'est une condition de bonne fertilité, les matières nutritives doivent se trouver dans le sol en quantités ayant entre elles des rapports déterminés. *Toute insuffisance de l'une d'elles rend inutile ou nuisible l'excès des deux autres.*

Cela veut dire que dans une terre suffisamment riche en potasse et azote, par exemple, pour une nouvelle récolte, un engrais renfermant seulement de l'acide phosphorique assimilable, sera plus avantageux que du fumier ; car celui-ci contient, outre des phosphates, de l'azote et de la potasse ; la quantité totale de ces deux derniers fertilisants se trouvera en excès sur l'acide phosphorique total, elle sera alors inutile et coûteuse, parfois même nuisible.

Il importe donc de savoir quel est celui (ou ceux) des éléments qui fait défaut au sol (92). Cet élément étant connu, *on fumera la terre avec du fumier en quantité suffisante pour fournir les matériaux que la récolte doit enlever, et on ajoutera en plus l'élément qui manque, au moyen d'un* **engrais dit complémentaire.** L'emploi des engrais chimiques présente, dans ce cas, des avantages énormes.

D'après le même principe, *si l'on ne dispose que d'une quantité restreinte de fumier, le complément sera fourni par des engrais chimiques.*

En comparant la composition moyenne des récoltes à la composition des fumiers de ferme et engrais complémentaires employés, il est facile d'estimer le gain ou la perte du sol en matières fertilisantes.

L'addition convenable d'une substance d'un prix peu élevé peut, en rétablissant l'équilibre dans un engrais de ferme destiné à une terre spéciale, *augmenter dans une forte proportion la valeur utile de cet engrais et permettre d'en restreindre la quantité.*

S'il était possible même de suivre dans la pratique les indications de la science, ces proportions devraient changer avec le degré d'humidité moyen du sol, les trois substances fondamentales ayant des degrés de solubilité variables avec l'humidité comme avec l'état physique de la terre. (Annuaire de Montsouris.) A cet égard, la pratique et l'observation journalière guideront plus sûrement le cultivateur que les données scientifiques.

Toutefois, il importe de savoir si, après une ou plusieurs récoltes, le sol a gagné ou perdu et combien ; cette donnée s'obtiendra en faisant la différence entre la quantité de principes fertilisants apportés par la fumure et celle que la récolte a enlevée. Cela s'appelle faire la **balance entre la récolte et l'engrais**. Exemple :

Un hectare de terre a été ensemencé une première année en *trèfle rouge*, une seconde en *blé*, une troisième en *avoine* ; on a récolté en blé, comme dans l'exemple de la page 279, 4,700 kilogrammes de paille et 1,900 de grains ; en outre 8,000 kilog. de fourrage sec, la première année et enfin, la dernière, 40 hectolitres d'avoine, soit 1,880 kilog. et 3,000 kilog. de paille. L'engrais employé pendant les trois années a été de 33 mètres cubes de fumier, demi consommé, soit 25,000 kilog.

La balance s'établira ainsi :

	AZOTE	ACIDE phosphorique	POTASSE et soude	CHAUX et magnésie
1° Trèfle.	170,4	44,8	163,2	208,8
2° Froment . . .	54,6	26,4	40,3	22,7
3° Avoine.	45,6	15,7	45,8	21,4
TOTAL.	270,6	86,9	249,3	252,9
Engrais.	125,0	87,5	225,0	235,0
DIFFÉRENCE . .	— 145,6	+ 0,6	— 24,3	— 17,9
La différence serait	+ 24,8	+ 45,4	+ 138,9	+ 190,9

si le trèfle était supprimé et remplacé par une *jachère* (93), la quantité d'engrais restant la même.

Dans le premier cas (sans jachère), il y a diminution des éléments minéraux, sauf pour l'acide phosphorique ; il faudra donc pour une nouvelle culture ajouter les éléments minéraux nécessaires à la future récolte, et en outre restituer la potasse en déficit sous peine de laisser diminuer la fertilité du sol ; on a dit ci-dessus qu'il y a peu à s'occuper de la chaux. L'infériorité de l'azote de l'engrais sur celui de la récolte est compensé par l'action de l'atmosphère, comme on va le voir ; le sol gagne même en azote pendant la végétation de *plantes* dites *améliorantes* (93) comme le trèfle, et aussi pendant la jachère.

Dans le second cas (avec jachère), la terre garde un surplus de matières fertilisantes et la dose d'engrais pourra être diminuée ; on pourra par exemple, pour une nouvelle culture semblable, mettre une demi-fumure en fumier, soit 15 ou 16 mètres cubes à l'hectare, ce qui fournira la potasse nécessaire, et compléter l'acide phosphorique par une addition de superphosphate. Enfin, si l'on ne dispose que de quelques tonnes de fumier, on aura recours aux engrais complémentaires.

Établir la balance entre la récolte et l'engrais est donc chose facile pour l'agriculteur soigneux qui enregistre les rendements de ses terres; l'application des conclusions qui en découlent est le seul moyen de résoudre l'important problème posé (88), savoir : *Maintenir ou accroître la fertilité d'un sol cultivé, tout en récoltant le plus possible.*

La cause du bénéfice d'azote réalisé par les récoltes a été l'objet de discussions parfois très vives entre les savants; les uns ont pensé que l'azote asmosphérique peut se fixer directement par la plante, d'autres plus nombreux ont soutenu le contraire. Dans l'état actuel de la science voici où en est la question. Les pluies, brouillards, rosées, peuvent donner au sol annuellement de 10 à 15 kilogrammes d'azote ammoniacal ou nitrique par hectare : c'est peu. L'ammoniaque existe normalement dans l'atmosphère, les plantes peuvent l'y prendre comme l'acide carbonique; on sait en outre que, sous l'influence des actions électriques, l'azote libre peut être fixé par les matières organiques, mais le gain d'azote qui en résulte est encore inconnu.

Les matières organiques apportées dans le sol par les débris des végétaux ou les engrais achèvent de se transformer en terreau. Dans la combustion lente qu'elles subissent, les éléments acides de l'humus peuvent, au moment où ils se forment, fixer l'azote de l'air; ce fait est bien démontré. Il en résulte pour le sol un gain d'azote assimilable par les plantes, gain qui permet de réaliser une économie sur la substance la plus coûteuse des engrais.

Un sol absolument stérile pourra donner une bonne récolte sans fumier si on le pourvoit d'un engrais chimique complet; mais cet engrais sera vite épuisé, et de plus il faut en payer tous les éléments, en particulier l'azote. Tandis que par l'emploi du fumier, le sol s'enrichira d'humus qui déterminera la fixation de l'azote atmosphérique; on économisera ainsi le prix de l'azote fourni par l'air.

« L'azote nitrique du sol est facilement entraîné par les eaux d'infiltration ; il en est de même de la potasse; l'acide phosphorique lui-même rendu soluble par l'humus ou par l'acide carbonique qui s'en dégage, peut pénétrer successivement dans les couches inférieures. Il y a donc intérêt, d'une part à approfondir la couche arable accessible aux racines des plantes pour accroître le volume du réservoir où elles puiseront l'eau chargée des substances assimilables nécessaires à leur développement, et, d'autre part, à faire intervenir de temps à autre des plantes à racines profondes destinées à retirer des couches sous-jacentes les substances que le temps y a accumulées, à les mettre ainsi en disposition pour les récoltes ultérieures. Les récoltes dérobées, destinées à être enfouies en vert, réalisent ainsi divers avantages; elles ne laissent jamais inactive la faculté qu'ont les plantes d'utiliser l'azote ammoniacal de l'air; en fixant l'azote nitrique du sol à mesure qu'il se produit, elles diminuent sa proportion disponible pouvant être entraînée par les eaux d'infiltration de la saison pluvieuse; elles aident à la solution des phosphates terreux ou des sels potassiques, ou même elles vont les chercher profondément pour, après l'enfouissement, les mettre à la portée des jeunes plantes; enfin, elles augmentent la quantité des matières organiques dans la couche superficielle du sol accessible aux influences électriques de l'air.

« Tout cela tend à diminuer les pertes du sol en matières utilisables, à accroître la production de ces matières et à les mettre mieux à la portée des plantes; mais, si pour augmenter le rendement immédiat, il suffit d'augmenter la somme de matières actuellement disponibles, pour améliorer le fond, il faut accroître en même temps la quantité et l'étendue de ses réserves. » (Annuaire de Montsouris.)

L'eau, dont les plantes consomment de si grandes quantités, joue un grand rôle dans leur développement; la température, l'état hygrométrique de l'air, les conditions météorologiques en un mot, ont une influence plus grande encore; mais l'agriculteur n'en peut disposer à son gré.

92. ANALYSE DU SOL PAR LE CHAMP D'EXPÉRIENCE. — L'analyse chimique d'un sol est d'une extrême difficulté, elle est exclusivement du domaine du laboratoire.

Le cultivateur pourra cependant, par un moyen à sa portée, reconnaître la nature des matières qu'il convient d'employer comme engrais. Ces moyens consistent dans l'établissement d'un champ d'expérience partagé en petites parcelles sur lesquelles on emploie des engrais différents.

Deux essais de culture suffiraient à la rigueur pour savoir si la terre contient des matières azotées et des minéraux assimilables. Le blé ne vient bien que dans un sol pourvu les deux espèces de matières; le pois réussit avec les éléments minéraux sans le concours de l'azote. De sorte qu'en divisant en deux une parcelle de terre, en semant des pois dans l'une et du froment dans l'autre, on conclura que le sol est convenablement pourvu des agents de fertilité si les deux récoltes sont bonnes; si le blé manque et que le pois prospère, c'est que la matière azotée fait défaut; l'absence d'éléments minéraux sera indiquée par la non réussite du pois.

Pour connaître en outre la nature du sous-sol, on ajoutera deux autres essais faits au moyen de plantes à racines profondes, tels que la luzerne et la betterave.

En pratique, les renseignements fournis par ces essais, ou par l'observation des résultats de culture, sont insuffisants; il n'en est pas de même si l'on emploie sur les différentes parcelles du champ d'expérience, différents *engrais incomplets*, c'est-à-dire manquant de l'un des principes fertilisants. Les champs d'expérience (système G. Ville) présentent le double avantage de rendre palpables les effets des divers engrais sur un sol, et de faire connaître la composition de celui-ci en matières utiles aux plantes. Leur installation est peu coûteuse et particulièrement à la portée des écoles de village.

Quelques mètres superficiels suffisent, toutefois le choix de l'emplacement n'est pas indifférent; il faut autant que possible que le champ d'expérience représente, par son exposition et sa nature, la qualité moyenne des terres dont on se propose l'étude. On trouvera partout un peu de fumier, et en s'adressant à une fabrique d'engrais chimiques on obtiendra à peu de frais, sinon gratuitement, les quelques kilogrammes nécessaires aux essais. En établissant en cinq ou six endroits bien choisis le lieu des essais, on connaîtrait suffisamment la nature du territoire de toute une commune; il y a là un précieux service à rendre à l'agriculture.

Le plus simple champ d'expérience sera divisé en *quatre parcelles* égales séparées par de petites allées comme les planches d'un jardin potager; supposons-les *de dix mètres carrés chacune*, voici pour une culture en froment la dose d'engrais qu'on emploiera :

Nos des parcel- les.	NATURE ET POIDS DE L'ENGRAIS EMPLOYÉ	MATIÈRES FERTILISANTES CONTENUES DANS L'ENGRAIS.			
		AZOTE	ACIDE phosp.	POTASSE	CHAUX
1	Fumier demi-consommé 20^k	100gr	70gr	180gr	188gr
2	Superphosphate. 500gr	»	75	»	100
	Chlorure de potassium. 400 »	»	»	200	»
	Plâtre. . . . . 250 »	»	»	»	83
3	Sulfate d'ammoniaque. 500 »	100gr	»	»	»
	ou Nitrate de soude. . . . 400 »	100gr	»	»	»
4	Rien. . . . . »	»	»	»	»

La culture sera la même pour chaque parcelle et aussi la quantité de semence, soit 150 grammes environ, ce qui correspond à deux hectolitres à l'hectare. Toutes les circonstances de l'expérience seront notées, les récoltes soigneusement pesées et la balance établie. La comparaison des résultats obtenus renseignera sur la nature du sol, et permettra en outre de déterminer les doses de fumier et d'engrais complémentaires capables de donner, pour la terre étudiée, un rendement rémunérateur.

Si le blé manquait par exemple au n° 2, ce serait une preuve que la terre ne contient que peu ou point de matières azotées; s'il réussit au contraire, c'est que les engrais minéraux faisaient seuls défaut, alors la récolte sera à peu près aussi maigre sur la parcelle 3 que sur le n° 4.

Les renseignements seront d'autant plus complets que les essais seront plus nombreux; au lieu de quatre, on peut établir six parcelles ou plus; quatre seront disposées comme précédemment, dans une cinquième on mettra seulement du superphosphate, dans une sixième du chlorure de potassium, dans une septième de l'azotate de soude si l'on a mis du sulfate d'ammoniaque au n° 3, ou réciproquement, dans une huitième un engrais chimique complet, dans une neuvième une demi-fumure, etc.

En outre, la nature de la semence pourra varier; les quatre parcelles de l'exemple précédent pourront être coupées en deux, une partie sera ensemencée en blé, par exemple, l'autre en avoine, etc.

Le principe du champ d'essai étant posé, il sera facile à chacun d'en étendre l'application.

93. ASSOLEMENTS. — *Toutes les cultures sont épuisantes,* c'est-à-dire qu'elles diminuent la fertilité du sol; on enlève en effet, avec les récoltes (88), les matériaux nutritifs que la terre leur avait fournis. Cependant on dit de certaines plantes qu'elles sont **améliorantes**, cela signifie seulement qu'elles laissent au sol plus de débris que les autres. Les plantes améliorantes sont celles qui, comme les légumineuses, le trèfle, le sainfoin, etc., enfoncent profondément leurs racines, et vont saisir dans le sous-sol les éléments que les eaux pluviales y ont fait descendre; ces éléments ne se trouvent plus à la portée des plantes dont les racines s'étendent seulement dans le sol proprement dit, au voisinage de la surface, et leur assimilation par les végétaux à racines pivotantes diminue peu la fertilité de la couche arable. Cette fertilité se trouve même augmentée par les débris plus ou moins abondants laissés par les racines, et la culture deviendra tout à fait améliorante si la récolte, au lieu d'être enlevée, est enfouie dans la terre par un labour.

Il est des terres qui renferment des quantités relativement considérables de matériaux utiles tels que de la potasse, et de l'acide phosphorique, enchaînés dans des combinaisons insolubles, mais qui, sous l'action de l'eau, de l'acide carbonique et des acides de l'humus, deviennent peu à peu assimilables. On trouve aussi dans quelques rares sols de riches provisions d'azote; et en outre de la chaux et de la silice à peu près partout (voir page 282). Mais l'épuisement est toujours fatal après un plus ou moins grand nombre d'années de culture, si l'on ne restitue pas à la terre les pertes que lui ont fait subir les récoltes; car le gain d'azote atmosphérique fixé au sol et celui que laissent les débris de récoltes est toujours insuffisant; il en est ordinairement de même du gain de potasse et d'acide phosphorique provenant de la dissolution lente des minéraux insolubles que renferme la terre arable.

Le plus ordinairement les sols cultivés sont peu fournis de ces matières nutritives, et il importe de combiner la succession des plantes que l'on veut récolter sur une même terre de manière à tirer le meilleur profit de l'engrais employé. D'après ce qui a été dit précédemment, ces conditions de meilleur profit se trouveront remplies si l'on évite à la fois l'appauvrissement trop rapide ou l'accumulation inutile, coûteuse ou nuisible, de l'un ou l'autre des éléments fertilisants.

En d'autres termes, *il ne faut pas que l'un des trois principaux éléments de fertilité, azote, acide phosphorique ou potasse, soit épuisé dans le sol; et il est inutile qu'il s'y accumule en trop grande proportion par rapport aux deux autres.*

La balance entre la récolte et l'engrais permet de se renseigner suffisamment sur l'état d'une terre après la récolte, si la fertilité de cette terre est connue d'avance. Dans une culture intelligemment conduite, cela ne suffit pas; il faut prévoir, en outre, abstraction faite de l'action des agents atmosphériques dont on ne peut disposer à son gré, le résultat probable pour la culture que l'on se propose de faire, en tenant compte de la nature des récoltes au point de vue du profit qu'on en pourra tirer.

On appelle **assolement** *l'ordre dans lequel se succèdent les productions d'un même terrain.* On dit qu'il est de 3, 4, 5, 6 ans, etc., ou bien *triennal, quadriennal, quinquennal, sexennal,* etc., lorsque la même culture ne revient que tous les 3, 4, 5, ou 6 ans; ce nombre d'années constitue une **rotation.**

L'assolement triennal, le plus anciennement employé, consiste en plusieurs labours et une bonne fumure, sans récoltes, la première année; une récolte en froment, la seconde; et une récolte en orge ou en avoine, la troisième année. La première année s'appelle **jachère,** ce qui signifie repos de la terre; le labour favorise l'action de l'air d'où il résulte un gain d'azote, et détruit les mauvaises herbes; mais la pratique de la jachère rend inoccupé le tiers d'une exploitation, et elle n'est rationnelle qu'au cas de pénurie d'engrais. La terre en effet n'a pas besoin de repos, et le faible gain en matières fertilisantes est une économie mal comprise.

Aussi la jachère tend-elle à disparaître; on la modifie par une culture en vert que l'on enfouit par un labour, ou bien on la remplace par une culture en prairie artificielle ou en plantes sarclées.

On appelle **plantes sarclées** celles dont la culture nécessite des binages qui approprient le sol en détruisant les mauvaises herbes; elles précèdent avantageusement les céréales qui sont *salissantes* et pour lesquelles le *sarclage* complet par binage est impraticable; on emploie aussi le mot de sarclage pour désigner l'enlèvement des principales plantes étrangères au moyen du *sarcloir.*

Les cultures fourragères étouffent les mauvaises herbes et produisent aussi un bon effet avant une culture de céréales; elles durent parfois plusieurs années de suite. Lorsqu'avec de l'orge ou de l'avoine par exemple, on a semé de la luzerne, la récolte en fourrage est faible la première année; elle devient importante la seconde année et s'accroît encore à la troisième : il y aurait de la perte à détruire trop tôt la prairie artificielle, si elle est bien réussie.

En général, dans un assolement bien compris, les cultures qui ont des besoins pareils ne doivent jamais se suivre ; les plantes à racines peu profondes et à feuilles peu développées doivent succéder aux plantes à longues racines et à feuilles abondantes. L'art de l'assolement nécessite des connaissances scientifiques, et surtout une observation intelligente et soutenue des résultats obtenus dans une exploitation.

La balance (page 329) indique un assolement-triennal sans jachère, ou avec jachère en supprimant le trèfle, ce qui demande moins d'engrais. Voici, en outre, des exemples pour quelques assolements à rotation plus étendue ; la balance est calculée sur la culture d'un hectare.

Assolement quadriennal :

ANNÉES.	RÉCOLTES	AZOTE.	ACIDE phosphoriq.	POTASSE et soude.	CHAUX et magnésie
1re	Pommes de terre 7.500ᵏᵍ (sur 1/2 hectare). . . .	24,0	13,5	42,8	4,5
	Betteraves fourrag. 15000ᵏᵍ (sur 1/2 hectare).	25,5	12,0	82,5	12,0
2o	Froment : grains 25 hectolitres, paille 4.700ᵏᵍ.	54,6	26,4	40,3	22,7
3o	Trèfle rouge : 8.000ᵏᵍ en fourrage sec.	170,4	44,8	163,2	208,8
4o	Froment : même-récolte que 2o année.	54,6	26,4	40.3	22,7
	TOTAL.	329,1	123,1	369,1	270,7
	Engrais total employé : 40,000ᵏᵍ fumier demi-consommé. . .	200,0	140,0	360,0	376,0
	DIFFÉRENCE.	—129,1	+16,9	—9,1	+105,3

Assolement quinquennal :

ANNÉES.	RÉCOLTES.	AZOTE.	ACIDE phosphoriq.	POTASSE et soude.	CHAUX et magnésie
1re	*Betteraves fourragères,* 30,000ᵏᵍ	51,0	24,0	165,0	24,0
2e	*Froment :* grains 25 hectolitres ; paille : 4,700ᵏᵍ	54,6	26,4	40,3	22,7
3e	*Trèfle rouge :* 8,000ᵏᵍ en fourrage sec.	170,4	44,8	163,2	208,8
4e	{ *Froment* (même récolte que 2e année).	54,6	26,4	40,3	22,7
	{ *Navets dérobés :* 10,000ᵏᵍ	13,0	11,0	33,0	9,0
5e	*Avoine :* grains, 40 hect., paille, 3,000ᵏᵍ.	45,6	15,7	45,8	21,4
	TOTAL.	389,2	148,3	487,6	308,6
	Engrais total employé : 50,000ᵏᵍ de fumier.	250,0	175,0	450,0	470,0
	DIFFÉRENCE.	—139,2	+26,7	—37,6	+161,4

Assolement sexennal :

ANNÉES.	RÉCOLTES.	AZOTE.	ACIDE phosphoriq.	POTASSE et soude.	CHAUX et magnésie
1re	*Pommes de terre :* 15,000ᵏᵍ	48,0	27,0	85,6	9,0
2e	*Froment :* grains, 25 hectolitres, paille, 4,700ᵏᵍ.	54,6	26,4	40,3	22,7
3e	*Trèfle :* 8,000ᵏᵍ en fourrage sec.	170,4	44,8	163,2	208,8
4e	{ *Froment :* même récolte que 2e année.	54,6	26,4	40,3	22,7
	{ *Navets dérobés :* 10,000ᵏᵍ	13,0	11,0	33,0	9,0
5e	*Vesces :* 19,000ᵏᵍ de fourrage vert.	91,2	38,0	134,9	98,8
6e	*Seigle :* grain, 20 hectol., paille, 3,000ᵏᵍ.	32,5	17,5	34,5	16,6
	TOTAL.	464,3	191,1	531,8	387,6
	Engrais total : 60,000ᵏᵍ de fumier.	300,0	210,0	540,0	564
	DIFFÉRENCE	—164,3	+18,9	+8,2	+176,4

CHAPITRE V

LES ANIMAUX

94. TISSUS ANIMAUX. — L'animal se distingue du végétal en ce qu'il se meut. Tout mouvement nécessite une production de chaleur (38), aussi le corps des animaux est-il le siège d'une combustion lente qui commence et s'arrête avec la vie. Les matériaux combustibles sont fournis par les aliments, le comburant est l'oxygène de l'air introduit dans le corps par la respiration.

Outre les aliments nécessaires à l'entretien de la chaleur animale, il en faut d'autres pour construire les tissus du jeune animal et pour entretenir et réparer ceux de l'adulte. De là une division des aliments en deux classes : *Les aliments respiratoires qui sont ternaires* (84), *et les aliments plastiques ou réparateurs qui sont azotés.*

Voyons d'abord de quoi sont formés les tissus des organes permettant aux animaux de se mouvoir. Ils sont de trois sortes : les *os*, les *articulations* et les *muscles*.

Les **os** sont composés de matières minérales et de matières organiques; si l'on calcine un os, il reste des cendres formées essentiellement de *carbonate* et de *phosphate de chaux* (exp. 315). Si au contraire, on soumet un os à l'action de l'acide chlorhydrique ou du vinaigre, la matière minérale se dissout et la matière organique reste intacte.

Expérience 316. — On met dans un verre des os de cuisine grossièrement concassés, on verse dessus de l'acide chlorhydrique additionné de deux fois son volume d'eau, et on abandonne pendant quelques jours. Les os changent d'aspect et deviennent flexibles; si on les brûle alors, après les avoir lavés et séchés, ils laissent un faible résidu de cendres, c'est-à-dire de matières minérales; et, à l'odeur qui se dégage, on reconnaît que la matière est azotée. Si au lieu de les brûler on les faisait bouillir longtemps dans l'eau, ils deviendraient solubles et on obtiendrait une gelée de **gélatine** ou **colle forte** (exp. 319.)

Le liquide acide dans lequel les os sont partiellement dissous renferme du phosphate de chaux.

Expérience 317. — Il suffit pour s'en convaincre d'y verser une dissolution de carbonate de soude ; il se produit d'abord une effervescence due à l'action de l'acide en excès sur le carbonate de soude ; puis on voit apparaître un précipité blanc gélatineux de phosphate de chaux insoluble (exp. 315.)

Expérience 318. — En faisant bouillir de l'eau dans laquelle on a mis des os frais, il surnage bientôt un *corps gras* qui se fige par refroidissement.

Les os sont donc formés : 1° de *phosphate et de carbonate de chaux*, l'analyse y ferait connaître en outre plusieurs autres substances minérales telles que de la *magnésie*, du *sel marin*, etc.; 2° d'une matière organique azotée, la *gélatine* ; 3° d'une matière organique ternaire la *graisse*. Le corps gras existe surtout en grande quantité dans les os creux où elle prend le nom de **moelle** ; il ne faut pas la confondre avec la **matière cérébrale** qui est quaternaire, riche en phosphore, et qui constitue le cerveau, la moelle épinière et les nerfs.

Les os des jeunes animaux ne contiennent guère que des éléments organiques ; ils sont flexibles comme ceux obtenus dans l'expérience 316 ; à mesure de leur développement, ils s'incrustent de matières minérales et deviennent plus résistants, mais aussi plus fragiles.

Les médecins appellent **fracture** une cassure d'os ; ils recommandent en cas d'accident, et en attendant leur arrivée, de remuer le moins possible le blessé, de le placer avec précaution sur un plan horizontal et *résistant* (un volet, une porte) et de le transporter de façon à éviter tout choc qui amènerait les fragments d'os à faire une plaie dans les chairs, ce qui aggrave toujours la blessure. Le médecin remet au plus vite les os à leur place, et il se produit naturellement, s'ils ne sont pas dérangés, du tissu osseux qui ressoude les parties fracturées.

Les **articulations** sont les jointures des os ; les extrémités qui doivent jouer l'une sur l'autre sont revêtues d'une croûte luisante et polie, continuellement humectée d'un liquide spécial ; cette croûte est de composition analogue à celle des os jeunes, c'est-à-dire qu'elle renferme peu de matières minérales. Une articulation est consolidée par des sortes de bandelettes de nature musculaire qui vont d'un os à l'autre.

Ces bandelettes ou *ligaments* peuvent être distendus ou

même déchirés à la suite d'un mouvement violent ou mal assuré ; cet accident s'appelle **entorse**, ou **luxation** s'il y a déchirure : il faut se hâter de remettre les choses en place et condamner le blessé au repos.

Les **muscles** forment la partie charnue désignée vulgairement sous le nom de **viande** ; c'est un amas de filaments rouges groupés en faisceaux, attachés par les deux bouts à un os, tantôt directement, tantôt par l'intermédiaire d'une substance également fibreuse, blanche, et fort résistante, qu'on appelle **tendon**.

Un muscle peut, à la volonté de l'animal, se contracter en diminuant de longueur et en augmentant de grosseur, les deux os auxquels il est attaché tendant alors à se rapprocher ; il en résulte les mouvements de leviers (5) qui actionnent les bras, les jambes, etc.

Les muscles, ou la chair qui les forme, sont susceptibles d'entrer en putréfaction, il sont donc azotés ; ils renferment parfois une notable quantité de matière gélatineuse qui se dissout dans l'eau bouillante et donne la **gelée** très abondante dans les mets où entre la viande de veau.

La peau des animaux renferme aussi beaucoup de gélatine.

Expérience 319. — Si l'on fait macérer pendant plusieurs heures dans l'eau bouillante des débris de tendons, de muscles, de peaux, etc., la dissolution s'effectue peu à peu comme celle des os ramollis (exp. 316) et le liquide clarifié après concentration suffisante se prend en gelée par refroidissement.

La colle forte ne se prépare pas autrement dans l'industrie ; les matières premières, débris d'abattoirs, de tanneries, corroyeries, etc., sont traitées d'abord par un lait de chaux pour empêcher la putréfaction avant leur emploi, puis lavées et soumises à l'action de l'eau bouillante ou de la vapeur.

L'acide tannique et quelques sels minéraux, l'alun, le bichromate de potasse, empêchent la gélatine de se corrompre et la rendent insoluble.

Expérience 320. — Dans une dissolution faible de colle forte ou à son défaut de sauce de viande en gelée, on verse en excès une infusion claire obtenue par la macération de l'écorce de chêne dans l'eau ; il se forme un précipité gélatineux blanchâtre insoluble dans l'eau ; on peut le recueillir par filtrage et l'abandonner à l'air, il ne se putréfiera plus ; chacun sait que la gélatine *humide* ne peut se conserver longtemps sans acquérir une odeur extrêmement repoussante.

Le **tannage** des peaux est basé sur le principe de cette expérience. La gélatine des cuirs frais est rendue insoluble et imputrescible par l'*acide tannique* de l'écorce de chêne pilée employée sous le nom de **tan.**

C'est le sang, ainsi que nous le verrons plus loin, qui porte aux divers tissus des animaux, les matériaux nécessaires à leur développement et à leur entretien; il renferme en outre les substances combustibles qui entretiennent la chaleur animale, et c'est dans les aliments qu'il les puise toutes.

95. ALIMENTATION. — La composition et la quantité d'aliments nécessaires chaque jour à la nourriture des animaux est variable pour chacun d'eux.

Un homme en bonne santé, à l'âge adulte, qui se livre à un exercice modéré, est suffisamment nourri s'il consomme 1 kilogramme de pain, 150 grammes de viande, 250 grammes de légumes et une quantité de boissons pouvant varier de 1 à 2 litres. En laissant de côté l'eau, cette nourriture représente environ 300 grammes de carbone, 20 grammes d'azote et des matières minérales dont la plus grande partie est éliminée avec les déjections.

On peut fournir le carbone et l'azote de différentes manières; mais ici, comme pour les végétaux, il sera utile d'établir la balance entre l'alimentation et la dépense.

Deux kilogrammes de pain, par exemple, procureront les 20 grammes d'azote, mais ils apporteront une quantité de carbone double de celle qui est nécessaire, ou 300 grammes de carbone inutile.

La viande renferme environ 3 pour cent d'azote; 700 grammes environ de viande suffiront à la dépense en cet élément, mais le carbone fera défaut.

Les aliments végétaux contiennent des proportions fort variables des matières azotées; si, par exemple, on demandait à des pommes de terre l'azote nécessaire à l'alimentation quotidienne d'un homme, il faudrait 6 kilogrammes de tubercules. Deux kilogrammes de riz renferment la même quantité d'azote, mais par la cuisson, ils absorbent 8 kilogrammes d'eau environ, ce qui ferait une ration journalière de 10 kilogrammes!

Les haricots, les pois et les légumineuses en général renferment beaucoup d'azote, 4 pour cent environ; il sera facile de combiner une nourriture substantielle, et non indigeste à cause de son trop grand volume, en associant les légumes au pain, aux pommes de terre, etc. Ce qui convient le mieux est une nourriture mixte, animale et végétale ; en tous cas il faut que la balance s'établisse, sinon la santé en souffre.

Les personnes qui ont une profession sédentaire consomment moins que celles qui endurent de grandes fatigues ; la dépense en aliments respiratoires varie peu cependant, ce que *la machine humaine use surtout* par suite de l'augmentation du travail musculaire, c'est l'**azote**, la dépense quotidienne peut atteindre 50 grammes.

Quand les aliments respiratoires et réparateurs font défaut, le corps y supplée en fournissant sa propre subtance ; la machine est particllement employée à fournir les éléments du travail, ce qui est une cause de décrépitude.

Il est un aliment type, en quelque sorte, puisque l'animal qui le reçoit non seulement entretient sa vie, mais se développe et s'accroît : c'est le **lait**, il doit renfermer tous les matériaux nécessaires à la vie.

Expérience 321. — Dans un tube cylindrique tel qu'un tube à essai ou un verre de lampe fermé d'un bouchon, on abandonne du lait frais pendant quelques jours ; le liquide se partage en trois parties : 1° la **crème** à la partie supérieure où elle occupe, si le lait est de bonne qualité, environ les 15 centièmes de la hauteur totale ; 2° le **caséum** ou *lait caillé* ; 3° un liquide jaunâtre qui baigne le caséum et qu'on appelle **sérum** ou *petit lait*, il ne se sépare nettement du caséum qu'un peu plus tard.

Les aliments respiratoires et réparateurs se trouvent renfermés dans ces trois parties du lait, les expériences suivantes le prouvent.

D'abord la crème battue s'agglomère en une masse jaunâtre qui est le beurre, le battage s'opère ordinairement dans une *barate ;* et quand on fait bouillir de la crème, on voit apparaître sous forme d'*yeux* une partie du beurre dont elle est formée.

C'est en grande partie aux globules graisseux que le lait frais doit son opacité, on ne pourrait les séparer par le filtre, ils sont si petits que les pores du papier les laissent passer ; la séparation devient possible par l'artifice suivant.

Expérience 322. — On ajoute à de l'eau, et peu à peu, la moitié de son poids d'acide sulfurique, puis on neutralise ce liquide acide au moyen du carbonate de soude, il en faut à peu près un poids égal à celui du liquide total, et la neutralisation est obtenue quand l'effervescence cesse ; celle-ci est très vive, aussi doit-on n'ajouter que peu à peu le carbonate, sinon la mousse déborde. On filtre ; au liquide clair, on ajoute un volume égal de lait bien frais, on agite et filtre à nouveau. Sous l'influence du sulfate de soude et de la petite quantité de carbonate que renferme le liquide mêlé au lait, les globules graisseux s'agglomèrent sans être modifiés dans leur nature, et le filtre peut les retenir; on les reconnaîtra à leur consistance de beurre frais.

Le liquide clair qui passe au nouveau filtrage est du lait débarrassé de sa crème et mélangé à la dissolution des sels de soude. Il renferme du caséum ou caséine, matière insoluble dans l'eau, soluble dans les acides et aussi dans les alcalis ; c'est à la faveur des alcalis que renferme le lait qu'elle y est dissoute, le lait frais est ordinairement alcalin, c'est-à-dire qu'il bleuit légèrement le papier rouge de tournesol; si l'on sature ces alcalis par la quantité d'acide juste nécessaire, le caséum se précipite.

Expérience 323. — Dans le lait privé de sa crème, on verse, en agitant, de l'acide chlorhydrique étendu d'eau ou du vinaigre ; bientôt le liquide devient blanchâtre, — on ajoute encore *une* goutte d'acide et on agite vivement. La liqueur mousse abondamment et par le repos abandonne une matière blanche qui est le caséum. Il se forme en outre de longs cristaux transparents de sulfate de soude.

Il se produit naturellement dans le lait plusieurs acides dûs à la transformation de quelques-uns de ses principes immédiats, en particulier du sucre; ces acides agissent comme dans l'expérience précédente, et le caséum devient insoluble, il se **coagule.** L'alcool, comme les acides, coagule le caséum. La **présure** employée dans les fromageries fait également cailler le lait, cette substance se prépare tout simplement en mettant en digestion, pendant une heure, dans un peu d'eau à une température de 40° environ et additionnée de 2 ou 3 millièmes d'acide chlorhydrique, quelques morceaux d'une *caillette* (l'un des estomacs) de veau, préalablement nettoyée.

Expérience 324. — Si l'on ajoute une cuillerée ou deux de ce liquide à un litre de lait frais, encore chaud et maintenu tiède pendant quelques heures, la coagulation a lieu avant que la crème ait eu le temps de monter. Le caséum emprisonne les globules graisseux et on peut filtrer sur un linge; le petit lait s'écoule et ce qui reste sur le filtre est du **fromage gras.**

Le petit lait renferme du sucre et des sels minéraux.

Expérience 325. — En le faisant bouillir il se trouble d'abord, parce qu'il renferme une petite quantité d'**albumine** ou blanc d'œuf (exp. 290); chacun sait que le blanc d'œuf se **coagule** **par la chaleur, c'est-à-dire devient blanc et**

insoluble dans l'eau. On filtre le petit lait troublé par ébullition, et on le concentre par une ébullition nouvelle, prolongée de manière à le réduire au dixième de son volume primitif. Abandonné au repos, il laisse déposer de petits cristaux durs et incolores (plutôt jaunâtre) d'une matière sucrée appelée **sucre de lait.** En Suisse on en prépare ainsi de notables quantités pour les pharmacies ; dans les fermes, le petit lait est donné aux porcs.

En évaporant les eaux-mères des cristaux de sucre de lait, et en incinérant le résidu, on obtient des cendres qui sont surtout formées de phosphates de chaux et de magnésie, de sel marin et en outre d'un peu de soufre, de fer, etc., en tout une vingtaine de corps simples.

En abandonnant les eaux-mères à l'air, au lieu de les réduire en cendres, elles ne tarderaient pas à s'aigrir ; le sucre restant se transforme dans ces conditions en **acide lactique** ; en neutralisant cet acide par de la craie pulvérisée et en filtrant, le liquide renfermera du lactate de chaux ; on prépare en pharmacie différents lactates, par exemple celui de fer, il suffit d'ajouter du sulfate de fer au lactate de chaux, il se forme du sulfate de chaux insoluble et du lactate de fer qui cristallise, en croûtes verdâtres, par concentration puis refroidissement de la liqueur filtrée.

Quand on évapore complètement au bain-marie 100 grammes de lait de vache, il reste de 11 à 14 grammes de résidu fixe. Le lait est donc formé surtout d'eau : 86 à 89 pour cent. Les matières fixes sont composées de 4 à 5 grammes de beurre, de 3 à 5 grammes de caséum et albumine, d'autant de sucre, et en général de 7 à 8 décigrammes de sels minéraux.

Le beurre et le sucre sont des aliments ternaires ou respiratoires ; le caséum et l'albumine sont azotés, par conséquent plastiques ou réparateurs ; **enfin les sels renferment les éléments minéraux** nécessaires au squelette.

Les œufs ont une composition analogue à celle du lait ; le blanc est formé d'albumine, le jaune d'une matière grasse, phosphorée rougeâtre, en petits globules comme ceux de la crème ; la coquille est surtout formée de carbonate de chaux.

Le beurre, bien que ternaire, se putréfie rapidement ; ce n'est pas une putréfaction comme celle des matières azotées, il se développe une odeur *rance* due à l'**acide butyrique** qui se forme. La présence des matières azotées facilite cette formation ; aussi pour conserver le beurre, on lui fait subir une fusion ou mieux une cuisson qui permet de séparer les enveloppes des globules graisseux de la crème, ainsi que le caséum qui s'y trouve accidentellement emprisonné. Pour enlever l'odeur de rance au beurre non fondu, il suffit de le malaxer dans une dissolution faible de carbonate de soude.

Les substances employées pour l'alimentation d'un homme, et aussi d'un grand nombre de mammifères, seront d'autant mieux choisies, au point de vue de la santé, que leur mélange se rapprochera plus de la composition de l'aliment type.

En résumé, les principes nutritifs qui devront se trouver réunis pour constituer une bonne nourriture sont de trois sortes :

1° *Les matières azotées ou quaternaires;* elles comprennent l'**albumine**, la **caséine** (caséum), la **fibrine** (fibres de la viande) et la **gélatine**;

2° *Les aliments ternaires ou respiratoires* tels que la **fécule**, l'**amidon**, le **sucre** et les **corps gras**;

3° *Les substances minérales* telles que l'**eau** d'abord, le **sel marin**, les **phosphates**, etc.

96. **DIGESTION.** — Les aliments dont la composition vient d'être indiquée, sont d'abord introduits dans la **bouche**, broyés par les *dents* si c'est nécessaire et imprégnés de *salive*, puis conduits dans l'**estomac** par un tube, l'**œsophage**, qui est parallèle à la *trachée artère*, et logé derrière lui (fig. 171).

Après un séjour qui peut varier de 1 à 5 heures dans l'estomac, les aliments pénètrent par ondées dans un tube beaucoup plus long, bien des fois replié sur lui-même et nommé **intestin grêle** : ils sont alors devenus plus ou moins assimilables par l'action chimique des différents sucs qu'ils ont reçus dans leur parcours, et leurs résidus, s'accumulant dans le **gros intestin**, sont enfin rejetés au dehors par l'**anus**.

Nous allons étudier les réactions chimiques dont le tube digestif est le siège; disons d'abord qu'elles sont favorisées par la température de l'intérieur du corps, laquelle est d'environ 38°.

La **salive** qui s'est mêlée aux aliments dans la bouche est produite par les **glandes salivaires** logées dans l'épaisseur des joues et sous la langue; c'est un liquide bien connu comme aspect, il renferme un principe azoté la *ptyaline* (d'un mot grec signifiant cracher), qui est capable de rendre soluble la fécule et l'amidon.

Expérience 326. — A 20 grammes d'eau on ajoute une

pincée d'amidon et on porte à l'ébullition dans un ballon, de verre ou une petite casserole, il se forme de l'empois d'amidon (exp. 289). On mêle un peu de cet empois d'amidon avec de la salive dans un tube à essai ou une petite bouteille et on maintient la température à 38° pendant un quart d'heure environ. Le liquide qui était trouble devient clair, l'amidon s'est dissous et la teinture d'iode, qui donnait au début une coloration bleue intense, reste sans effet ; il s'est formé du glucose (exp. 295).

Le tube digestif est revêtu intérieurement d'un épiderme ou membrane molle appelée *muqueuse* qui sécrète le **suc gastrique**. C'est un liquide formé d'eau en très grande proportion, d'une petite quantité d'acides (chlorhydrique et lactique) et d'un principe immédiat, la **pepsine** qui jouit de la propriété de transformer les aliments azotés en une sorte d'albumine assimilable appelée *peptone*.

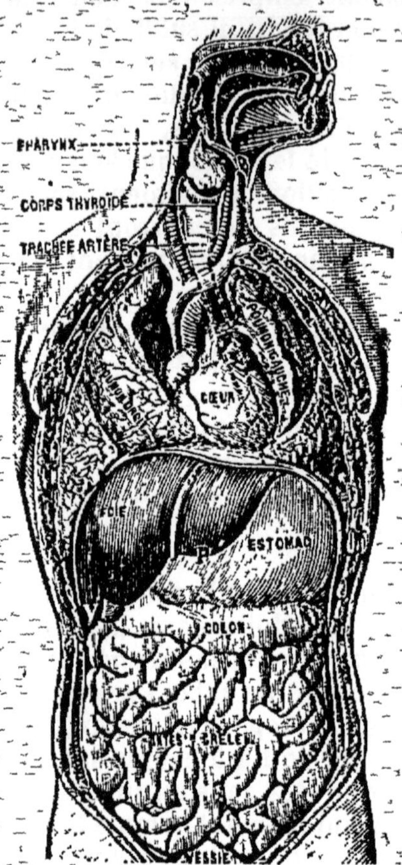

Fig. 171. — Appareil digestif de l'homme. Trois organes essentiels sont invisibles dans la figure ci-dessus : le pancréas dont la place est à gauche de la lettre P, en dessous du foie, contre le duodénum, lequel fait suite à l'ouverture pylorique de l'estomac ; la vésicule biliaire qu'on aperçoit un peu en V ; l'œsophage commençant au pharynx et aboutissant à l'ouverture cardiaque de l'estomac, suivant une direction marquée en traits interrompus. — De chaque côté de la trachée artère se voient les artères d'abord, puis les veines de la région du cou.

La présure (exp. 323) est riche en pepsine, pour montrer l'effet de cette dernière substance sur les aliments quaternaires, on peut opérer de la manière suivante.

Expérience 327. — On remplace, dans l'expérience précédente, la salive par du suc gastrique artificiel (présure) et l'empoi d'amidon par un peu de gluten (exp. 292) ou de fibrine (exp. 330). Le gluten ou la fibrine doivent être de préparation récente, autrement il faudrait les ramollir par une immersion de vingt-quatre heures dans l'eau froide. On maintient le tube ou le flacon qui renferme le mélange pendant une heure à la température de 40° environ, la dissolution est complète.

La difficulté, dans cette importante démonstration, est de maintenir la température constante pendant une heure; on y parviendra, sans le secours des appareils spéciaux des laboratoires, en plongeant le tube, ou le flacon, préalablement bouché dans un vase plein d'eau amenée d'abord à 38 ou 40° et maintenue à cette température, soit par une lampe à alcool dont la flamme sera convenablement diminuée ou éloignée, soit par un bout de bougie (fig. 172). Le thermomètre plongé dans le bain-marie indiquera si la flamme est bien réglée; si la température s'élève, on diminuera la flamme en enfonçant un peu la mèche; on fera sortir un peu plus cette dernière dans le cas contraire.

Tig. 172. — Digestion artificielle. — La température est maintenue à 38° dans un vase plein d'eau, supporté par deux briques ou autrement.

Enfin on pourra choisir, dans un tas de fumier, une profondeur où la température est de 38 ou 40° et y enfermer le tube, ou bien encore appliquer le principe de l'expérience 124.

Il semble que l'albumine liquide d'un œuf cru soit assimilable, il n'en est rien, elle doit d'abord être transformée en glucose; les sucs acides de l'appareil digestif, en particulier ceux de l'intestin grêle, paraissent concourir à cette *interversion* (exp. 295).

Ainsi, *dans l'estomac, sous l'influence de la ptyaline et de la pepsine, les matières féculentes et azotées sont devenues assimilables;* en outre *les sels minéraux ont été dissous par les acides du suc gastrique.* A l'entrée de l'intestin grêle, deux nouveaux sucs se mêlent aux aliments : la *bile* et le *suc pancréatique.*

La **bile** ou *fiel* est un liquide filant, vert jaunâtre, d'une odeur nauséabonde, d'une saveur amère et d'une réaction légèrement alcaline; elle est produite par le **foie** (qu'il ne faut pas confondre avec les poumons), et s'accumule dans la *vésicule biliaire* Elle dissout les corps gras *acides;* cette propriété est utilisée pour enlever les taches de graisse sur les tissus dont la couleur pourrait être altérée par le savon ou les alcalis.

Expérience 328. — Si l'on projette quelques raclures fines de bougie dans de la bile, elles ne tardent pas à se dissoudre.

Le **suc pancréatique** sécrété par le **pancréas,** glande située au commencement de l'intestin grêle, complète ou mieux

favorise l'action de la bile; il décompose les graisses en mettant
l'*acide gras* en liberté. Les graisses ou *corps gras* sont des
espèces de sels formés par la combinaison d'un acide gras avec
une base, la *glycérine* (exp. 357); le suc pancréatique s'empare
probablement de cette dernière et la bile dissout l'acide.

La bougie est faite d'un acide gras (*acide stéarique*) tiré du
suif, qui est un corps gras, elle se dissout dans la bile; tandis
que la chandelle, qui est faite de suif, s'y dissoudrait très
incomplètement, il y aurait seulement émulsion (il se ferait de
la mousse).

On peut, de la manière suivante, montrer que le suc pancréatique provoque la formation des acides gras.

Expérience 329. — Sur une feuille de papier bleu de tournesol, on triture un petit morceau de pancréas frais avec un
peu de beurre. Le tournesol rougit bientôt, et l'on perçoit
nettement l'odeur de beurre rance, ce qui indique la formation
d'acide butyrique.

Les matières alimentaires qui sont devenues assimilables
par l'action des différents sucs du tube digestif prennent le
nom de *chyle*, elles sont absorbées par les **vaisseaux chylifères** qui ressemblent à une infinité de racines greffées sur
l'intestin grêle et qui se réunissent en un tronc commun soudé
à la *veine sous-clavière gauche*. C'est là que le chyle se mêle au
sang.

07. LE SANG. — C'est un liquide rouge, chez tous les animaux vertébrés; il doit sa couleur à une infinité de **globules**
rouges visibles seulement au microscope, car ils sont si petits
que dans un gramme de sang humain, par exemple, il y a
plusieurs *milliards* de ces corpuscules qui affectent la forme de
disques aplatis. La partie vraiment liquide du sang est le
sérum, il est incolore et formé par les 9 dixièmes d'eau
tenant en dissolution de l'*albumine* surtout de la *fibrine*, des
sels minéraux et une minime quantité de *corps gras*.

La **fibrine**, liquide quand elle est dans les vaisseaux sanguins, se précipite et se coagule bientôt si le sang se répand
au dehors; le sang se divise alors en deux : le *caillot* formé
d'un réseau de fibrine coagulée qui emprisonne la plupart des
globules, et le sérum proprement dit qui est plus ou moins
rosé à cause des quelques globules qu'il tient en suspension.

Expérience 330. — Quand on tue un animal de boucherie
ou simplement un lapin, il est facile, si l'on fouette avec une
baguette le sang recueilli dans un vase, d'en séparer la fibrine;

elle se rassemble autour de la baguette comme un amas de chair; et le sang ne se coagule plus. La fibrine lavée perd sa couleur rose due à la présence de quelques globules, et devient une masse d'un blanc gris analogue à du gluten.

La fibrine s'obtient facilement en mettant dans un linge du sang caillé et en malaxant dans l'eau; la fibrine est retenue par le linge; le reste se répand dans l'eau.

Du sang privé de sa fibrine, on pourrait séparer les globules en opérant comme pour les globules graisseux du lait (exp. 322).

Si l'on filtre du sang avant sa coagulation, la fibrine passe avec l'albumine, mais comme elle ne tarde pas à se coaguler le caillot obtenu est dépourvu de couleur puisque les globule en sont séparés.

Expérience 331. — En filtrant le sérum séparé du caillot, on obtient un liquide à peu près incolore qui se trouble fortement et s'épaissit par l'ébulition : c'est l'**albumine** qui se coagule.

Quelques substances coagulent l'albumine sans le secours de la chaleur, tels sont les acides (le vinaigre excepté), l'alcool, le perchlorure de fer, etc. L'eau salée retarde la coagulation de l'albumine.

Un écoulement de sang à la suite d'une blessure, ou bien par les narines, s'appelle **hémorragie**. Si l'écoulement n'est pas considérable, on pourra l'arrêter au moyen du perchlorure de fer, du tannin, etc., qui coaguleront l'albumine; s'il est abondant, il faut comprimer la plaie de manière à boucher l'orifice, car il suffit parfois de quelques minutes pour que tout le sang s'échappe. En effet à chaque contraction ou *battement* du cœur, il y a 150 grammes environ de sang mis en mouvement; la totalité du sang étant, pour un homme, de 6 kilogrammes environ, il suffit de 40 pulsations pour lancer tout le sang; si donc l'un des principaux vaisseaux sanguins était ouvert, une minute suffirait pour l'écoulement presque total du sang.

Expérience 332. — En filtrant le liquide obtenu dans l'expérience précédente, l'albumine coagulée reste sur le filtre et le liquide clair qui passe ne renferme plus que les sels minéraux. Évaporons-le à sec et calcinons le résidu dans une coupelle, nous obtiendrons une notable quantité de cendres.

Celles-ci traitées par l'eau donnent un liquide salé, ce qui prouve que le sang contient du sel ou chlorure de sodium. La partie insoluble dans l'eau se dissout dans l'acide chlorhydrique ; et en ajoutant du carbonate de soude, on obtient un précipité gélatineux de phosphate de chaux de couleur gris foncé, à cause du fer qu'il renferme en quantité notable.

En résumé, le sang renferme de l'*eau* surtout, de la *fibrine*, c'est de la chair en voie de formation, de l'*albumine*, des *sels minéraux* et des *globules sanguins*. Ceux-ci sont formés de deux parties, l'une rouge appelée *hématine*; l'autre incolore nommée *globuline* assez analogue à l'albumine.

La couleur du sang d'un vertébré est un peu variable suivant les *vaisseaux* ou tubes qui le renferment; la différence tient à la présence, dans le sang, de l'un ou l'autre des deux gaz oxygène ou acide carbonique.

Expérience 333. — Du sang agité dans un flacon plein d'acide carbonique devient bleuâtre; versé ensuite dans un flacon rempli d'oxygène, il reprend sa couleur vermeille. A défaut d'oxygène, on peut employer l'air ordinaire et au besoin le renouveler au moyen d'un soufflet.

Chez un vertébré le sang circule dans deux sortes de vaisseaux différents comme structure : les **veines** et les **artères**. Les veines ont des parois molles, on en voit d'assez volumineuses sous la peau, elles renferment du sang bleuâtre qui se dirige vers le cœur. Les artères sont logées dans les profondeurs des chairs, quelques-unes sont proches de la peau telles que celles des tempes, et une autre dans le poignet, l'**artère radiale** qui permet au médecin de compter les pulsations du sang lancé par le cœur, autrement dit le **pouls**. Le sang artériel est d'un beau rouge, il se dirige du cœur vers tous les points du corps.

De l'expérience précédente, on peut déduire que le sang veineux renferme de l'acide carbonique, et le sang artériel de l'oxygène; nous allons voir l'origine de ces deux gaz.

98. RESPIRATION ET CIRCULATION. — Le **cœur** est une sorte de poche double, de nature musculaire, placée dans la poitrine un peu à gauche et qui agit à peu près comme une double pompe aspirante et foulante. Le sang, amené par les veines dans l'une des moitiés du cœur, est poussé dans les **poumons** et revient ensuite au cœur dans l'autre moitié d'où il est chassé avec force, par chaque pulsation, dans les artères.

L'air arrive dans les poumons par la **trachée artère** et les **bronches**; il remplit une multitude de petites poches ou vésicules formées par de minces membranes sur lesquelles viennent aboutir une infinité de petits vaisseaux qui amènent le sang du cœur. Ces petits vaisseaux sont la subdivision des vaisseaux plus gros partant du cœur. On sait que l'air atmosphérique renferme 79 parties d'azote et 21 d'oxygène en chiffres ronds, plus une minime quantité d'acide carbonique ; quand il sort des poumons il renferme un peu plus de 79 d'azote, mais seulement 16 d'oxygène, environ 4 d'acide carbonique et de la vapeur d'eau. L'oxygène manquant a pénétré dans le sang, et l'acide carbonique qui apparaît vient du sang. Les deux gaz se sont échangés à travers la membrane des vésicules pulmonaires ; le phénomène de diffusion (exp. 302) s'accomplit en effet pour les gaz comme pour les liquides.

Expérience 334. — Séparons par une feuille de papier deux éprouvettes (fig. 173) contenant : la supérieure de l'hydrogène, l'inférieure de l'air ou de l'oxygène. Les deux gaz sont ainsi superposés par ordre de densité ; néanmoins ils se mêlent et après quelques minutes, chaque éprouvette renferme un mélange détonant (exp. 230) ce qui prouve que l'air et l'hydrogène ont traversé la membrane en sens inverse l'un de l'autre.

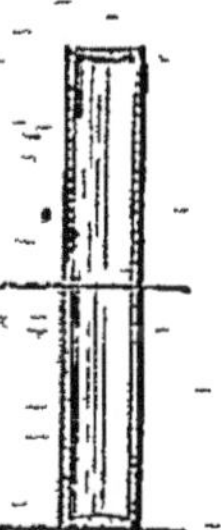

Fig. 173. L'air et l'hydrogène se mélangent à travers la membrane en papier (Osmose des gaz.)

Des expériences précises ont montré que si une membrane sépare des mélanges gazeux différents, le mouvement de diffusion a lieu jusqu'à ce que les mélanges aient la même composition des deux côtés, c'est-à-dire jusqu'à ce qu'il y ait équilibre (v. page 311). Les choses se passent d'une façon analogue dans les poumons ; toutefois il y a une notable différence à cause du sang qui n'existe que d'un côté et qui absorbe bien l'oxygène et l'acide carbonique, tandis qu'il absorbe difficilement l'azote (exp. 333). Le sang veineux amené dans les poumons renferme beaucoup d'acide carbonique, l'air en contient peu ; il en résulte que l'acide carbonique passe du sang dans l'air ; pour la même raison, l'oxygène passe de l'air dans le sang.

L'expérience démontre que la vie d'un animal est bientôt en péril si l'**hématose** du sang (c'est-à-dire la fixation de l'oxygène sur l'hématine) est impossible ou même gênée : on dit qu'il y a **asphyxie** (de *a* privatif et *sphuxis* pouls). Le défaut de l'oxygène dans l'air, ou l'occlusion des voies respiratoires, comme cela arrive pour les noyés et les pendus, sont des causes d'asphyxies ; il ne faut pas seulement que l'oxygène arrive en quantité suffisante, il faut en outre que l'acide carbonique puisse s'échapper du sang. Si l'air respiré renferme une trop forte proportion d'acide carbonique, il n'y a pas lieu à diffusion de ce gaz, le sang s'épaissit et la mort n'est pas loin.

Expérience 333. — Si l'on fait arriver de l'acide carbonique (exp. 202) dans un bocal (fig. 174) au fond duquel on a mis une souris; celle-ci ne tarde pas à chanceler et à tomber asphyxiée.

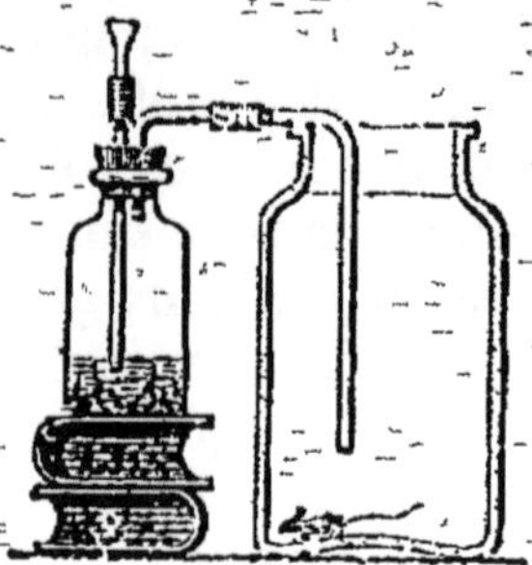
Fig. 174.
Asphyxie d'une souris.

Si à ce moment on retire le tube à dégagement hors du bocal, et qu'on renouvelle l'air au moyen d'un soufflet, la souris revient peu à peu à elle; mais si le séjour dans l'acide carbonique a été trop long, il n'y a pas de remède. La même expérience peut être faite au moyen d'un flacon plein d'azote (exp. 225) dans lequel on introduit la souris.

Si l'on produisait dans le bocal de l'oxyde de carbone, par la combustion incomplète de quelques fragments de charbon (V. page 266), ou si l'on y faisait arriver de l'acide sulfhydrique, du chlore, enfin un gaz délétère, l'asphyxie se compliquerait d'un empoisonnement; dans ce cas, il ne suffit pas de renouveler l'air, mais il faut administrer un contre-poison pour ramener à la vie.

En cas d'accident de personne, **il faut commencer par mettre la victime au grand air, assis, le corps droit** (ou couchée sur le côté droit, la tête penchée en avant, s'il s'agit d'un noyé) et réveiller la contractilité des muscles de la poitrine de manière à exciter un appel d'air; à cet effet on projette de l'eau froide au visage, on flagelle la poitrine mise à nu avec un linge mouillé, on comprime doucement avec les mains le ventre et les côtés de la poitrine, on les lâche pour les comprimer encore, afin de produire artificiellement, si c'est encore possible, la respiration. En outre, on rétablit la circulation par des frictions, au moyen d'étoffes de laine chaudes; sur les cuisses, les bras, et principalement sur l'épine dorsale. Il ne faut rien faire avaler à un malade s'il n'a pas repris connaissance; ceci s'applique à toutes sortes d'accidents.

Si l'asphyxie s'est produite dans un puits, une fosse, une cave, etc., il faut d'abord, avant de porter secours, s'assurer que l'air est respirable, au moyen d'une bougie ou de tout autre lumière que l'on y descend; si elle s'éteint, il est indispensable de renouveler l'air, car on augmenterait fatalement le nombre des victimes. Il est bon ensuite de ne laisser descendre que des personnes solidement attachées par des cordes main-

tenues et maniées par d'autres personnes en dehors de tout
danger.

Les victimes des asphyxies peuvent quelquefois être rappe-
lées à la vie un quart d'heure, une demi-heure même après
l'accident. Cela signifie qu'on **doit toujours tenter
quelques efforts pour ranimer un asphyxié et
ne pas se décourager trop vite.**

Revenons à la circulation.

Le sang qui a subi l'hématose est rouge, il revient au cœur
par des vaisseaux semblables et voisins de ceux qui l'ont amené
aux poumons, puis il est lancé par les artères dont les troncs
sont assez volumineux d'abord, mais se ramifient à l'infini,
puisque en tous les points du corps une piqûre provoque un
écoulement de sang.

La portion la plus déliée des vaisseaux artériels n'est visible
qu'au microscope, et là où finit l'artère, la veine commence;
mais le sang qui était rouge dans l'artère devient bleu dans la
veine. C'est donc dans ces microscopiques vaisseaux appelés
vaisseaux capillaires, bien qu'ils soient beaucoup plus
fins que des cheveux, que l'acide carbonique se forme. Il est
produit par la combinaison chimique entre l'oxygène pris par
le sang dans l'air des poumons, et les aliments respiratoires
versés dans la veine sous-clavière gauche par les vaisseaux
chylifères *La* combustion lente qui en résulte entretient la
chaleur animale, et d'après ce qui vient d'être dit, cette combustion se produit en *tous* les points du corps. Les aliments
quaternaires n'échappent pas complètement à cette combustion,
il en résulte un peu d'azote qui s'échappe dans la respiration et
quelques produits azotés qu'éliminent les *sécrétions* telles que la
sueur et surtout l'urine.

La température s'élève chez l'homme et la plupart des
mammifères à 38° environ. Si, pour une raison quelconque,
l'élévation de température diffère de quelques degrés, l'homme
ou l'animal est malade; une différence de température de 4° en
plus ou en moins amène la mort.

Il peut arriver, à la suite d'une **insolation,** par exemple
(action directe des rayons solaires sur la tête) que le sang
afflue vers le cerveau et comprime ce délicat organe; la face est
alors rouge et congestionnée, il peut en résulter une attaque
d'**apoplexie.** Dans le cas contraire, c'est-à-dire quand l'arrivée du sang au cerveau est insuffisante et n'entretient qu'incomplètement les fonctions cérébrales, le visage est blanc et
on dit qu'il y a *syncope.* On aide au rétablissement de l'équilibre

du sang dans le premier cas en maintenant le malade assis, la tête haute ; dans le second en l'étendant à plat.

La combustion lente des aliments respiratoires a lieu chez *tous* les animaux ; mais là température reste bien inférieure à 38° chez les **animaux à sang froid**. C'est grâce à l'oxygène que l'eau tient en dissolution que les poissons peuvent vivre ; leurs branchies leur servent de poumons.

Expérience 336. — Faites bouillir de l'eau (exp. 337), et versez-la encore tiède dans une carafe que vous fermerez ensuite d'un bouchon de manière à empêcher l'oxygène de l'air de se dissoudre à nouveau. Si après refroidissement vous introduisez un petit poisson dans la carafe, il périra immédiatement.

Les petites veines des tissus capillaires se rassemblent en troncs plus gros, à la façon des affluents d'un cours d'eau. Dans son trajet, le sang veineux rencontre un organe double connu sous le nom de **reins**. C'est une espèce de filtre qui laisse passer certaines substances du sang, et arrête les autres. Il ne s'agit pas ici d'un phénomène de diffusion, mais d'une séparation particulière désignée sous le nom de **dialyse**.

Expérience 337. — Remplaçons la membrane de l'endosmomètre (fig. 169) par une feuille de parchemin ou simplement par du papier non buvard ; mettons dans le verre de lampe un mélange d'eau sucrée et de blanc d'œuf, et dans le vase extérieur de l'eau ordinaire. Le lendemain nous pourrons constater que l'eau extérieure est sucrée, mais qu'elle ne se trouble pas par ébullition.

Le sucre a donc traversé la membrane, mais non l'albumine. L'expérience montre que toutes les substances solubles dans l'eau et *susceptible de cristalliser*, les **cristalloïdes**, peuvent traverser la membrane ; les substances qui ne cristallisent pas, les **colloïdes**, telles que l'albumine, la gomme, le sucre interverti ou glucose, etc., ne peuvent traverser la membrane.

Il est probable que la séparation de l'urine du sang, séparation qui a lieu dans les reins, est due à une cause semblable. Les reins renferment des tissus membraneux dont un côté est baigné par le sang ; une partie de l'eau et des matières cristalloïdes qu'il renferme, notamment l'**urée** (80) et différents sels, des phosphates, du chlorure de sodium, etc., traversent les membranes et s'écoulent dans la **vessie**, tandis que les matières colloïdes, telles que l'albumine, la fibrine, les globules sanguins, etc., persistent dans le sang ; il y a donc élimination de matériaux inutiles et encombrants.

Une autre cause de purification du sang est la **transpiration**; on nomme ainsi la sortie par les pores de la peau, d'un liquide, la **sueur,** formé presque entièrement d'eau tenant en solution une minime quantité de sels alcalins. La peau secrète en outre quelques corps gras.

L'évaporation de la sueur est activée par un courant d'air sec; le danger du refroidissement qui en peut résulter a été signalé (43).

La transpiration est une fonction indispensable au maintien de la santé, et, lors même qu'elle n'est pas apparente, elle se produit constamment. Les personnes sédentaires, celles dont le travail musculaire ne provoque pas une transpiration vive, doivent en faciliter l'activité par des bains, ou par d'autres soins de propreté destinés à débarrasser l'épiderme des corps gras susceptibles de clore les pores de la peau.

99. APPLICATION DE CE QUI PRÉCÈDE A L'HYGIÈNE. — En hygiène, comme en bien d'autres sciences, les vérités principales sont connues, mais en général, on ne les applique pas, par une pure négligence. Aucun bien cependant n'est précieux comme la santé.

Un bon choix des aliments, fait comme il a été dit (95) n'est malheureusement pas à la portée de tous; en outre, il est insuffisant. On ne se porte bien que si toutes les fonctions animales s'accomplissent régulièrement. Voici à ce sujet, quelques conseils pratiques sur lesquels tous les médecins et hygiénistes sont d'accord.

Alimentation. — Ce n'est pas précisément ce qu'on mange qui nourrit, mais bien ce qu'on digère. La mastication doit être complète, c'est-à-dire qu'il faut que les aliments arrivent dans l'estomac bien broyés et complètement humectés par la salive. En mâchant avec précaution et sans rapidité, on évitera d'avaler des corps étrangers qui auraient échappé à la vue ou au toucher, et qui pourraient occasionner de graves accidents s'ils étaient introduits dans l'appareil digestif.

La digestion ne se fait bien qu'à une certaine température, et le froid arrête le travail digestif : de là le danger de se plonger dans l'eau froide après avoir mangé, le meilleur nageur peut périr, car les mouvements sont paralysés par suite de l'arrêt subit de la digestion.

Le temps que mettent les aliments pour être digérés varie pour chacun d'eux. Il faut de une à deux heures pour le riz, les œufs fouettés ou crus, le poisson et le lait; de deux à trois heures pour la volaille, les pommes de terre, et la viande de bœuf ou de mouton grillée ou rôtie ; de trois à quatre heures pour le pain, les œufs cuits durs, la viande de veau ou de porc grillée, et enfin de quatre à cinq heures pour le porc salé et les graisses et tendons bouillis.

L'eau glacée, les glaces, les sorbets, pris immédiatement après le repas peuvent provoquer l'indigestion. L'exercice modéré favorise le travail digestif ; un exercice forcé, à plus forte raison violent, produit l'effet contraire. Si donc la digestion se fait péniblement, il faut l'exciter par une promenade, par exemple.

Chez les personnes qui digèrent mal parce que le suc gastrique ne se produit pas en assez grande quantité, il faut légèrement stimuler cette sécrétion par les alcalins (eau de Vichy, bicarbonate de soude) qui font saliver la muqueuse de l'estomac, de la même façon que le sel ou le sucre mis sur la langue provoque la sécrétion des glandes salivaires.

L'heure des repas a une grande influence sur la digestion ; autant que possible, il faut manger quand on a faim. Chez le tout jeune enfant il faut multiplier les repas, trois ou quatre heures au plus d'intervalle entre chacun d'eux ; l'enfant plus grand doit faire quatre repas et l'adulte au moins deux. Le vieillard doit multiplier ses repas mais les faire peu copieux, car son estomac supporterait difficilement un travail digestif laborieux.

L'homme est l'animal le plus raisonnable ; cependant c'est le seul qui mange sans faim et boive sans soif, il oublie parfois qu'il faut manger pour entretenir ses forces et non pour les paralyser.

L'usage presque exclusif de la viande amène des désordres ; presque toute la nourriture étant assimilable, le gros intestin ne renferme pour ainsi dire qu'un peu de mucus et de bile, il en résulte une constipation. L'inverse à lieu pour les végétaux, qui laissent un résidu considérable.

Une nourriture trop abondante pour la dépense de force engendre la *pléthore* : le sang devient trop riche, au moindre mouvement, il peut se porter à la tête et provoquer une apoplexie. La pléthore est combattue par un régime frugal et un exercice allant jusqu'à la fatigue musculaire.

La totalité des matériaux azotés absorbés par les gros mangeurs qui prennent peu d'exercice, ne peut être entièrement brûlée et transformée en urée ; il se produit de l'acide urique, moins oxydé que l'urée et beaucoup moins soluble dans l'eau.

Cet acide peut s'accumuler dans les reins où il forme la **gra-velle**, ou bien dans la vessie où il donne naissance à la **pierre**, ou enfin se rassembler autour des articulations, ce qui engendre la **goutte**.

En résumé, les aliments azotés conviennent surtout aux personnes qui font une grande dépense de force musculaire ; les personnes sédentaires doivent unir en grande proportion le règne végétal au règne animal.

L'excès des aliments ternaires (féculents et graisses) peut produire l'**obésité**. Les graisses sont utiles toutes les fois qu'il y a insuffisance de chaleur. L'abus des matières sucrées amène l'acidité de la bouche et par suite la **carie** des dents.

Les boissons doivent introduire, dans l'organisme, la quantité de liquide entraînée par la sueur, l'urine, et l'exhalation pulmonaire. Prises en trop grande quantité, elles peuvent provoquer des indigestions. L'excès des boissons alcooliques engendre l'ivresse, et si cet excès est répété, il se produit, dans l'organisme, des désordres immenses et irréparables.

Le premier organe qui souffre est l'estomac, il est en contact direct avec les substances ingérées ; l'alcool pris à jeun le matin, comme tant d'ouvriers ont l'habitude de le faire, a la plus pernicieuse action sur ce viscère qu'il corrode et enflamme ; aussi voit-on souvent apparaître de vives douleurs, des vomissements qui traduisent soit une gastrite, soit des ulcères, soit un ramollissement de la membrane muqueuse stomacale.

Les intestins présentent des désordres analogues : de là des coliques, des diarrhées, quelquefois même de graves hémorragies.

Le foie est très souvent atteint ; il devient d'abord graisseux puis bientôt il se transforme en tissu fibreux et s'atrophie, en devenant la cause directe et certaine d'hydropisies toujours sérieuses et souvent mortelles.

Le larynx, les poumons peuvent aussi se prendre ; tout le monde sait que les fluxions de poitrine qui surviennent chez les buveurs sont presque constamment mortelles. D'autres fois, il n'est pas rare de voir se développer chez les ivrognes une variété de phtisie extrêmement rapide qui les enlève au bout de deux ou trois mois.

Les artères, le cœur, devenant graisseux, sont moins résistants au choc du sang ; ils favorisent ainsi le développement des anévrismes et des maladies organiques du cœur dont la gravité est bien connue.

Mais c'est surtout l'appareil du système nerveux qui subit

les altérations les plus profondes : le ramollissement du cerveau, certaines apoplexies, la folie, la paralysie générale ne reconnaissent souvent d'autres causes que l'alcoolisme. C'est ce que prouvent les statistiques des hôpitaux et des maisons d'aliénés.

La fatale passion de l'ivrognerie conduit généralement l'individu au terme le plus bas où il peut atteindre ; moins sage que la bête qui n'a que l'instinct pour le guider, l'homme qui s'enivre aboutit à ce qui est plus terrible que la mort : la misère organique, la décrépitude morale.

Habitation. — Un logement est sain si on peut facilement l'aérer, le chauffer, si l'intérieur peut recevoir abondamment les rayons du soleil et s'il n'est pas humide.

Les maisons nouvellement construites sont rendues humides par la lenteur avec laquelle sèche le plâtre. Règle générale, il faut laisser passer un été chaud sur une maison neuve avant de s'y installer. On peut se rendre compte de l'état de dessiccation des enduits en perçant, au moyen d'une vrille, un trou de quelques millimètres de diamètre, et en calcinant, dans une coupelle, le plâtre obtenu ; deux pesées, l'une avant, l'autre après la calcination, permettent de déterminer la proportion d'eau ; si elle ne dépasse pas 22 pour cent (proportion d'eau de cristallisation du plâtre (81) l'enduit est réputé sec.

Les trop vieilles maisons deviennent humides, surtout dans les rez-de-chaussée, par suite de la formation du salpêtre (83). Celui-ci étant très hygrométrique absorbe l'humidité du sol et de l'atmosphère ; il monte par capillarité dans les murailles et gagne parfois les étages supérieurs. Le seul moyen de remédier aux inconvénients de la nitrification d'un mur est de démolir celui-ci et le reconstruire en matériaux neufs.

Beaucoup de logements, sains en apparence, peuvent déterminer des maladies redoutables, s'ils sont humides ; on le sait depuis longtemps, témoin ce vieux dicton, « une maison humide vaut son pesant d'arsenic » mais on n'y prend garde : ici, la chambre à coucher est construite directement sur le sol, quelquefois sans aucun plancher ; là, le mur contre lequel est adossé le lit, soutient les terres d'un jardin, etc.

Quelle est l'influence physiologique de l'air humide et froid ? Si l'individu qui séjourne dans une chambre humide, n'y reste que le jour et que son travail exige une dépense de force musculaire suffisante pour provoquer la transpiration, il n'y aura qu'un mal relatif. Mais si la profession est sédentaire, si surtout l'habitant couche dans cette chambre, la santé sera vite altérée.

Pendant le sommeil en effet la respiration et la circulation se ralentissent considérablement, les fonctions de la peau diminuent, la surface du corps se refroidit, et la peau absorbe la vapeur d'eau, comme dans un bain frais à la suite duquel, comme on l'a constaté, le corps augmente de poids.

Si ces conditions se renouvellent toutes les nuits pendant six ou sept heures, les fonctions de la peau étant supprimées, il en résulte des engorgements qui peuvent donner naissance à la scrofule. Les inflammations qui se produisent sur le cuir chevelu, sur les paupières qui perdent leurs cils, sur le cou où s'ouvrent des abcès, n'ont souvent pas d'autre origine que l'humidité froide des chambres à coucher.

Le froid humide est surtout favorable au développement du rhumatisme sous toutes ses formes, en particulier du rhumatisme articulaire si douloureux, et dont il est difficile de se guérir complètement même par les traitements spéciaux d'Aix ou de Plombières. Il peut survenir des accidents plus graves encore que le rhumatisme : celui-ci peut se jeter sur la membrane appelée *endocarde* qui tapisse l'intérieur du cœur, et y déterminer une inflammation (*endocardite*) qui trouble profondément le mécanisme de la circulation (98).

Les pernicieux effets de l'humidité seront contrebalancés plus ou moins par tous moyens entretenant l'activité de la peau ; on s'en préservera encore en éloignant le lit des murs, en l'exhaussant sur un plancher sous lequel l'air peut circuler, en interposant des cloisons de bois, du côté du mur, enfin et surtout par l'aération et le chauffage.

Une maison hygiéniquement établie doit renfermer des pièces suffisamment grandes et en rapport avec le nombre des personnes qui l'habitent. Dans les pièces occupées le jour, les mouvements de portes renouvellent l'air à chaque instant. Il n'en est pas de même la nuit ; on vit dans un *air confiné*, c'est-à-dire non en communication avec l'extérieur.

On a calculé que pour vivre dans l'air confiné il faut, par heure et par individu, six mètres cubes d'air ; il en résulte qu'une chambre à coucher non ventilée doit présenter une capacité sept ou huit fois plus grande, soit 40 ou 45 mètres cubes par individu. En pratique on réduit ce chiffre de moitié, même pour les casernes, les hôpitaux, etc., parce que l'on fait intervenir la ventilation.

Quelles que soient les dimensions des chambres à coucher, il faut s'empresser de les aérer le matin, et on doit les laisser ouvertes tout le jour; il n'y faut tolérer quoi que ce soit, fleurs, animaux, feu, etc., pouvant vicier l'air.

Les salles de classe, et en général tous les locaux où l'on réunit un grand nombre de personnes à la fois, seront munies de cheminées de ventilation et énergiquement aérées par l'ouverture des fenêtres et des portes, à la fin de chaque séance, en général le plus souvent possible.

Une déplorable habitude consiste à mettre, pendant une grande partie de l'année, la lumière et le soleil à la porte des appartements, à grand renfort de persiennes, rideaux, etc. Les animaux ont besoin de lumière, comme les plantes (exp. 310).

Les meilleurs appareils de chauffage sont les cheminées, il en a été parlé (35), elles élèvent moins rapidement la température que les poêles, mais elles entraînent une grande quantité d'air, ce qui assure la ventilation.

Il faut proscrire l'usage des brasiers, braseros et autres appareils qui versent directement dans la pièce les produits de la combustion; les cas d'asphyxie dus à ces sortes de calorifères ne sont malheureusement pas rares. On devrait aussi supprimer la clef qui se trouve dans presque tous les tuyaux de poêle; si l'on veut modérer l'activité du foyer, c'est l'orifice par lequel entre l'air qu'il faut réduire, mais non celui qui donne passage aux produits de la combustion; si ces derniers en effet ne peuvent plus s'échapper à mesure de leur production, ils refluent et se répandent dans l'appartement.

L'homme se met à l'abri des variations de la température par les habitations, par le feu et surtout par les vêtements.

Les **vêtements** doivent pouvoir nous protéger de la chaleur et du froid, c'est-à-dire nous mettre à l'abri de la trop grande chaleur extérieure, ou bien conserver à notre corps sa propre chaleur si la température extérieure est trop basse; ceci a été indiqué (39 et 40).

La flanelle, dite *flanelle de santé*, quand on l'emploie en vêtements qui touchent la peau, est une étoffe de laine aujourd'hui fort à la mode; la plupart des hygiénistes se prononcent *contre* son emploi. Le contact de la laine sur la peau excite la sécrétion des corps gras qui accompagnent la sueur, ce qui diminue l'activité des fonctions de la peau. Les personnes habituées à la flanelle trouvent peu de jours où elles peuvent la quitter impunément; le moindre refroidissement, le plus petit courant d'air provoque chez eux des accidents. On peut perdre cette habitude en choisissant la belle saison, en prenant des gilets de plus en plus minces et de plus en plus courts, et en tonifiant la peau par des ablutions froides ou des douches.

Des vêtements ordinaires et surtout des vêtements accessoires tels que coiffures, cravates, chaussures, etc., la mode en fait souvent des instruments de supplice. Il faut prendre l'habitude de coucher tête nue, éviter les cravates qui maintiennent le cou comme dans un collier, ou qui l'enveloppent de façon à l'entretenir dans un état perpétuel de moiteur, ce qui le rend impressionnable au froid. Enfin, il ne faut pas se faire le pied plus petit qu'on ne l'a, sous peine d'être affligé de cette insupportable infirmité, les cors, qui ne sont que le résultat de la pression de la chaussure sur le pied.

CHAPITRE VI

INDUSTRIES DOMESTIQUES

100. FERMENTATIONS. — Un grand nombre de substances abandonnées à l'air subissent une décomposition qui donne naissance à des produits nouveaux. On a déjà dit que le beurre devient rance par la formation de l'acide butyrique; que les matières azotées se putréfient, et que l'un des produits de la décomposition est l'ammoniaque.

Chacun sait que du raisin écrasé dans une cuve laisse bientôt dégager de l'acide carbonique, et qu'il reste un liquide spiritueux, enivrant, renfermant de l'alcool. Le vin, abandonné à l'air dans les marcs du raisin, ne tarde pas à se transformer en vinaigre résultant de l'oxydation de l'alcool.

Les phénomènes qui donnent naissance à ces transformations s'appellent des **fermentations**. Aidé du microscope, les savants ont reconnu que, dans toute fermentation, il se produit des myriades d'êtres vivants, animaux ou plantes, de structure ordinairement très simple et qu'on appelle **ferments**; l'expérience a démontré que si ces derniers périssent, la fermentation s'arrête, d'où l'on a conclu que **le développement du ferment est nécessaire à la fermentation,** *laquelle paraît être une conséquence de ce développement.*

La fermentation des matières azotées s'appelle *fermentation putride,* celle du moût de raisin ou de tout liquide sucré, *fermentation alcoolique,* celle de l'alcool se transformant en vinaigre, *fermentation acétique,* celle du beurre devenant rance, *fermentation butyrique,* etc.

Ce sont des espèces de graines ou d'œufs, appelés **germes**, qui donnent naissance aux ferments; ces germes, d'une ténuité extrême, sont apportés par l'air atmosphérique qui en renferme toujours, et s'ils tombent dans un milieu favorable à leur développement, ils se multiplient avec une prodigieuse rapidité.

La fabrication des boissons fermentées, celle du pain, sont des industries domestiques au premier chef; elles sont basées sur la fermentation alcoolique ou dédoublement du sucre en alcool et acide carbonique.

Expérience 338. — Dans un demi-litre d'eau tiède, on fait dissoudre de 100 à 150 grammes de sucre; on ajoute un peu de levûre de bière ou du levain (exp. 350), et l'on verse le tout dans une carafe que l'on abandonne en un endroit chaud. Si la température ne s'abaisse pas au-dessous de 15°, le liquide ne tarde pas à entrer en fermentation, c'est-à-dire qu'il se couvre d'une mousse abondante dont les bulles se crèvent peu à peu, en laissant dégager le gaz qui les avait gonflées.

Fig. 175. — Le gaz produit par la fermentation alcoolique trouble l'eau de chaux.

Ce gaz est de l'acide carbonique que l'on caractérise par l'eau de chaux en disposant l'appareil comme il est indiqué (fig. 175).

Après deux ou trois jours, la fermentation s'arrête, et si la température initiale a été maintenue, le sucre a disparu; à sa place on trouve de l'alcool facile à extraire par distillation (exp. 136 et 137).

Le sucre s'est donc scindé en deux; on peut écrire que, par fermentation :

$$\textit{sucre décomposé} = \textit{alcool} + \textit{acide carbonique.}$$

L'alcool, comme le sucre, est une substance ternaire.

L'expérience faite avec du sucre interverti (miel, glucose, etc., exp. 295), est très rapide; en moins d'un quart d'heure souvent, la fermentation est en pleine activité. Avec le sucre ordinaire, la fermentation se déclare moins rapidement; cela tient à ce que le sucre ordinaire, avant de fermenter, s'intervertit d'abord.

A défaut de levûre, on peut employer un peu de pâte aigrie (*levain*) ou même toute matière quaternaire qui commence à se putréfier. Les germes du ferment sont apportés par l'air dans ces matières azotées, mais on les trouve surtout en quantité innombrable dans la **levûre de bière**. Ce sont de petites cellules ovoïdes, plus petites encore que les grains d'amidon (fig. 164); elles se développent par bourgeonnement, c'est-à-dire que, sur le côté d'un globule, pousse un petit bourgeon qui devient lui-même un globule, lequel bourgeonne à son tour et ainsi de suite.

La substance qui constitue le globule de levûre est quaternaire; en outre, comme dans tous les végétaux, on y rencontre des matières minérales, en particulier des phosphates et des silicates, de potasse, de chaux, de magnésie. En sorte que les cellules composant la levûre ne pourront vivre et se multiplier qu'autant que le liquide sucré où elles sont placées renfermera les matériaux capables de les nourrir, c'est-à-dire, outre le sucre, des matières azotées et les sels minéraux indiqués.

Il faut de plus que le petit être constituant le ferment ne soit pas tué par une température trop élevée ou trop basse, ou par des substances étrangères qui seraient pour lui un poison.

Une fermentation en pleine activité s'arrête si la température s'abaisse à 0°; il en est de même si l'on fait bouillir le liquide.

Les substances toxiques, les acides énergiques par exemple, font périr le ferment ou arrêtent son développement.

Expérience 339. — En plaçant le liquide sucré contenant de la levûre dans un flacon où l'on a fait brûler du soufre, c'est-à-dire renfermant de l'acide sulfureux, la fermentation ne se produit pas.

De plus, si le liquide de l'expérience précédente, en pleine fermentation, était versé dans une autre carafe remplie d'acide sulfureux, il ne se dégagerait plus d'acide carbonique, ce qui prouverait que la fermentation est arrêtée.

Il en serait de même si l'on ajoutait de l'alcool à la liqueur. Si la proportion d'alcool atteint 20 pour cent environ, le ferment est tué; voilà pourquoi en ajoutant de l'eau-de-vie à du jus de raisin non fermenté, le *ratafia* obtenu reste sucré. Pour la même raison, dans une liqueur trop sucrée, la fermentation s'arrête lorsque la proportion d'alcool est suffisante pour tuer le ferment.

On verra plus loin que pour empêcher le vin de fermenter dans les tonneaux, on produit préalablement, dans ceux-ci, de l'acide sulfureux en y brûlant du soufre; par ce simple procédé, les germes de l'air des tonneaux et ceux du vin qu'on y renferme sont détruits.

En résumé, les **conditions nécessaires à la fermentation alcoolique** sont les suivantes : 1° *un liquide sucré et le ferment;* 2° *une température et une nourriture convenables pour l'existence et la multiplication du ferment.*

101. LE VIN ROUGE. — Il y a autant d'espèces de vin qu'il y a d'espèces de vignobles; la nature du sol et du cépage, la température du pays, l'exposition du terrain, la nature des engrais et le mode de fabrication, contribuent à modifier la qualité de ce produit.

Envisagé au point de vue de sa composition chimique, le vin naturel est une liqueur formée de 80 à 90 pour cent d'*eau*, le reste est de l'*alcool*, du *tartre* et un nombre considérable de *substances diverses*, toutes en très faible proportion et contribuant à donner, au vin d'un *cru*, une saveur particulière et un arôme spécial qu'on nomme **bouquet.**

Les manipulations nécessaires à la fabrication du vin varient suivant les localités; leurs détails sont peu intéressants pour les pays où l'on ne fait pas de vin, et comme elles sont bien connues dans les pays vignobles, il est inutile de les décrire : il suffit d'étudier, de la partie théorique, ce qui peut servir de guide en pratique.

Le vin rouge s'obtient au moyen du raisin noir écrasé, dont le jus fermente *au contact du marc;* pour obtenir du vin blanc de raisin noir, il faut séparer le jus du marc avant toute fermentation; à cet effet, on porte le raisin noir au pressoir aussitôt la cueillette.

La coloration du vin rouge est due à une substance particulière (*œnocyanine*) contenue dans la pellicule du raisin noir, et qui est insoluble dans l'eau et les liquides sucrés, mais soluble au contraire dans les liqueurs alcooliques, ce qui fait que l'intensité de la coloration d'un vin rouge dépend à la fois de la quantité de matière colorante contenue dans la pellicule et qui n'est jamais entièrement dissoute, mais aussi de la quantité d'alcool produit pendant la fermentation.

La qualité d'un vin et sa conservation dépendent surtout de la proportion d'alcool qu'il renferme; il importe par suite de favoriser la formation de ce dernier et de le conserver dans le vin.

Le jus du raisin ne fermente que s'il est mis au contact de l'air. Le ferment est apporté par l'air ou existe à l'extérieur du fruit; il est un peu différent de la levûre de bière proprement dite. Pour faire du vin, on commence par écraser le raisin, soit avant de l'introduire dans la cuve, soit après. Lorsque la fermentation est commencée, l'intervention de l'air n'est plus nécessaire. Le jus du raisin ou **moût** contient les matières azotées et minérales nécessaires au développement du ferment; il suffira donc, pour remplir les conditions nécessaires à la fermentation, de maintenir à une température convenable le contenu de la cuve, celle-ci étant placée dans un endroit à l'abri des courants d'air, ou de tout ce qui pourrait être une cause de déperdition de chaleur.

Dans certains vignobles, lorsque l'époque de la vendange est pluvieuse et froide, on chauffe le moût, soit par un chauffe-bain, soit en faisant bouillir du moût dans une chaudière et en le mêlant au reste de la cuve, etc.

Si la température est de 15° au moins, la cuve ne tarde pas à *bouillir*, comme dit le vigneron; le marc s'élève et une partie surnage en se couvrant d'une croûte appelée *chapeau*, fournie par les matières que soulèvent les bulles d'acide carbonique en se dégageant.

On a dit que l'air n'est pas nécessaire à l'entretien de la fermentation alcoolique; mais il peut être nuisible en favorisant le développement du *ferment acétique* capable de transformer en *vinaigre* le vin qui baigne incomplètement le chapeau, surtout si la température est un peu élevée.

Le ferment acétique a besoin d'oxygène pour vivre; si on le prive du contact de l'air, il ne peut se développer. Aussi pour empêcher le dessus de la cuve de *tourner à l'oigre*, les vignerons soigneux ont-ils le soin de maintenir le marc complètement immergé, soit au moyen de traverses et de planches solidement fixées, soit au moyen d'un couvercle d'un diamètre un peu inférieur à celui de la cuve et maintenu un peu au-dessous du niveau du liquide. Cette pratique a un autre avantage, elle favorise la dissolution de la matière colorante dans le vin.

On se contente quelquefois d'enfoncer simplement une fois ou deux le marc, de manière à faire venir le liquide au-dessus; la fermentation acquiert une nouvelle activité; puis, quand elle s'arrête et que le vin est suffisamment limpide, on *décuve*, c'est-à-dire qu'on soutire le vin pour le renfermer dans des tonneaux.

La densité du vin, au moment du décuvage, est ordinairement égale à celle de l'eau, c'est-à-dire qu'un alcoomètre s'y enfonce seulement jusqu'à la division 0. Cela ne signifie pas que le vin ne renferme pas d'alcool; la diminution de densité due à l'alcool est compensée par l'augmentation résultant de la dissolution, dans le vin, des matières solides qu'il renferme.

Le dosage de l'alcool d'un vin, ou d'un liquide alcoolique quelconque est assez facile; on peut le réaliser au moyen de l'appareil de l'expérience 137 et d'un alcoomètre.

Expérience 340. — Dans le ballon B, on introduit un volume de vin, 2 décilitres par exemple; la distillation est continuée jusqu'à ce que le volume de vin soit diminué d'un peu moins de la moitié. On rassemble ensuite les liquides des deux flacons F et F' (fig. 176) et l'on ajoute de l'eau pour faire un volume d'un décilitre exactement, puis on mélange parfaitement.

Le liquide ainsi obtenu est formé de l'alcool du vin mêlé à de l'eau seulement, puisque les autres matières du vin sont restées dans le ballon (exp. 136), mais il est deux fois plus riche en alcool que le vin essayé. On en remplira une éprouvette, et, après refroidissement (à 15°), l'alcoomètre y sera plongé : le nombre lu, divisé par 2, indique la richesse du vin.

Fig. 176. — Dosage de l'alcool dans du vin.

Les vins ordinaires renferment de 8 à 10 % d'alcool.

Il est utile de savoir, avant la vendange, quelle sera la richesse en alcool du vin de la future récolte ; car on peut remédier au défaut de sucre dans le moût, en ajoutant du sucre ordinaire dans la cuve, au moment du foulage.

On a imaginé un densimètre, dit *glucoœnomètre* ou *pèse-moût*, qui permet d'évaluer la proportion de sucre renfermée dans un moût, et, au moyen d'un calcul ou d'une table, la quantité d'alcool qu'il sera possible d'obtenir.

Le pèse-moût est construit comme le pèse-acide (page 45) ; le 0, point d'affleurement dans l'eau, est vers le milieu de la tige ; en face on a écrit *décuvage*, c'est-à-dire que quand le vin marque 0, suivant ce qui a été dit, il est bon à tirer de la cuve.

Les indications fournies par cet instrument sont loin d'être rigoureuses ; deux moûts peuvent avoir la même densité et contenir des proportions très-différentes de sucre et de sels minéraux : celui qui renferme le moins de sucre contient le plus de sels et réciproquement.

Une méthode plus longue, mais plus rationnelle, consiste à écraser quelques kilogrammes de raisins choisis de manière à représenter la moyenne de la récolte, à les placer dans un vase maintenu à une température de 25° environ, pas plus de 30° ; puis, lorsque la fermentation est complète, ce qui a lieu après deux ou trois jours, on soumet une partie du vin obtenu à la distillation (exp. 340).

L'expérience prouve que *1600 grammes de sucre ajoutés à un hectolitre de moût élèvent le degré alcoolique d'une unité*. Supposons que le dosage précédent indique un futur vin à 6° d'alcool, si l'on veut avoir 10°, on ajoutera 10 — 6 ou 4 fois 1600 grammes de sucre par hectolitre de liquide.

On pourrait ajouter de l'alcool directement au vin fait ; cette pratique appelée **vinage** est coûteuse, à cause des droits sur l'alcool ; en outre, elle présente de graves inconvénients si l'alcool n'est pas franc de goût ; enfin, lorsque le sucre fermente, il ne se produit pas seulement de l'alcool et de l'acide carbonique, mais 5 pour cent environ de divers autres produits tels que de la *glycérine*, de l'*acide succinique*, etc. Ces produits donnent de la qualité au vin ; ils ne seraient pas introduits dans ce vin par une simple addition d'alcool. Le sucrage à la cuve, au moment du foulage, est donc préférable au vinage.

Le vin est un produit éminemment apte à prendre le goût, l'odeur, etc., des matières avec lesquelles il est en contact ; aussi, quand on sucre du moût, doit-on employer du sucre de bonne qualité. La pratique a condamné l'emploi des sirops de fécule ou glucoses. Le sucre brut de betterave, tel qu'on l'envoie aux raffineries, convient dans la plupart des cas ; cependant, pour les fins crus, il est bien préférable d'employer du sucre raffiné.

Depuis quelques années, on fabrique une nouvelle quantité de vin avec le marc resté dans la cuve, après le décuvage. On y verse de l'eau, un volume égal ou inférieur à celui du vin décuvé, et l'on ajoute du sucre de manière à obtenir de 8 à 10° d'alcool, soit de 8 à 10 fois 1600 grammes par hectolitre d'eau employée. La fermentation recommence rapidement, et on obtient un liquide ressemblant beaucoup au vin précédemment obtenu ; il est resté dans la pellicule du raisin beaucoup de matière colorante, l'alcool fourni par la fermentation du sucre ajouté, en dissout une nouvelle quantité, et la liqueur se colore ; l'alcool, la glycérine, l'acide succinique se forment, il ne manque guère que le tartre : ordinairement on en ajoute environ 50 grammes, pulvérisé préalablement, par hectolitre.

Après ce second vin, on en peut faire, par le même procédé, un troisième et même un quatrième ; l'intensité de la couleur va nécessairement en diminuant.

Le vin laisse déposer de la lie dans les tonneaux, c'est une matière en grande partie formée de tartre ; on la sépare par un *soutirage*, opération dont il va être parlé à propos des vins blancs.

102. LE VIN BLANC. — Le vin blanc fermente dans les tonneaux ; lorsque la fermentation est terminée et le vin clair, on le **soutire**, c'est-à-dire qu'on le décante pour le séparer de sa lie.

Le fût dans lequel on met le vin soutiré est préalablement **méché**. L'opération consiste à faire brûler dans le tonneau une lanière de toile qui a été trempée dans du soufre fondu et que l'on introduit allumée par la bonde. L'acide sulfureux se produit et la combustion s'arrête quand l'oxygène fait défaut ; il n'y a donc aucun inconvénient à employer une trop grande quantité de soufre, en d'autres termes une trop grande longueur de mèche soufrée.

Cependant, dans bien des cas, le vin prend un mauvais goût rappelant l'eau de Barèges; cela tient uniquement à ce que du soufre fondu et enflammé est tombé dans le tonneau sur le tartre déposé antérieurement, et a formé, avec la potasse du tartre, un composé en tout semblable à celui que vendent les pharmaciens sous le nom de **foie de soufre** (*sulfure de potassium*) employé pour la préparation des bains de Barèges artificiels.

Expérience 341. — Dans une cuillère ou une coupelle, on fait fondre un peu de soufre, et lorsqu'il s'enflamme, on le verse sur du tartre; si le produit obtenu est arrosé d'eau, l'odeur d'hydrogène sulfuré se dégage aussitôt. Le dégagement du gaz sulfhydrique devient insupportable (exp. 219) si l'on verse quelques gouttes de vinaigre sur le sulfure ainsi préparé.

Le foie de soufre qui se forme dans un fût est attaqué par le vin qu'on y renferme à la suite du méchage ; l'hydrogène sulfuré qui en résulte se dissout dans le vin et lui communique plus ou moins, suivant la quantité, son odeur désagréable.

Il est un moyen simple d'éviter l'inconvénient du *goût de mèche*, c'est d'empêcher le soufre de tomber sur le tartre. A cet effet, on place la mèche soufrée dans une sorte d'étui en tôle ou en fer blanc, fermé inférieurement et percé à jour latéralement ; si le soufre enflammé tombe de la toile, il s'arrête dans le fond de l'étui.

Quelquefois on assainit les tonneaux en y brûlant de l'alcool. Si l'on avait versé un peu d'alcool dans un fût, il faudrait bien se garder d'y introduire une mèche soufrée enflammée : l'air et la vapeur d'alcool forment un mélange détonant (exp. 203), capable de faire sauter les fonds du tonneau si celui-ci est bien clos.

Le vin blanc est soumis à des manutentions nombreuses et délicates lorsqu'on veut le transformer en **vin de Champagne**. A Reims, à Épernay et dans les environs, voici comment on procède.

Le moût, au sortir du pressoir, est introduit dans des

tonneaux bien propres, préalablement méchés. L'acide sulfureux non seulement assainit le fût, mais il décolore (exp. 264) le vin dans les années où il ne sort pas très blanc du pressoir, ce qui arrive lorsque les raisins noirs sont très mûrs. En outre, il retarde la fermentation, qualité précieuse en temps de vendange, quand il s'agit de transporter les vins en moût du pressoir aux celliers du négociant, situés souvent à plusieurs lieues du vignoble.

La fermentation en tonneau ne tarde pas à s'établir plus ou moins vive, suivant la température; l'acide carbonique s'échappe par la bonde incomplètement fermée. Plus tard la fermentation se calme peu à peu, arrêtée par les premiers froids; le moût est devenu vin.

Vers la seconde quinzaine de décembre, on procède à un premier soutirage; on choisit, autant que possible un temps sec, une gelée, pour faire cette opération.

Puis viennent les **coupages**; ils consistent à mêler ensemble des vins de différents crus et de récoltes diverses, pour obtenir un vin présentant les qualités requises pour le pays auquel il est destiné. Ces coupages se font dans de grands foudres munis à l'intérieur d'un agitateur, de manière à bien mêler les divers vins qu'on y fait entrer. L'ensemble parfaitement homogène s'appelle une *cuvée*.

Le **collage** suit de près les coupages : on ajoute au vin quelques blancs d'œufs ou de la gélatine; il se forme, par l'agitation, un réseau qui tombe peu à peu au fond du fût, entraînant avec lui tout ce qui trouble la limpidité du vin. Aussitôt les vins clairs, ce qui a lieu une quinzaine de jours après le collage, ils sont soutirés *de dessus colle* pour être transvasés dans d'autres fûts où ils séjournent jusqu'à l'époque de la mise en bouteilles.

Vers la fin de mars ou au commencement d'avril, une nouvelle fermentation se manifeste dans le vin; le vulgaire l'attribue à tort à la sève de la vigne; on sait que la même température, qui met en mouvement la sève, fait entrer en fermentation le vin renfermant encore du sucre, d'où il résulte une nouvelle production d'acide carbonique. Le vin est alors soutiré à nouveau avec soin et versé dans les foudres de coupages où on l'additionne de sucre.

Le sucre ajouté ainsi est destiné à produire, *dans la bouteille*, une quantité d'acide carbonique suffisante pour rendre le vin bien mousseux.

La première condition pour faire les vins mousseux est de

connaître la quantité de sucre existant dans les vins à traiter, au moment de la mise en bouteilles. Si le vin, par la fermentation d'automne, ne contient plus assez de sucre, la mousse sera insuffisante; s'il en contient trop, la mousse sera violente, et cassera les bouteilles dans des proportions ruineuses, ou bien les bouteilles se videront en partie et formeront ce qu'on appelle des *recouleuses*.

Le vin, convenablement sucré et parfaitement limpide, est mis en bouteilles : c'est l'opération du **tirage**.

Les bouteilles sont neuves, et leur qualité est l'objet d'une attention toute spéciale; elles sont rincées soigneusement avec des perles de verre, bouchées solidement et les bouchons fixés au moyen d'une agrafe. On les range ensuite en tas soit à la cave, soit au cellier. Au cellier, la température s'élève, la fermentation se développe rapidement, et le sucre, comme dans les moûts en fûts, se décompose en alcool et en acide carbonique. Les bouteilles étant bouchées, le dégagement du gaz carbonique ne peut avoir lieu; ce gaz reste dissous dans le vin et le rend mousseux.

On est averti de la bonne réussite de l'opération par la casse de quelques bouteilles, et par la formation d'un précipité ou dépôt sablonneux qui reste dans les bouteilles jusqu'au jour où on l'expulsera. Lorsque la casse s'élève de 1 à 2 pour cent, on descend les bouteilles en cave, à une température plus basse, où elles restent *entreillées* dix-huit mois, deux ans et plus, selon les besoins du commerce.

Pendant ce séjour en cave, la fermentation se continue lentement, faisant éclater les bouteilles dont le verre est trop faible pour résister à la pression du gaz, laquelle est considérable; la casse se manifeste en été, au printemps de l'année suivante, etc.

Le vin est alors limpide et il s'est formé, dans la bouteille, un dépôt qu'il faut enlever : ce qui nécessite deux opérations nouvelles : le **remuage** et le **dégorgement**.

Les bouteilles *désentreillées* sont mises *sur pointe*, c'est-à-dire qu'on les place le goulot en bas, dans les trous d'un grand pupitre en chêne en forme de V renversé. Les trous sont assez grands pour que les bouteilles y soient placées d'abord très obliques, puis peu à peu verticales. En leur donnant ces diverses positions, on prend chaque bouteille par le fond en la soulevant légèrement, et on lui imprime trois ou quatre mouvements d'oscillation rotative sur son axe. Ces positions et ces mouvements ont pour résultat d'amener peu à peu, sans troubler le vin, le dépôt du flanc de la bouteille où il s'est formé, au bas du goulot sur le bouchon. Le plus souvent en six semaines ou deux mois, le dépôt y est complètement descendu et aggloméré.

Le dégorgement consiste à déboucher la bouteille, d'une manière spéciale et avec dextérité, de façon qu'en faisant sauter le bouchon, le dépôt qui reposait dessus soit chassé de la bouteille, et que le vin reste d'une limpidité parfaite. Ce vin est grand mousseux, clair en brillant; il ne renferme plus de sucre : il est dit **sec.**

On lui ajoute une proportion très variable de sucre candi, préalablement dissous dans de bon vin blanc; cette opération s'appelle **dosage.** Les vins destinés à l'Angleterre renferment souvent moins de 5 pour cent de liqueur sucrée; ceux qu'on envoie en Allemagne et en Russie en contiennent jusqu'à 25 pour cent.

Le dégorgement et le dosage doivent se faire rapidement, afin de diminuer la déperdition du gaz carbonique; car le sucre ajouté ne fermentera pas, la proportion d'alcool déjà formée s'y oppose, il ne se formera par suite aucune quantité nouvelle d'acide carbonique. Il faut donc reboucher presque immédiatement la bouteille. On se sert d'un bouchon neuf, de fort calibre et de première qualité; on l'enfonce de la moitié de sa longueur au moyen d'une machine et on le ficelle; il ne reste plus qu'à agiter la bouteille de manière à bien mêler la liqueur et le vin. Quelques semaines après, le vin peut être expédié.

L'expédition des vins mousseux de Champagne se chiffre annuellement par 20 millions de bouteilles; les quatre cinquièmes environ sont consommés à l'étranger.

Les vins, blancs ou rouges, sont susceptibles d'*altérations* qui en détruisent la qualité; ces **maladies** sont très nombreuses et surtout fréquentes pour les vins en fûts. En général, lorsqu'on s'aperçoit qu'un vin se trouble, qu'il *travaille*, c'est-à-dire produit une légère fermentation, que sa couleur se modifie, etc., on le soutire dans un fût méché, on le colle, et, après clarification, on le soutire à nouveau dans un tonneau également méché.

133. **LE VINAIGRE.** — Le vin renfermé dans des vases incomplètement fermés se transforme souvent en vinaigre. Il se couvre de petites fleurettes appelées vulgairement *mère* ou *fleur* de vinaigre : c'est le ferment acétique dont le rôle est de

porter l'oxygène de l'air sur l'alcool du vin pour en faire de l'acide acétique.

Le vinaigre est en effet de l'acide acétique très étendu d'eau. Il faut, pour que l'acétification ait lieu, que le titre alcoolique du liquide soit peu élevé, dix pour cent environ ; une plus grande quantité d'alcool ferait périr le ferment. De plus, il est nécessaire que le liquide alcoolique contienne des phosphates alcalins et terreux destinés à servir d'aliment au ferment.

Expérience 342. — Plaçons un peu de vin dans un flacon à large ouverture, et jetons à sa surface quelques fleurettes de vinaigre. Abandonnons le flacon, incomplètement fermé, dans un endroit chaud, à 20° au moins, le vin sera transformé en vinaigre après quelques jours.

Dans certains ménages, on fabrique le vinaigre par un procédé analogue : une cruche de terre mal fermée et placée au voisinage du foyer, suspendue quelquefois dans la cheminée, est remplie incomplètement de vin ; on y sème le ferment, autrement dit on y ajoute une *mère :* de temps en temps on extrait un peu du vinaigre formé, pour les besoins de la consommation, et on le remplace par une égale quantité de vin.

A Orléans, le vinaigre est fabriqué par un procédé analogue, les cruches de grès sont remplacées par des tonneaux disposés dans un cellier. Il faut que le ferment ou fleur de vinaigre reste à la surface du liquide, autrement il devient incapable de prendre à l'air l'oxygène nécessaire à l'acétification de l'alcool.

De l'alcool étendu d'eau se transformera aussi en vinaigre si l'on met dans le liquide, de manière qu'une portion soit au contact de l'air, des copeaux de hêtre imbibés préalablement de fort vinaigre. Cette préparation faite en grand constitue le procédé allemand.

Expérience 343. — Les copeaux de hêtre peuvent être remplacés, si l'on veut réaliser l'expérience en petit, par une tranche de pain imprégnée de vinaigre ou de levain acide (exp. 350). On additionne une petite quantité d'alcool de 8 à 10 fois son volume d'eau ; on y ajoute la tranche de pain, et l'on couvre d'une feuille de papier le vase qui renferme le tout. En l'abandonnant pendant une quinzaine de jours dans un endroit chaud, la liqueur alcoolique sera transformée en vinaigre, ce que l'on reconnaîtra à l'odeur, ou bien au moyen du tournesol bleu qui rougira, ou d'un morceau de craie sur lequel le liquide fera effervescence.

L'acétification est d'autant plus rapide que la surface du

liquide au contact du ferment est plus grande. Voici un moyen de le démontrer.

Expérience 344. — En passant dans un entonnoir (fig. 177) une ficelle arrêtée par un nœud et imprégnée de fleur de vinaigre, le vin que l'on fera couler le long de la ficelle s'aigrira rapidement. Quelques passages successifs du vin sur la ficelle suffisent pour que l'on puisse constater, par les moyens indiqués ci-dessus, la formation de l'acide acétique.

Beaucoup de vinaigres du commerce sont fabriqués au moyen d'alcool de diverses provenances (104), préalablement étendus d'eau. Pour aromatiser ces compositions, on y ajoute quelques gouttes d'une substance appelée **éther acétique;** c'est une sorte de sel organique dans lequel l'acide acétique est combiné à de l'alcool, lequel joue, dans ce cas, le rôle de base.

Fig. 177.
Acétification rapide de l'alcool étendu.

Voici un moyen d'en préparer.

Expérience 345. — On mêle, en parties égales, de l'alcool et de fort vinaigre ou mieux de l'acide acétique; on ajoute *peu à peu* au mélange, et en l'agitant, la moitié environ de son volume d'acide sulfurique : la masse s'échauffe et l'on perçoit une odeur éthérée.

En introduisant le mélange dans le ballon B de l'appareil (fig. 178), on obtiendra par distillation en F, et surtout en F', un liquide très inflammable, dangereux à manier au voisinage des flammes, c'est de l'éther acétique.

Fig. 178. — Préparation d'un éther.

Il faut chauffer doucement, le liquide mousse et s'élève dans le ballon, ce que l'on peut éviter en ajoutant, en quantité suffisante pour absorber le mélange, du sable *sec* et préalablement privé de son calcaire par un lavage à l'eau acidulée (acide chlorhydrique ou autre très étendu).

L'acide sulfurique introduit dans le mélange qui produit l'éther acétique a pour effet d'enlever de l'eau à l'acide acétique et à l'alcool.

Si l'on employait seulement de l'acide sulfurique et de l'alcool, on obtiendrait de *l'éther ordinaire.*

Il existe de nombreux alcools, l'alcool ordinaire ou esprit de vin dont il va être parlé à nouveau (104), l'esprit ou alcool de bois signalé dans l'expérience 240; mais il y en a beaucoup d'autres. Chacun d'eux peut donner, en se combinant à chaque acide, un éther particulier. Certains éthers ont une odeur suave et, remarque curieuse, ils sont souvent le résultat de la combinaison d'un alcool et d'un acide à odeur repoussante. C'est ainsi que l'acide du beurre rance et un alcool qui prend naissance dans la fermentation des pommes de terre, fournissent, en se combinant, un éther qui a franchement l'odeur de pomme de reinette; le même acide butyrique et l'alcool ordinaire donnent de l'essence d'ananas, etc.

On pense généralement que le *bouquet des vins* est dû à des éthers qui se sont produits lentement par la combinaison partielle des acides et des alcools du vin. Chacun sait que le bouquet se développe à mesure que le vin vieillit, toutefois jusqu'à une certaine limite.

104. — LA BIÈRE. — Si l'on faisait bouillir de l'eau renfermant de l'orge, et si l'on essayait de faire fermenter ensuite l'infusion obtenue, on n'y parviendrait pas, parce qu'il n'y aurait pas de sucre dans la liqueur; l'orge en effet est surtout formée de gluten et d'amidon (exp. 292) insolubles dans l'eau. Mais si l'on a préalablement fait germer l'orge, l'eau chaude qui aura servi à la macération sera sucrée; et en y semant de la levure, la fermentation alcoolique se développera.

Expérience 346. — On met de l'orge dans une assiette, et on la maintient humide, sans la noyer, par de fréquents arrosages pendant une quinzaine de jours. Les radicelles se développent, puis la tigelle; il se forme un principe azoté, la **diastase** (exp. 298), qui peut transformer des milliers de fois son poids de fécule et d'amidon en *glucose*. Si l'on arrête la germination, en desséchant la graine, lorsque la gemmule a atteint à peu près la longueur du grain, il suffira de faire macérer l'orge germée dans l'eau chaude pour obtenir un liquide sucré avec lequel on pourra répéter l'expérience 338.

C'est par un procédé analogue que les *brasseurs* préparent la bière. L'orge est mise dans des cuves avec de l'eau froide, ce *mouillage* dure un jour ou deux, et l'orge gonflée par l'eau est descendue dans une salle basse appelée *germoir*, où la température est maintenue entre 10 et 15 degrés; on la répand sur une épaisseur de 10 à 15 centimètres, et on remue la masse d'heure en heure, de manière à la mettre partout en contact avec l'oxygène de l'air, en deux mots à la faire germer régulièrement. Quand la gemmule a atteint les 2/3 environ de la longueur du grain, l'orge est transportée à la *touraille*, sorte d'étuve où la dessiccation s'opère progressivement. L'orge est ensuite débarrassée de ses radicelles par frottement dans des espèces de cribles; elle s'appelle alors du **malt**.

Le malt est porté dans une cuve où l'on fait arriver de l'eau chaude, mais *non bouillante*, et le mélange est *brassé* au moyen de pelles ou de fourches. Sous l'action de l'eau chaude, la diastase transforme tout l'amidon en glucose qui se dissout.

La liqueur sucrée est portée dans des chaudières pour la faire bouillir avec le houblon qui doit lui donner son arome; puis elle est rapidement refroidie et conduite dans les cuves ou les tonneaux du cellier, et l'on provoque la fermentation en semant de la levure de bière provenant d'opérations précédentes.

La bière contient, outre de l'alcool et surtout de l'eau, des substances minérales et des matières azotées que lui a fournies l'orge; c'est donc une boisson très nutritive, lorsque toutefois elle n'a pas été frelatée.

Le **cidre** est une boisson fermentée préparée avec des pommes. On broie les fruits et on ajoute un peu d'eau; le pressoir fait couler le liquide que l'on enferme dans des fûts où il est soigné à peu près comme le vin blanc.

Le **poiré**, obtenu avec des poires, ressemble beaucoup au cidre et se conserve ordinairement mieux.

Mis en bouteilles à époque convenable, le cidre et le poiré deviennent mousseux comme du vin de Champagne.

105. EAUX-DE-VIE. — Tout liquide sucré qui a subi la fermentation fournit, lorsqu'on le distille, de l'alcool (exp. 136 et 137).

L'alcool pur est un poison énergique; étendu d'eau de manière à doubler son volume; il constitue l'**eau-de-vie**.

Les eaux-de-vie de consommation n'étaient autrefois que le produit de la distillation du vin, de *l'esprit de vin* plus ou moins étendu d'eau; les vins des environs de Cognac fournissent les eaux-de-vie renommées, connues sous le nom de **cognac;** les fruits à noyau mis à fermenter donnent le **kirsch;** la mélasse de canne, le **rhum**, etc.

Mais aujourd'hui, on vend sous les noms de cognac, kirsch, rhum, des liqueurs alcooliques préparées au moyen des alcools de grain, de betterave, ou de pomme de terre. On les colore ou non, et on les aromatise avec des essences qui ne sont autre chose que des éthers.

Ces produits valent-ils mieux ou moins que ceux obtenus directement ? Ils ne sont pas plus mauvais. On a raison de se méfier des sophistications, car elles sont nombreuses aujourd'hui ; mais il faut se méfier aussi des préjugés. Dans certains pays, on ne trouve rien de préférable à l'eau-de-vie de marc ; c'est une affaire d'habitude, car l'eau-de-vie de marc renferme, outre l'alcool ordinaire, d'autres alcools qui sont des poisons, même lorsqu'ils sont étendus d'eau.

Une *façon cognac* obtenue avec de l'alcool de betterave, de pomme de terre ou de grain parfaitement rectifié, est à coup sûr moins dangereuse que la meilleure eau-de-vie de marc.

Pour avoir de l'alcool au moyen des fruits sucrés, il suffit, d'après ce qui a été dit, d'extraire le jus, de le faire fermenter, puis de le distiller. Il n'est même pas nécessaire de séparer le jus de la pulpe avant la fermentation ; la distillation, pour le kirsch, se fait avec la pulpe et les noyaux ; mais on doit chauffer l'alambic à feu modéré si l'on ne veut pas être exposé à brûler la pulpe qui touche le fond du vase, ce qui communique au produit distillé un goût de brûlé capable d'en altérer complètement la qualité.

Pour obtenir l'*alcool de betterave,* on réduit les racines en pulpe, on arrose d'eau légèrement acidulée par l'acide sulfurique, ce qui transforme le sucre cristallisable en sucre interverti ou glucose, lequel fermente plus facilement que le sucre ordinaire (exp. 338).

Lorsqu'on veut préparer l'alcool de grain ou celui de pomme de terre, il faut d'abord transformer l'amidon ou la fécule en glucose ; on peut employer à cet effet l'eau acidulée et la chaleur, ou mieux la diastase du malt.

La *matière amylacée* (amidon ou fécule) se transforme d'abord en **dextrine** qui a la même composition, mais qui est soluble dans l'eau.

Expérience 347. — En chauffant doucement de l'amidon ou de la fécule dans une coupelle de tôle, et en remuant de manière à empêcher la carbonisation au contact du métal, l'amidon devient jaune, puis brun ; de plus il est soluble dans l'eau, bien que sa composition n'ait pas changé. L'amidon ainsi *torréfié* s'appelle dextrine ; il est légèrement sucré, ce que chacun a pu constater par la saveur de la farine qui reste adhérente à la croûte du pain de ménage.

On peut obtenir la dextrine plus pure par voie humide.

Expérience 348. — Chauffons à l'ébullition, dans un ballon, 5 grammes de fécule ou d'amidon et 50 grammes d'eau acidulée par quelques gouttes d'acide sulfurique ; le liquide, laiteux d'abord, devient limpide. En ajoutant un peu de craie en poudre, on neutralise l'acide ; si on le décante après repos, ou si on le filtre, et qu'on le concentre ensuite, on a une solution analogue à de l'eau gommée : c'est une solution de dextrine ; elle ne se colore plus en bleu par l'iode, comme l'empois d'amidon (exp. 289), mais en rouge fauve.

La dextrine ou l'amidon torréfié peut remplacer la gomme comme matière collante ; les chirurgiens l'emploient pour imprégner les bandelettes de toiles appliquées sur les membres fracturés.

Si l'on prolongeait l'ébullition, dans l'expérience précédente, pendant 10 ou 15 heures, la dextrine serait transformée en glucose. Le cellulose se transforme, sous l'influence des acides et de la chaleur, en dextrine puis en glucose ; on a pu ainsi préparer du *sucre de chiffons*, faire fermenter ce sucre et en tirer de l'alcool.

La diastase du malt convient mieux que l'eau acidulée pour la saccharification des matières amylacées.

Expérience 349. — Chauffons, dans une marmite de fonte quelques pommes de terre avec un peu d'eau, de manière à les cuire ; broyons-les chaudes, et ajoutons du malt, 1/10 environ du poids des pommes de terre, puis de l'eau pour faire une bouillie semi fluide, cinq fois le poids des pommes de terre ; chauffons vers 60° pendant une heure et abandonnons. Le liquide surnageant que nous trouverons après est sucré, il y a eu formation de glucose ; et si l'on y sème de la levure, il pourra fermenter ; par distillation, on obtiendra ensuite de l'alcool.

Le seigle, le maïs concourent à la production des alcools industriels. On les mout grossièrement, on y ajoute du malt et de l'eau, et l'on maintient la température à 60 ou 70° pendant environ deux heures : la saccharification est alors complète. La levure est ajoutée après refroidissement, car une température trop élevée tuerait le ferment.

Les liquides fermentés provenant de toutes ces préparations au moyen des grains, des tubercules ou des racines, sont soumis à la distillation et rectifiés (exp. 137).

Les alcools obtenus marquent 90 degrés environ à l'alcoomètre ; il faut les **couper**, c'est-à-dire leur ajouter de l'eau, pour les transformer en eaux-de-vie de commerce. L'eau pure convient seule pour ce coupage ; en ajoutant de l'eau ordinaire à de l'eau-de-vie, il se produit peu à peu un précipité blanc qui se rassemble au fond de la bouteille ; en outre le bouquet est altéré ou disparaît. Les sels calcaires sont insolubles dans l'alcool, ceux de l'eau ajoutée se précipitent alors et probablement décomposent ou entraînent les éléments constituant le bouquet.

On ne devra donc couper les eaux-de-vie qu'avec de l'eau distillée, à son défaut l'eau de pluie ou l'eau de fontaine préalablement additionnée d'un gramme au plus de carbonate de soude par litre, bouillie ensuite et enfin filtrée ou décantée (109), peuvent servir.

106. PAIN ET PATES ALIMENTAIRES. — Les farines sont obtenues par la *mouture* qui pulvérise les céréales, et par le *blutage* qui en sépare l'enveloppe corticale appelée *son*.

La farine est essentiellement formée (85) d'amidon et de gluten, en outre de petites quantités d'albumine, de dextrine, de glucose, de graisse et de matières minérales.

Pour faire du pain, on mélange d'abord la farine à l'eau par le *pétrissage*. La pâte ainsi préparée donnerait, après la cuisson, un pain lourd et indigeste (*pain sans levain*); pour la rendre plus légère, on y provoque la formation d'un gaz qui la divise en la rendant poreuse; c'est au moyen du **levain** ou de la *levure* qu'on y parvient.

Le glucose contenu naturellement dans la farine et celui qui se forme par la transformation de la dextrine et d'un peu d'amidon, fermentent, c'est-à-dire se dédoublent en alcool et en acide carbonique sous l'influence du ferment apporté par le levain ou la levure. Le gaz carbonique reste emprisonné dans la masse, car le gluten se gonfle sous l'expansion du gaz, s'étend en membrane, et forme une foule de cavités sans issue. La pâte devient donc poreuse, on dit qu'*elle lève*. Pendant la cuisson, la porosité augmente encore par suite de la dilatation des gaz emprisonnés (exp. 108); et le pain obtenu est de digestion facile.

On peut se rendre compte de la transformation de la pâte par une observation expérimentale très simple.

Expérience 350. — On fait avec de la farine et de l'eau une pâte claire, et on l'abandonne, dans un vase couvert, à une température douce pendant une semaine ou deux. La pâte subira peu à peu une altération qui se manifeste pendant les premiers jours par un dégagement de bulles de gaz d'une odeur peu agréable; après une semaine, la pâte acquiert une odeur légèrement spiritueuse, il se forme de l'alcool. Cette pâte est alors susceptible de provoquer la fermentation dans un liquide sucré; elle peut remplacer la levure dans l'expérience 338.

Plus tard la pâte s'aigrit, l'alcool se transforme en acide acétique ou vinaigre. Dans cet état, la pâte peut encore déterminer la fermentation alcoolique dans une solution sucrée, mais l'alcool se trouve presque aussitôt transformé en vinaigre. C'est ce *levain acide* qui convient à l'expérience 343.

L'emploi de ce levain acide, dans la fabrication du pain, produit de fâcheux résultats; le ferment se développe mal, par suite, il se produit peu d'acide carbonique; en outre le gluten peut s'altérer, et le pain obtenu est lourd et indigeste, il moisit rapidement.

C'est un pain de ce genre que l'on fabrique communément dans les campagnes où le pain des boulangeries n'est pas d'un usage répandu, sous prétexte qu'*on en consommerait trop*. C'est une économie bien mal comprise; il faut se souvenir (95) que la balance doit être établie entre l'alimentation et la dépense, sous peine de décrépitude.

Les principales conclusions à déduire de ce qui précède sont les suivantes.

Pour faire un pain de bonne qualité, il faut ajouter à la pâte un levain qui ne soit ni trop jeune ni trop vieux, et introduire le pain au four au moment où la fermentation est suffisamment avancée pour que le gaz carbonique troue convenablement la pâte, sans toutefois que le gluten soit altéré.

Ces conditions multiples se trouvent ordinairement remplies lorsqu'on opère de la manière suivante. On pétrit la farine avec la moitié environ de son poids d'eau, et on y ajoute un levain de deux à six jours, ou bien de la levure. Le mélange, aussi homogène que possible, est abandonné pendant 8 ou 10 heures, on ajoute encore de la farine et de l'eau de manière à avoir plus de pâte, et dans des proportions convenables pour qu'elle ait une consistance ferme; ordinairement on sale légèrement par une faible addition de sel marin.

L'ensemble est divisé en fragments que l'on place dans des corbeilles saupoudrées intérieurement de farine. On attend, s'il est nécessaire, que la pâte soit suffisamment levée, et l'on place les pains dans le four chauffé à 300° environ.

Si le four n'est pas assez chaud, ou si le pain est trop humide, la croûte ne se forme pas assez rapidement, l'acide carbonique se dégage à travers la pâte; le pain s'étend et la pâte ne devient pas poreuse. C'est ce qui a lieu pour le pain de qualité inférieure; la farine qui sert à sa fabrication est plus riche en gluten qui retient fortement l'eau et se dessèche par suite plus difficilement.

Au sortir du four où ils restent de une demi-heure à une heure, suivant leur volume, les pains renferment encore de un quart à un tiers d'eau; ce qui signifie qu'avec 3 kilogrammes de farine, on obtient 4 kilogrammes de pain.

On peut faire lever la pâte, sans levain ni levure, en y introduisant des substances capables de prendre l'état gazeux par la chaleur.

Expérience 351. — Versons dans 10 grammes d'eau quelques gouttes d'ammoniaque, et saturons par un courant d'acide carbonique (exp. 251); ajoutons 20 grammes environ de farine, et formons une pâte homogène que nous placerons ensuite dans le four chauffé d'un poêle de cuisine ou simplement dans une marmite de fonte sur du sable garnissant le fond. Chauffons cette marmite sur un fourneau et recouvrons le couvercle de charbons ardents; le carbonate d'ammoniaque se décompose, et les deux gaz qui le constituent devenant libres, trouent la pâte.

En ajoutant à la farine du bicarbonate de soude, et à l'eau quelques gouttes d'acide chlorhydrique, on obtient un effet analogue au précédent. Il se dégage de l'acide carbonique, et il reste dans la pâte le chlorure de sodium ou sel marin (exp. 220).

C'est par un procédé du genre des précédents que l'on rend poreuses certaines pâtisseries légères, en particulier les *échaudés* ainsi nommés parce qu'on les passe dans l'eau bouillante de manière à former extérieurement un empois qui s'oppose au dégagement des gaz produits à l'intérieur.

Les **pâtes d'Italie**, le vermicelle, le macaroni, etc., se préparent au moyen de la farine de *blés durs* très riche en gluten. La farine est pétrie avec le quart environ de son poids d'eau chaude; la pâte obtenue est légèrement transparente à cause de la formation d'une certaine quantité d'empois. Elle est placée dans une caisse cylindrique verticale où on la comprime à la partie supérieure au moyen d'un piston s'emboîtant exactement dans le cylindre. Celui-ci est perforé, à la partie inférieure, de petits orifices, ronds pour le vermicelle, annulaires pour le macaroni, et de formes variées s'il s'agit d'obtenir des étoiles, des lettres, etc. Dans ce dernier cas un couteau circulaire, tournant avec rapidité, coupe la pâte en menus tronçons, à mesure qu'elle s'échappe sous l'action de la presse.

Pour préparer l'amidon, on sépare le gluten de la farine (exp. 292). Le gluten obtenu dans les amidonneries est mélangé, s'il n'est pas avarié, au double de son poids de farine et introduit dans un cylindre tournant hérissé de chevilles à l'intérieur, et muni d'un agitateur dont l'axe se confond avec celui du cylindre. Cet agitateur est animé d'un mouvement de rotation, et le gluten se trouve divisé en grains que l'on sèche à l'étuve; le produit obtenu est le **gluten granulé**, c'est un aliment très nutritif.

Le gluten non mélangé à de la farine sert aussi à la confection des **pains de gluten** ordonnés par les médecins aux malades atteints du *diabète*, affection caractérisée par la présence du glucose dans les urines.

Le **tapioca** est la fécule extraite des racines du *manioc*, plante cultivée en Afrique, dans l'Amérique centrale et au Brésil. Pour l'obtenir, on râpe la racine de manioc, on la lave pour lui enlever l'acide prussique, poison terrible qu'elle renferme naturellement; on l'enferme ensuite dans des sacs et on la comprime. La matière humide est ensuite séchée sur des plaques chaudes; les grains de fécule se transforment partiellement en empois et se soudent les uns aux autres de façon à former de petits grains secs et cassants.

La fécule de pomme de terre additionnée d'un peu de dextrine ou de gomme sert à fabriquer un tapioca factice qu'il est facile de distinguer du vrai tapioca appelé *tapioca des îles*; celui-ci est d'un blanc jaunâtre et forme une gelée après une immersion d'un quart d'heure dans l'eau froide, tandis que l'autre est grisâtre et se ramollit dans l'eau froide sans former de gelée.

Le **sagou** provient de la moelle d'un arbre des Moluques et de Bornéo; c'est une matière amylacée, par conséquent exempte d'azote, comme le tapioca, et qui se prépare d'une façon analogue.

107. CONSERVATION DES MATIÈRES ORGANIQUES. — Lorsque la matière organisée (p. 271), soustraite par la mort à l'action de la force vitale, se trouve soumise à l'influence de l'air, de l'humidité et de la chaleur, elle se décompose. Elle exhale une odeur fétide, change de couleur, de consistance, et parcourt une série d'altérations jusqu'à ce qu'elle soit convertie en une espèce de terreau.

La putréfaction des matières azotées est une fermentation; les ferments putrides sont fort nombreux sans doute, mais peu connus. Notre grand savant français, M. Pasteur, qui en a déjà découvert et étudié un certain nombre, précise ainsi leur rôle :

« Si les êtres microscopiques disparaissaient de notre globe, la surface de la terre serait encombrée de matière organique inerte et de cadavres de tout genre. Ce sont eux principalement qui donnent à l'oxygène ses propriétés comburantes. Sans eux la vie deviendrait impossible, parce que l'œuvre de la mort serait incomplète. Après la mort, la vie reparaît sous une autre forme et avec des propriétés nouvelles. Les germes, partout répandus, des êtres microscopiques commencent leur évolution, et, à leur aide, l'oxygène se fixe en masses énormes sur les substances organiques que ces êtres ont envahies, et en opère peu à peu la combustion complète. »

L'ammoniaque fournie par l'azote des matières organiques n'est pas la seule substance fétide qui prend naissance dans la putréfaction.

Les matières azotées analogues à l'albumine du blanc d'œuf, au caséum du lait, à l'albumine végétale trouvée dans la pomme de terre (exp. 290), sont souvent appelées **matières protéiques**, parce que l'on admet qu'elles ont toutes pour bases un radical organique, la *protéine*, combinée au soufre et au phosphore.

On décèle facilement la présence du soufre.

Expérience 352. — A quelques grammes de gluten, de pois concassés, de laine, etc., placés dans un ballon, on ajoute de la lessive de soude obtenue en caustifiant (exp. 361) un poids de carbonate de soude égal environ à celui de la matière employée. Par l'ébullition, il se forme du sulfure de potassium reconnaissable, comme celui de l'expérience 341, au moyen d'un acide ; ou mieux, à cause de la petite quantité de sulfure obtenu, par l'acétate de plomb (exp. 291) qui noircira. On peut simplement plonger, dans la solution de sulfure, un fragment de papier buvard préalablement trempé dans l'acétate de plomb.

Expérience 353. — Si, dans un flacon rempli d'eau, on introduit du gluten, ou simplement de la farine, en abandonnant la préparation pendant plusieurs semaines, voici ce que l'on pourra observer :

1° Il se dégage de l'acide carbonique, et aussi un peu d'hydrogène ;

2° Il se forme de l'hydrogène sulfuré qui reste dissous dans l'eau ;

3° Il y a eu formation d'ammoniaque.

Le liquide a acquis une odeur très désagréable ; il noircit l'acétate de plomb ; et, chauffé avec de la chaux, il laisse dégager de l'ammoniaque (exp. 281).

L'odeur désagréable dégagée par les matières azotées en putréfaction est due surtout aux combinaisons, avec l'hydrogène, de l'azote, du soufre et du phosphore.

Pour que la putréfaction se produise, le concours *simultané* de l'oxygène, de l'humidité, de la chaleur et des ferments est nécessaire ; donc si la matière organique est placée dans un milieu où les germes ne peuvent pénétrer et se développer, elle ne se putréfiera point ; on pourra la garder longtemps en parfait état de conservation.

C'est ainsi qu'une température basse, comme on l'a déjà vu pour la fermentation alcoolique, s'oppose au développement du ferment ; le **froid** est par suite un excellent **moyen de conservation** des matières organiques. Dans les glaces de Sibérie, on a retrouvé, parfaitement conservé, le cadavre d'un gigantesque éléphant, le *mammouth*, dont l'espèce est aujourd'hui disparue. La matière organique, constituant le corps de ces animaux, s'est donc conservée, sans putréfaction, depuis des centaines de siècles.

Chacun sait que le gibier se conserve bien dans les glacières. On a pu transporter des viandes fraîches, d'Amérique en Europe, dans un navire à multiples enveloppes mauvaises conductrices de la chaleur, et dont l'une était remplie de glace.

Mais ce n'est que dans quelques cas assez rares qu'il est possible d'appliquer le froid à la conservation des matières organiques.

Le **procédé Appert** est une heureuse solution de cet important problème appliqué aux **conserves alimentaires.**

Les légumes, la viande et même les mets tout préparés, sont introduits dans une boîte en fer blanc de dimension convenable ; le couvercle de la boîte est alors soudé, mais il présente encore une petite ouverture ménagée pour donner issue aux gaz et vapeurs qui vont se dégager dans la suite de la préparation. Les boîtes sont placées dans un bain-marie à vapeur, de manière que le petit orifice ménagé dans le couvercle se trouve à la partie supérieure. On chauffe, et quand les vapeurs sortent avec force de cet orifice, on y applique une goutte de soudure et l'on retire la boîte.

Cette opération a quelque analogie avec l'expérience 48. L'air est expulsé de la boîte où se fait un vide assez complet par rap-

port à l'air; en outre, grâce à l'élévation de température 100°
au moins, les germes fermentescibles qui se trouvaient dans
la boîte sont tués. La clôture fournie par la soudure devra
empêcher désormais l'air et les germes de pénétrer; il n'en est
pas rigoureusement ainsi, la fermeture n'est pas absolument
hermétique, car en faisant le premier trou dans la boîte pour
l'ouvrir, on n'entend pas le sifflement particulier dû à la rentrée
de l'air; néanmoins la conservation est assurée pour plusieurs
années; on a constaté, en effet, que les conserves préparées par
le procédé Appert étaient encore bonnes à manger au bout de
quinze années.

Ou peut conserver, pendant une semaine ou deux, par les
grandes chaleurs de l'été, de la viande fraîche, cuite ou rôtie,
et enfermée dans un vase de fer blanc dont le couvercle entre
à frottement. On soumet ce vase, comme pour le procédé
Appert, à l'action d'un bain-marie ou à la chaleur d'un foyer
modéré de manière à chasser l'air; et l'on bouche avec soin la
jointure du couvercle avec un enduit gras et malléable, du
mastic de vitrier, par exemple, au moment où la vapeur s'échappe
abondamment.

L'étain employé pour l'étamage du fer blanc et la soudure
des boîtes doit être pur; s'il contenait du plomb, comme c'est
le cas pour la soudure ordinaire des plombiers, les consommateurs de conserves alimentaires seraient exposés à des empoisonnements.

Dans les ménages, on emploie des bouteilles en verre pour
préparer des conserves de légumes, en particulier des pois
verts.

Les bouteilles remplies sont fermées d'un bon bouchon et
chauffées dans une chaudière contenant de l'eau, froide d'abord,
et qu'on chauffe peu à peu jusqu'à l'ébullition. Quelquefois le
bouchon saute, ou la bouteille éclate sous la force expansive
des gaz intérieurs dilatés; les meilleures bouteilles pour cet
usage sont les champenoises, elles peuvent résister à une pression intérieure qui dépasse souvent 20 atmosphères, ce qui est
dix fois plus qu'il n'en faut. En tous cas, il est prudent de
couvrir la chaudière d'une planche ou de tout autre écran destiné, en cas d'explosion, à protéger l'opérateur.

Par le procédé Appert, on supprime deux des conditions
nécessaires au développement du ferment, l'oxygène et l'arrivée
des germes au contact des matières à conserver.

Par **dessiccation**, une condition seulement se trouve
supprimée, c'est l'humidité. Ce procédé ne convient guère

qu'aux fruits tels que raisins, pommes, figues, haricots verts, etc.

On conserve parfois la viande par dessiccation ; elle est d'abord coupée en tranches minces, plongée dans une petite quantité d'eau bouillante, puis séchée à l'étuve. L'eau, concentrée par évaporation, devient un consommé, capable de se prendre en gelée par refroidissement, auquel on ajoute du sel, puis quelques épices ; on y retrempe les tranches de viande et on les fait sécher à nouveau. Elles sont ainsi recouvertes d'un vernis protecteur qui les met à l'abri du contact de l'air, et elles peuvent se conserver longtemps dans un endroit sec.

Les antiseptiques ou **antiputrides** sont des matières qui empêchent ou arrêtent la putréfaction ; ce sont des poisons pour le ferment. L'acide *phénique* qui existe dans le goudron, la *créosote* qu'on trouve dans la fumée, l'*acide arsénieux* appelé vulgairement *arsenic*, le *chlorure de zinc* (exp. 233), etc., sont d'excellents antiseptiques ; mais ils ne peuvent être employés pour les conserves alimentaires, parce qu'ils sont vénéneux. On s'en sert pour les préparations anatomiques.

La fumée, à cause de l'acide pyroligneux et la créosote qu'elle renferme, le sel marin, sont fréquemment employés. Dans les campagnes, on conserve la viande de porc, d'une année à l'autre, par la salaison.

Le porc est dépecé de manière à séparer la partie grasse appelée lard des autres portions musculaires et osseuses. On les saupoudre de sel et quelquefois d'un peu de salpêtre, puis le tout est rangé dans des vaisseaux de bois de capacité suffisante, puis recouvert d'une couche de sel d'un centimètre environ d'épaisseur. Le sel soutire à la viande la moitié environ de son eau et s'y dissout en formant de la saumure. Après quelques semaines on tire le lard du *saloir* et on le suspend dans un endroit sec, la saumure s'écoule en partie et le sel cristallise à la surface des pièces ainsi conservées, par évaporation du liquide non égoutté.

Certains poissons, le hareng et la morue, sont conservés de même, le procédé est quelquefois aussi appliqué à la viande de bœuf.

Pour *fumer les viandes* on les frotte d'abord avec du sel et un peu de salpêtre ; puis on les suspend dans une hutte sur le sol de laquelle on allume un feu de bois pour produire de la fumée. Il faut ne produire que peu de fumée à la fois, il en résulte que l'opération est assez longue. Si l'on produisait de la fumée en abondance au début, l'extérieur de la viande serait trop fumé avant que l'intérieur le soit sensiblement. Pour terminer l'opération, on produit beaucoup de fumée pendant un temps très court, afin d'assurer surtout la conservation de la surface extérieure qui se trouvera constamment au contact de l'air.

Les *harengs saurs* se préparent de la même manière que la viande fumée.

L'eau salée et l'eau de chaux (exp. 203), sont employées pour la **conservation des œufs**.

On fait une dissolution de sel assez peu concentrée pour que les œufs ne surnagent point, et on y plonge simplement les œufs à conserver et on les y abandonne. Dans la méthode par l'eau de chaux, on laisse seulement les œufs dans le liquide pendant un jour; on les retire, et, sans les essuyer, on les range sur les rayonnages où ils doivent être conservés. Sous l'influence de l'acide carbonique de l'air, la chaux qui a pénétré dans les pores de la coquille se transforme en carbonate de chaux, ce qui détruit ou diminue considérablement la porosité de la coquille, par suite préserve l'intérieur de l'œuf du contact de l'air.

Certains vernis sont employés pour produire le même résultat; la *paraffine* convient très bien, c'est un composé de carbone et d'hydrogène analogue, comme consistance et couleur, à de la cire bien blanche, et que l'on tire du pétrole brut ou de certains goudrons; le point de fusion de cette substance est compris entre 40 et 60°, de sorte qu'on n'a pas à craindre la cuisson des œufs pendant leur courte immersion.

Le silicate de potasse ou de soude a été employé aussi pour la conservation des œufs.

Divers mets préparés avec de la volaille ou de la charcuterie, certains poissons, le thon, les sardines, se conservent, soit dans l'huile d'olives, soit dans le beurre ou la graisse, après que ces dernières substances ont été épurées par la fusion.

Le beurre fondu est aussi fréquemment employé pour la conservation des petits pois, des haricots verts, etc.

Le vinaigre sert à la conservation de quelques produits végétaux, particulièrement des cornichons, de jeunes épis de maïs, de petits oignons.

L'alcool ou simplement l'eau-de-vie sert à conserver les abricots, les cerises, les prunes, ainsi qu'un grand nombre de fruits sucrés.

Le charbon pulvérisé offre encore un moyen facile et sûr de conservation, principalement pour transporter au loin, dans nos climats, les viandes et même le gibier, les poissons de mer et d'eau douce qu'on ne veut manger qu'au bout de quelques jours.

Le meilleur charbon pour cet usage est le noir animal en grains ; à son défaut on se sert de charbon de bois pulvérisé. La viande doit être posée sur le charbon et en être parfaitement enveloppée de manière à ne point toucher les parois du vase ; celui-ci est ensuite hermétiquement fermé. La viande ainsi emballée peut se conserver pendant plusieurs semaines ; et, lorsqu'on veut la faire cuire, il suffit de la laver dans l'eau fraîche pour la dépouiller de toute la poussière de charbon.

Pour conserver par le même procédé les volailles et les pièces de gibier entières, il faut d'abord qu'elles soient vidées et nettoyées avec le plus grand soin ; ensuite leur intérieur est rempli de poussier de charbon.

La conservation du poisson peut être assurée de la même manière.

C'est par suite des propriétés antiseptiques du charbon, que les poteaux de bois enfoncés dans le sol ne se pourrissent pas très vite, si on a eu le soin d'en carboniser légèrement l'extérieur.

Pour *préserver le bois de la pourriture*, on fait pénétrer dans son tissu des antiseptiques tels que le sulfate de cuivre, la créosote, l'acide pyroligneux, le goudron, de manière à le rendre imputrescible et vénéneux. Les différents procédés s'appliquent à la conservation des traverses de chemin de fer, des poteaux télégraphiques, des bois de clôture, des échalas, etc. Ils varient beaucoup comme disposition d'appareils ; tantôt on profite du mouvement de la sève en pratiquant une entaille dans l'arbre vivant, et en reliant cette entaille par un conduit étanche à un vase rempli de la solution antiseptique ; tantôt la base de l'arbre abattu et ébranché est emboîtée dans une sorte de manchon mis en communication, au moyen de tubes, avec un récipient élevé d'une hauteur verticale de 8 ou 10 mètres, de façon à produire une pression (exp. 31) capable de faire pénétrer l'antiseptique dans toute la longueur de l'arbre ; tantôt enfin le liquide injecteur est poussé dans le bois par la pression du piston d'une pompe.

Pour les échalas, une simple immersion suffit. On emploie un tonneau ouvert à un bout et dressé sur le fond restant, on y met de l'eau ; puis, dans un panier ou un sac, on place du sulfate de cuivre à raison de 10 à 15 kilogrammes par hectolitre d'eau, et l'on suspend ce panier ou ce sac de manière qu'il plonge dans la partie supérieure de l'eau; de cette façon le sulfate se dissout entièrement et beaucoup plus vite que si on le jetait au fond du tonneau. On retire le panier, et on remplit le tonneau des échalas à préserver; une immersion de 5 ou 6 heures suffit généralement.

La pluie enlève peu à peu une partie de sulfate de cuivre aux échalas ainsi préparés; une excellente pratique est celle qui consiste à les passer, après le sulfatage, dans un bain d'eau de chaux; il se forme du sulfate de chaux ou plâtre et de l'oxyde de cuivre insolubles. Les paillassons des jardiniers traités de cette manière, se conservent, paraît-il fort longtemps.

Disons enfin, pour terminer cette longue énumération de recettes sur la conservation des matières organiques, que le tannin est l'antiseptique par excellence pour les peaux que l'on transforme en cuirs. Il joue un double rôle : il tue les ferments et il insolubilise la gélatine; il la rend par suite imputrescible dans l'eau (exp. 320).

108. CHIMIE CULINAIRE. — Les opérations culinaires les plus nombreuses et les plus importantes s'appliquent généralement à la cuisson de la viande; voyons d'abord de quoi cette dernière est composée.

Expérience 354. — 100 grammes de viande maigre finement hachés sont triturés avec leur poids d'eau et placés dans un linge que l'on tord pour faire sortir le jus; on traite ainsi deux ou trois fois la viande par l'eau; les liquides rassemblés renferment à peu près la totalité des portions solubles de la viande.

Si l'on chauffe ces liquides jusqu'au voisinage de l'ébullition, mais sans l'atteindre toutefois, il se forme une écume blanche due à de l'albumine qui se coagule. Lorsque le liquide atteint l'ébullition, l'écume devient grisâtre, la fibrine et les globules du sang (97) que l'eau avait entraînés, se coagulent à leur tour.

Le liquide filtré, incolore au lieu de rougeâtre qu'il était au début, est acide. Il renferme en effet de l'acide lactique, de l'acide phosphorique, etc., libres et combinés à des bases terreuses. En l'évaporant au bain-marie on aurait de l'**extrait de viande** qui, additionné d'eau et de quelques épices, fournirait de bon bouillon.

L'extrait de viande donne un peu de cendres par calcination. Ces cendres sont alcalines, c'est-à-dire que mouillées, elles bleuissent le papier rouge de tournesol : elles renferment de la potasse (exp. 286); elles ne sont pas complètement solubles dans l'eau, l'analyse y fait découvrir des phosphates, en particulier du phosphate de magnésie.

En faisant bouillir, pendant plusieurs heures dans l'eau, la viande épuisée de l'expérience précédente, on obtiendrait un liquide capable de se prendre en gelée par refroidissement s'il était suffisamment concentré. Cette gelée est de la gélatine semblable à celle de l'expérience 319. La matière insoluble, grisâtre, qui reste, est de la fibrine musculaire analogue à celle de l'expérience 330; elle est en cet état peu nutritive et difficile à digérer.

L'analyse chimique de la viande donne les résultats suivants; 100 grammes de viande sont composés d'environ :

Eau	75
Fibrine	16
Gélatine	2
Albumine	2
Extrait de viande (*osmazone*)	2
Graisse	2
Sels minéraux	1

Contrairement à ce que prétendent les bouchers, les os n'exercent pas une grande influence sur la qualité du bouillon; tout au plus y laissent-ils un peu de gélatine et de graisse dont la valeur nutritive est relativement faible.

En général le bouillon, à moins d'être concentré par évaporation de manière à devenir un véritable *consommé*, ne contient guère que de 3 à 5 p. 0/0 de son poids de matières nutritives, c'est-à-dire moins que de la bière ordinaire. Bien des personnes croient à tort que le bouillon est l'un des aliments les plus fortifiants.

Pour faire de bon bouillon, il faut au moins 1 kilogramme de viande (renfermant ordinairement un quart d'os), pour obtenir 2 litres de liquide. La quantité d'eau mise au début est d'environ 2 litres 1/2 avec 20 grammes de sel; on chauffe graduellement jusqu'à l'ébullition, on écume, puis on ajoute 20 grammes de légumes frais; il n'y a plus qu'à maintenir pendant 5 ou 6 heures sans interruption un bouillonnement léger (exp. 124), pour obtenir 2 litres environ d'excellent bouillon, si la viande était de bonne qualité; il reste en outre de 8 à 900 grammes de bon bouilli sans os.

Pour avoir de bonne viande rôtie, il faut éviter, avant tout, pendant la cuisson, l'écoulement du liquide qu'elle renferme, ensuite ne pas la cuire trop longtemps. Dans une tranche de bœuf grillée sur un feu vif, l'albumine se coagule de suite à la surface ; les liquides de l'intérieur sont alors maintenus prisonniers ; en outre, la torréfaction roussit et caramélise l'extérieur, ce qui produit de l'*osmazone* qui rend le mets plus appétissant et plus digestif.

Ainsi donc, dans le pot-au-feu, le bouillon n'enlève que quelques principes nutritifs à la viande, laquelle reste beaucoup moins appétissante, moins facile à digérer, mais presque aussi nutritive que la viande rôtie.

Parmi les divers légumes introduits dans le pot-au-feu, il en est qui dégagent pendant leur cuisson de petites quantités d'hydrogène sulfuré dont le bouillon demeure imprégné ; on peut même dire que tous les légumes donnent au bouillon une réaction acide. Il en résulte que le bouillon s'aigrit rapidement, surtout par les temps chauds ; aussi est-il bon, en été, de diminuer la dose de légumes, et de maintenir au-dessus du bouillon une couche de graisse qui préserve le liquide du contact de l'air.

La production des acides, dans les préparations de la cuisine, a aussi lieu lorsque des corps gras, venus du beurre, de la graisse, de l'huile, des mets eux-mêmes ou des condiments, s'oxydent au contact de l'air, *rancissent* comme on dit vulgairement. Ces acides peuvent donner naissance à des *composés vénéneux* s'ils se trouvent en contact avec des métaux toxiques ou des composés de ces métaux. Le plomb, le zinc, le cuivre sont des métaux toxiques ; les deux premiers doivent être proscrits de la batterie de cuisine ; le troisième, moins dangereux, ne doit y figurer que parfaitement nettoyé, ou mieux, soigneusement étamé à l'étain fin.

Chacun sait que de la bougie fondue coulant sur un chandelier en cuivre devient rapidement verte ; il se forme un sel de cuivre dont l'acide est celui de la bougie même (111), et qui est vénéneux, comme le *vert de gris* résultant de la combinaison de l'oxyde de cuivre avec l'acide carbonique et l'humidité de l'air. L'huile et en général tous les corps gras agiraient comme la bougie fondue. Du vinaigre attaquerait plus énergiquement le cuivre.

Il est facile de reconnaître si un mets renferme des sels de cuivre ; il suffit de mettre en contact une aiguille à coudre ou à tricoter, préalablement bien décapée ; au bout d'un quart d'heure, s'il y a du cuivre, il sera apparent sur le fer (exp. 208). Ceci nous indique un moyen simple de priver de cuivre un mets qui en contiendrait. Il suffira de le faire chauffer avec quelques clous et de l'eau, ou simplement dans un vase de fer avec de l'eau seule.

Il est fort imprudent de laisser séjourner du vin dans des vases de zinc ou dans des seaux de fer blanc dont le fond est en zinc ou en tôle zinguée (dite galvanisée); une heure de séjour d'un vin dans un broc de zinc suffit pour donner de fortes coliques aux consommateurs de ce vin.

On cite des exemples d'*empoisonnements* causés par des mets gras, tels que du lard, du boudin, etc., posés chauds sur des ustensiles en zinc, en plomb ou en cuivre non étamé. Le plomb surtout est dangereux ; mais si l'on confectionne peu d'objets de plomb destinés à la cuisine, on fabrique beaucoup de poteries, de faïences grossières, dont le vernis est un silicate de plomb. L'usage de ces poteries doit être rigoureusement proscrit.

La grenaille de plomb restée au fond d'une bouteille, dans le rinçage, a causé aussi plus d'un accident.

En cas d'empoisonnement par les sels métalliques, il est bon de faire avaler au malade un blanc d'œuf cru ; l'albumine forme avec les sels des métaux toxiques des composés insolubles et qui ne peuvent par suite passer dans la circulation.

L'eau seule peut attaquer le plomb si elle est pure, aussi doit-on proscrire l'emploi des tuyaux de plomb pour conduire l'eau des citernes. Les citernes sont alimentées par les eaux pluviales, lesquelles sont presque pures ; ces eaux attaquent le plomb, tandis que l'eau ordinaire de fontaine ne l'attaque pas sensiblement.

Expérience 355. — Dans deux flacons contenant l'un de l'eau distillée ou de l'eau de pluie, l'autre de l'eau ordinaire, introduisons de petits copeaux de plomb obtenus en râclant du plomb avec un couteau, et abandonnons pendant un jour ou deux.

Les copeaux auront perdu leur éclat dans les deux cas, mais en ajoutant une goutte d'acide sulfurique à chacune des deux eaux, préalablement filtrées sur du papier buvard, celle de fontaine restera limpide, l'autre se troublera par suite de la formation de sulfate de plomb blanc et insoluble.

Le sulfate de soude produirait le même effet que l'acide sulfurique et pourrait en outre servir d'*antidote* en cas d'empoisonnement par le plomb.

Des symptômes d'empoisonnement se manifestent quelquefois chez les personnes qui ont mangé des moules et certains poissons. Les œufs de truite, ceux de brochets produisent quelquefois dans l'intérieur de l'estomac des douleurs semblables à celles que causent les piqûres d'orties ; cet accident est plus effrayant que dangereux.

Les champignons sont chaque année la cause d'empoisonnements nombreux, trop souvent mortels. Nombre de gourmets qui se prétendent connaisseurs y sont souvent pris, car il y a des espèces vénéneuses parmi les *agarics* et les *bolets*, par exemple, qui ressemblent presque complètement aux espèces comestibles. A Paris, on ne court aucun risque d'être empoisonné par les champignons achetés au marché où on ne laisse vendre que le *champignon de couche*, la *morille* et le *mousseron*.

100. L'EAU DANS LE MÉNAGE. — Les **eaux potables** sont celles qui peuvent servir à la boisson journalière sans qu'il résulte de leur emploi aucun trouble dans l'économie animale.

Une eau peut être considérée comme bonne et potable quand elle est fraîche, limpide, sans odeur ; quand sa saveur est très faible, qu'elle n'est surtout ni désagréable, ni fade, ni salée, ni doucedtre ; quand elle contient peu de matières étrangères ; quand elle renferme suffisamment d'air en dissolution, quand elle dissout le savon sans former de grumeaux et qu'elle cuit bien les légumes.

A égalité de fraîcheur, c'est par la saveur que les eaux se distinguent. Chacun, en exprimant sa préférence pour une eau potable sur une autre, reconnaît instinctivement l'existence de cette saveur.

Le jugement des populations et des individus sur la qualité de l'eau est presque toujours juste et rapide ; et aucune amélioration urbaine n'est mieux appréciée et plus universellement applaudie que le perfectionnement de la distribution des eaux.

Cependant, par le long usage, on peut s'habituer à des eaux de mauvaise qualité, et il peut arriver alors que de deux eaux fort différentes comme qualité, certaines personnes préfèrent la moins bonne. Les animaux domestiques eux-mêmes prennent cette habitude, témoin ceux qui n'ont pour s'abreuver que l'eau plus ou moins fétide des mares de fermes mal tenues (80). Mais il faudrait se garder de croire que le bétail a une préférence pour ces eaux croupissantes ; il se trouverait beaucoup mieux de l'usage d'une eau potable.

Pour apprécier la valeur d'une eau, les chimistes ont recours à deux procédés d'analyse : l'une fort longue consiste à doser toutes les matières étrangères dissoutes dans l'eau, c'est la seule exacte ; l'autre beaucoup plus rapide est basée sur la réaction du savon ordinaire et des sels terreux renfermés dans l'eau ; les résultats ne sont qu'approchés, mais ils suffisent presque toujours dans la pratique.

Cette dernière méthode s'appelle **hydrotimétrie**, mot qui signifie *mesure de la valeur d'une eau*. Voyons en quelques mots quel en est le principe.

Le savon mousse fort bien dans l'eau pure ; il finit par donner de la mousse dans les eaux calcaires, mais il faut une plus grande quantité de savon.

L'expérience 236 a mis en évidence la présence des sels calcaires dans l'eau ordinaire, la suivante permettra de juger de l'effet de ces sels sur le savon.

Expérience 356. — On prépare une dissolution alcoolique de savon en mettant dans un flacon de l'eau-de-vie ordinaire et du savon de Marseille réduit en petits copeaux en râclant un morceau de savon au moyen d'un couteau. Le savon se dissout beaucoup mieux dans l'alcool que dans l'eau ; et en filtrant le liquide trouble obtenu, on aura une liqueur alcoolique beaucoup plus riche en savon qu'une simple solution dans l'eau.

On remplit à moitié deux flacons semblables, l'un d'eau distillée ou simplement d'eau de pluie, l'autre d'eau ordinaire ou mieux encore d'eau de plâtre (exp. 266) ; puis on verse peu à peu de la *liqueur alcoolique de savon* dans les deux eaux, en agitant à chaque goutte versée, et en notant la quantité introduite dans chacune des deux eaux.

Voici alors ce que l'on constate : l'eau de pluie mousse abondamment pour une faible addition de liqueur de savon ; l'eau de plâtre nécessite une quantité relativement considérable de savon, avant qu'une agitation, même énergique, puisse donner de la mousse, et en outre, elle forme des grumeaux blancs insolubles, dus à la combinaison de l'acide gras du savon (exp. 357) avec la chaux de l'eau.

L'eau de plâtre détruit donc le savon ; tous les sels terreux en dissolution dans l'eau sont dans le même cas, et ce n'est que lorsque la base de ces sels (chaux et magnésie) est *entièrement* unie à l'acide du savon, que la liqueur savonneuse cesse d'être décomposée : alors elle mousse.

On conçoit dès lors que de deux eaux, celle qui nécessitera la plus grande quantité de liqueur alcoolique de savon pour donner de la mousse, sera la plus chargée en sels terreux, ce sera *la plus dure*. On conçoit également que si la liqueur alcoolique est toujours faite de la même manière, c'est-à-dire si elle renferme toujours la *même* proportion du *même* savon, elle permettra de *comparer* la **dureté** de *différentes eaux* : on exprime cette dureté en *degrés hydrotimétriques*; ils sont évalués au moyen d'un tube divisé en parties d'égale capacité. Le tube ou *burette* est rempli préalablement de liqueur de savon qu'on verse goutte à goutte jusqu'à ce que la mousse apparaisse par agitation, alors on compte le nombre de divisions versées : c'est le degré.

Chaque degré correspond à 1 décigramme environ de bon savon de Marseille pour 1 litre d'eau; cela veut dire qu'un litre d'une eau qui marque 20 degrés hydrotimétriques détruit d'abord 20 décigrammes ou 2 grammes de savon, avant de pouvoir mousser.

Le degré hydrotimétrique ou de dureté indique en outre à peu près le poids de sels terreux dissous dans l'eau : 1 degré représente environ 1 centigramme de sels terreux pour un litre d'eau. Ainsi un litre d'eau à 20 degrés de dureté renferme à peu près 20 centigrammes ou 2 décigrammes de sels terreux (craie, plâtre, etc.) en dissolution.

Les eaux dont le titre hydrotimétrique ne dépasse pas 25 ou 30 degrés sont réputées potables. Celles qui marquent 40 ou 50 degrés sont moins favorables à la santé, elles conviennent peu à la cuisson des légumes et des viandes et sont même impropres à beaucoup d'usages industriels. Enfin celles qui titrent plus de 60 degrés sont insalubres et ne peuvent guère être employées que pour l'arrosage.

Les matières organiques influent beaucoup sur la qualité des eaux et peuvent produire sur l'organisme de fâcheux effets. Lorsqu'elles sont azotées, elles donnent lieu à une fermentation putride qui permet toujours de les distinguer (l'analyse hydrotimétrique ne donne aucune indication sur la proportion de matières organiques dans les eaux); elles se peuplent d'êtres vivants que le microscope montre parfois en nombre considérable dans une goutte d'eau; ce sont des infusoires, nom qui leur a été donné parce qu'on les a découvert dans les infusions ; il y a aussi de nombreux ferments (107). Il se produit de l'ammoniaque qui, sous l'influence de l'oxygène, ainsi qu'on l'a vu (page 295), subit la nitrification, c'est-à-dire se brûle rapidement et donne de l'acide azotique, puis des nitrates ou azotates.

Or l'acide azotique ne fait pas partie de nos tissus, il est démontré qu'à d'assez faibles doses, les nitrates constituent des poisons. Les eaux qui en contiennent ne peuvent donc être considérées comme saines; suivant certains auteurs, toute eau qui renferme par litre plus de 4 milligrammes d'acide azotique, combiné sous forme de nitrate, n'est pas dans les conditions d'une bonne eau potable.

Il n'est pas rare de rencontrer des puits où s'infiltrent les eaux ménagères, et aussi les eaux de pluie qui ont coulé sur le fumier ou sur l'aire des basses-cours; l'eau de ces puits renferme parfois *plusieurs décigrammes* de nitrates. Des maladies toujours graves, souvent mortelles, n'ont pas d'autre origine que l'usage de ces eaux. Il est bon de faire remarquer que lorsque la nitrification est produite, l'eau n'acquiert plus de mauvaise odeur, et qu'il est fort difficile de la reconnaître à la saveur. Ce n'est malheureusement qu'au laboratoire qu'on peut distinguer une eau renfermant des nitrates.

L'expérience 237 nous a appris qu'une bonne eau ordinaire renferme de 20 à 30 centimètres cubes de gaz en dissolution; l'eau non aérée n'est pas potable, elle est fade, lourde, indigeste et désagréable à boire : c'est le cas de l'eau distillée et de celle qui provient de la fonte des neiges et des glaces.

La présence de l'oxygène en dissolution dans une eau est indispensable; si le gaz fait défaut, il est probable que ce sont des matières organiques qui l'ont absorbé : une pareille eau se reconnaîtra à ce que les poissons n'y peuvent vivre (exp. 336).

Tout le monde sait qu'avec certaines eaux, celles des puits de Paris par exemple, il est impossible de faire cuire les légumes, en particulier les haricots blancs.

Ce sont surtout les eaux riches en sulfate de chaux qui ont cette fâcheuse propriété. Le tissu des légumes s'y durcit en s'enveloppant et se pénétrant des sels en dissolution dans l'eau, à mesure que celle-ci s'échauffe ou se concentre.

Cet effet se produit toujours, mais d'une façon plus ou moins marquée, selon le degré de dureté de l'eau et de la nature de l'aliment que l'on veut cuire; il est très sensible sur les graines de légumineuses : haricots, pois, lentilles, etc.; et sur les feuilles : choux, épinards, chicorée, etc. Sur les racines telles que navets, carottes, pommes de terre, il est moins appréciable.

La viande, et particulièrement la viande salée, cuit moins bien dans une eau dure que dans une eau douce, les pores se resserrent et l'arôme des mets est diminué.

Les eaux qui marquent 25° sont potables, a-t-on dit plus haut, elles conviennent donc pour la cuisine; mais on remarquera que quand il faut trois heures pour cuire des légumes

dans ces eaux, deux auraient suffi si l'on avait employé de l'eau
de pluie, c'est-à-dire de l'eau à 2 ou 3 degrés environ de dureté.

Les infusions se font en général beaucoup plus mal avec
les eaux crues qu'avec les eaux douces. Celles de thé surtout
présentent une différence considérable; pour la même quantité de thé, on peut avoir, avec une eau à 5 ou 6 degrés, une
liqueur claire et très aromatique, avec une eau à 10 ou 15°,
une liqueur un peu louche, et avec une eau à 40 degrés, un
liquide trouble, peu aromatique et d'une teinte jaune verdâtre
peu appétissante.

Ce n'est pas à dire qu'avec une eau à 20 ou 25 degrés l'infusion ne pourra être préparée claire et agréable à boire; mais
il faut alors un plus grand poids de thé pour la même quantité d'eau.

L'influence de la dureté de l'eau sur le café est moins frappante que pour le thé, mais elle est très appréciable.

Dans le lavage du linge, des étoffes de laine en particulier,
l'emploi des eaux calcaires présente des inconvénients qu'il est
assez facile de prévoir, après ce qu'a démontré l'expérience précédente : les grumeaux insolubles formés par les sels terreux
et le savon se fixent sur les fibres du tissu et adhèrent avec
force, surtout sur les fibres de la laine, il en résulte une difficulté presque insurmontable pour un nettoyage complet.

Pour les usages de la toilette, les eaux dont le degré dépasse
25 ou 30 devraient être rejetées; le savon calcaire qui forme
les grumeaux adhère à la peau, il est surtout très tenace si
l'eau renferme des sels magnésiens; le savon de magnésie est
plus poisseux encore que celui de chaux.

On vend, chez les parfumeurs, une foule de liqueurs plus
ou moins anodines destinées à entretenir la fraîcheur du visage
et des mains; il n'en est pas de préférable à l'eau pure, l'eau
de pluie convient à merveille. Il suffit d'y ajouter une quantité
très faible de savon pour pouvoir débarrasser l'épiderme de
tous corps gras.

Pour se laver les mains avec un litre d'eau pure, un gramme
de savon suffit; il en faut 3 grammes *de plus* avec une eau à
30 degrés, 6 avec une eau à 60°, etc.; et le nettoyage est très
imparfait à cause de la formation du savon calcaire. Ce dernier, et le savon magnésien surtout, agit sur l'épiderme en le
rendant rugueux; et, en s'introduisant dans les pores de la
peau, il peut gêner momentanément la transpiration.

En somme, la meilleure *veloutine* est de l'eau pure et un
peu de savon neutre, puis et surtout de l'eau pure.

Dans l'industrie (V. *Étude sur les eaux de Reims et leurs applications industrielles*), on purifie les eaux dures au moyen de l'eau de chaux, de la soude caustique ou du carbonate de soude. Ce dernier sel est fréquemment employé dans la préparation de la lessive (111), mais son usage doit être proscrit comme celui des deux autres réactifs quand l'eau est destinée à la boisson ou à la toilette, les sels alcalins qui se forment ou l'excès du réactif, donnent à l'eau des propriétés caustiques et purgatives.

On peut cependant, pour faciliter la cuisson des légumes dans une eau dure, ajouter sans inconvénient une petite quantité de carbonate de soude : un gramme, par exemple, pour un litre d'eau.

L'eau pour la toilette ne doit pas être traitée par le carbonate de soude, encore moins par la soude caustique; chacun connaît l'effet que produisent, sur la peau, les lessives alcalines même très faibles.

Un excellent moyen pour faire perdre aux eaux calcaires, mais non aux *eaux séléniteuses*, c'est-à-dire qui doivent leur dureté au plâtre, leur mauvaise qualité, consiste à les faire bouillir pendant environ une demi-heure; on décante ensuite l'eau, et elle peut servir à la cuisine et à la toilette.

De cette façon l'acide carbonique, à la faveur duquel la craie était dissoute, se dégage, et cette dernière devenue insoluble se précipite (exp. 253). Lorsque le degré de l'eau brute ainsi traitée ne dépasse pas 25 ou 30, il est abaissé par l'ébullition des deux tiers ou des trois quarts.

Quand on prépare le pot au feu dans bien des campagnes, on y met ordinairement beaucoup de légumes; il est d'usage de ne les introduire que quand l'eau bout. Ce n'est pas dans le but de pouvoir, avant cette introduction, écumer le liquide; ce soin est inutile, puisque la viande fraîche de bœuf est presque toujours remplacée par du lard salé; mais on a remarqué que si on met les légumes tout au commencement, c'est-à-dire quand tous les sels calcaires sont encore en solution, ils cuisent moins facilement.

Les cuisiniers soigneux emploient toujours, pour la préparation de mets délicats, de l'eau qui a bouilli longtemps.

D'après ce qui précède, l'eau des citernes doit toujours être de très bonne qualité pour les usages de la toilette et de la cuisine. Elle a une saveur amère quelquefois, et une couleur légèrement ambrée, lorsque, après une longue sécheresse, l'eau d'une première pluie a dissous, sur les toits où elle est tombée, une quantité notable de détritus végétaux et animaux qui s'y trouvent parfois en abondance.

On remédie à cet inconvénient en faisant précéder la citerne d'un *citerneau* où l'eau arrive d'abord, et abandonne les matières qu'elle tient en suspension. Pour se rendre ensuite dans la citerne, elle passe à travers une couche de sable et de charbon où elle se filtre.

Lorsque la citerne est neuve, la chaux des mortiers sature l'eau, et celle-ci acquiert une saveur très désagréable, en même temps qu'un degré hydrotimétrique élevé. Le noir animal peut aussi être employé avec avantage, d'abord à cause de ses propriétés décolorantes et désinfectantes (exp. 246), mais aussi à cause de sa propriété non moins précieuse de dépouiller les eaux des matières salines qu'elles tiennent en dissolution, notamment des sels calcaires.

Voici, entre autres, un exemple du parti avantageux que l'on peut tirer de cette double propriété que possède seulement le noir animal, parmi les charbons. Une citerne des environs de Rouen avait été remise à neuf, et lorsqu'on voulut se servir de l'eau qu'elle contenait, on lui trouva une saveur âcre et urineuse qui la fit rejeter. Cette mauvaise qualité de l'eau provenait surtout de la chaux qu'elle avait enlevée au mortier nouveau. La citerne fut vidée à plusieurs reprises dans l'espoir d'épuiser la chaux, l'eau conserva ses mauvaises qualités. On eut alors recours au charbon animal, et l'on en fit jeter une douzaine de kilogrammes dans la citerne : quelques jours plus tard, l'eau ne renfermait plus de chaux ; plusieurs années après, elle était encore de bonne qualité.

De nombreux essais du même genre sont faits journellement, et le résultat est toujours satisfaisant ; le procédé est simple et peu coûteux, il devrait être appliqué non seulement aux citernes, mais à tous les puits dont la qualité de l'eau n'est pas irréprochable.

110. LE SAVON. — **Les corps gras,** tels que les huiles et les suifs, sont abondamment répandus dans la nature (exp. 203 et 329). On les distingue à ce *qu'ils sont onctueux au toucher, et font sur le papier une tache translucide qui ne disparaît pas par la chaleur.* Ils sont facilement dissous par l'éther (exp. 345) la bile (exp. 328), les hydrocarbures tels que la benzine, l'essence de pétrole ; on utilise ces dissolvants pour enlever les taches de graisse sur les étoffes. L'eau légèrement ammoniacale dissout aussi peu à peu les corps gras ; et dans l'industrie, on dégraisse souvent la laine par ce moyen; l'urine putréfiée remplace quelquefois l'eau ammoniacale.

L'eau seule ne dissout pas les corps gras ; ceux-ci surnagent quand on les jette dans l'eau, ils sont donc plus légers. On ne peut faire passer une huile ou une graisse fondue de l'état liquide à l'état gazeux ; vers 300 degrés les corps gras se décomposent en fournissant divers produits, en particulier des hydrocarbures qui brûlent avec une flamme très éclairante, ce que chacun a pu constater en voyant tomber de la graisse dans le feu.

Les corps gras sont des sortes de sels formés d'un **acide gras** *combiné à la* **glycérine** (exp. 348). En voici la preuve.

Expérience 357. — Dans une marmite de fonte contenant de l'eau bouillante, on ajoute du suif, par exemple ; et après fusion de celui-ci, on verse peu à peu et en remuant le tout, le cinquième environ de chaux préalablement transformée en lait de chaux (exp. 203). Il se forme une matière insoluble qui surnage ; elle est blanche et résulte de la combinaison de l'acide du corps gras avec la chaux : c'est du **savon calcaire.** En traitant ce dernier par de l'eau acidulée au moyen de l'acide sulfurique, ou d'un autre acide, il se formera du sulfate de chaux qui se précipitera, et l'acide gras mis en liberté surnagera.

Voici la légende de la réaction :

Savon calcaire = { acide gras (surnage)
                  { chaux. } sulfate de chaux
Acide sulfurique . . . . } ou plâtre, peu soluble.

Une portion du suif employé s'était donc combinée à la chaux, comme un véritable acide ; elle se recombinerait facilement aux bases énergiques (potasse, soude ou ammoniaque) et formerait du savon proprement dit, soluble dans l'eau ; l'acide qui surnage rougit le papier bleu de tournesol.

Dans le suif, on trouve deux acides gras bien distincts, l'un liquide à la température ordinaire, c'est l'**acide oléique,** l'autre solide, c'est l'**acide stéarique.** Dans l'industrie, on procède comme dans l'expérience précédente ; le mélange d'acide gras qui surnage dans de grandes cuves où l'on a mis le savon calcaire, est lavé à plusieurs reprises pour le débarrasser entièrement de l'acide sulfurique ; par refroidissement, ce mélange se fige, et au moyen de puissantes presses hydrauliques, on le comprime : l'acide oléique coule, l'acide stéarique reste; le premier est employé à la fabrication du **savon**, le second à celle de la **bougie**.

Dans un corps gras, l'acide gras est combiné à la **glycérine**; cette dernière base est un alcool (exp. 345) soluble dans l'eau; on pourrait l'obtenir en concentrant par évaporation l'eau de l'expérience 357, dans laquelle surnageait le savon calcaire. La glycérine est un liquide sirupeux, incolore; légèrement sucré, ne se congelant pas à une très basse température. Traitée par de l'acide azotique, elle donne naissance à un composé très dangereux à manier, la **nitro-glycérine** dont une seule goutte suffit, lorsqu'elle est frappée d'un coup de marteau sur une enclume, pour produire une forte détonation. Le moindre choc fait souvent détoner la nitro-glycérine; on utilise sa puissante force explosive pour briser les roches dans le percement des tunnels; quelques substances poreuses telles que le sable, lui servent de véhicule, et lorsqu'elles sont ainsi imbibées de la terrible substance, elles constituent la non moins terrible poudre appelée **dynamite**.

Retenons surtout de ce qui précède que les corps gras sont composés d'un acide gras uni à la glycérine, cela permettra de comprendre de quoi est composé et comment se fabrique le savon ordinaire ou **savon de Marseille**, employé dans tous les ménages pour le lavage du linge.

Expérience 358. — Dans un vase en terre vernissée, placé dans une casserole au bain-marie, on met du savon en râpures (exp. 356), 20 grammes environ et de 100 à 200 grammes d'eau. Lorsque le savon est à peu près dissous, on verse une quantité d'eau égale à la première, mais préalablement additionnée de 8 à 10 grammes d'acide sulfurique (exp. 207). On agite et on laisse refroidir. A la partie supérieure du liquide, on voit se former une huile brune qui rougit le tournesol, même après lavage répété à l'eau, et qui ne se fige pas : c'est l'acide oléique qui, étant combiné à la soude, formait de l'**oléate de soude**, *c'est-à-dire du savon.*

La réaction est semblable à la précédente :

$$
\left.
\begin{array}{l}
\text{OLÉATE DE SOUDE} = \left\{ \begin{array}{l} \text{acide oléique (surnage)} \\ \text{soude.} \end{array} \right. \\
\text{(Savon).} \\
\text{ACIDE SULFURIQUE.} \dots \dots
\end{array}
\right\}
\begin{array}{l}
\text{sulfate de soude,} \\
\text{reste dissous dans l'eau}
\end{array}
$$

La différence avec la réaction de l'expérience 357, c'est que l'acide qui surnage ne se fige point : il n'y a pas d'acide stéarique ; en outre, au lieu de sulfate de chaux insoluble, c'est du sulfate de soude soluble qui se forme.

Cette expérience nous prouve que le savon renferme un acide gras ; en voici une qui nous démontrera la présence d'un alcali combiné à cet acide.

Expérience 359. — Dans une coupelle en fer (couvercle de boîte de fer blanc) placée sur des charbons ardents une lampe à gaz, à alcool, etc., de manière à la porter au rouge, on projette peu à peu du savon en menus fragments. La matière fond et prend feu, et à la fin il reste une cendre blanche soluble presque entièrement dans l'eau, bleuissant le tournesol rouge, et faisant effervescence aux acides : c'est un carbonate alcalin (exp. 286) ; traité par de l'acide chlorhydrique, il fournirait du sel marin (exp. 220), c'est donc du carbonate de soude.

La soude de ce carbonate était combinée, dans le savon, à l'acide gras et non à l'acide carbonique. Ce dernier s'est formé par la combustion de l'acide gras, lequel est composé de carbone, d'hydrogène et d'un peu d'oxygène, et donne par conséquent, en brûlant, de l'acide carbonique et de la vapeur d'eau.

La *soude du commerce* est du carbonate de soude ; si on lui enlève son acide carbonique, on obtient la **soude caustique** ainsi nommée parce qu'elle attaque les matières organiques, elle les détruit, les *brûle*.

Expérience 360. — Dans une marmite de fonte mettons un demi-litre d'eau et 25 grammes de cristaux de carbonate de soude ; après dissolution, ajoutons un lait de chaux contenant environ 15 grammes de chaux éteinte, puis chauffons jusqu'à l'ébullition en remuant de temps à autre avec un morceau de bois.

L'opération est terminée quand un peu du liquide *filtré* ne fait plus effervescence par les acides ; alors on peut dire que tout le carbonate de soude est décomposé, son acide carbonique s'est fixé en totalité sur la chaux et

Fig. 179. — Préparation de la potasse ou la soude caustique.

a formé de la craie insoluble et reconnaissable à ce qu'elle ferait effervescence aux acides.

Le carbonate de soude est alors entièrement *caustifié*, c'est-à-dire transformé en soude caustique ; on cesse de chauffer, et, après repos, on décante le liquide clair qui est une *lessive de soude*.

En évaporant entièrement la lessive, on obtiendrait une

matière solide, blanche si elle était pure, et qu'il suffirait de redissoudre dans l'eau pour avoir de la lessive.

Si au lieu de carbonate de soude, on avait employé du carbonate de potasse, on aurait obtenu de la **potasse caustique**. La *pierre à cautère* est de la potasse caustique solide, coulée en petits cylindres; on s'en sert pour ronger les chairs de certaines plaies menacées de putréfaction ou *gangrène*.

C'est au moyen des lessives alcalines et des acides gras, ou simplement des corps gras, que l'on prépare le savon.

Expérience 361. — La lessive de l'expérience précédente est divisée en deux parties égales, et l'une des deux moitiés est concentrée jusqu'à réduction du tiers de son volume environ.

A la lessive la moins concentrée, on ajoute, dans la marmite de fonte (fig. 179), 50 grammes de suif, d'huile ou d'acide gras provenant des expériences 357 ou 358; on fait bouillir pendant une demi-heure, puis l'on ajoute la seconde partie de la lessive, celle qui est concentrée.

On continue à faire bouillir jusqu'à ce qu'une goutte du liquide refroidi, se prenne en une matière blanche, plastique entre les doigts et entièrement soluble dans l'eau.

Le liquide ainsi obtenu est une dissolution de savon ; il renferme en outre de la glycérine si l'on a employé un corps gras. Il n'y a pas de glycérine quand on fait usage d'acide oléique, c'est la conséquence des expériences précédentes.

En ajoutant environ dix grammes de sel à ce liquide, le savon devient moins soluble et se rassemble à la surface. C'est un fait à peu près constant que quand deux sels d'une même base sont mis dans la même eau, le plus soluble seulement reste dissous; or le sel marin est à base de soude (chlorure de sodium), le savon aussi (oléate de soude) : le sel marin est le plus soluble, il insolubilise le savon.

Après avoir ajouté le sel au liquide, on maintient encore à l'ébullition pendant quelques minutes, et on laisse refroidir dans un verre, une terrine, etc. Après un jour ou plus, on trouve deux couches bien distinctes, la supérieure, blanche, est du savon; l'inférieure contient l'eau, le sel et l'excès d'alcali.

Expérience 362. — Répétons l'expérience précédente, seulement au lieu de lessive de soude employons de la lessive de potasse. Nous n'ajouterons pas de sel et nous ferons bouillir un peu plus longtemps. Le résultat sera du *savon gras* ou **savon mou**.

Le savon à base de soude est dur, celui à base de potasse est mou.

Pour bien montrer que les deux espèces de savon ne diffèrent que par la base, on peut faire l'expérience suivante :

Expérience 363. — Dans une dissolution de savon mou, on ajoute du sel marin en excès. Le savon se sépare du liquide et se réunit à la surface, après refroidissement et repos, on trouve du savon semblable à celui obtenu dans l'expérience 361.

La légende suivante indique les réactions :

$$\text{Savon mou} = \begin{cases} \text{acide gras.} \dots \dots \dots \dots \dots \\ \text{potasse} \begin{cases} \text{oxygène,} \dots \dots \dots \\ \text{et} \\ \text{potassium} \end{cases} \text{chlorure de} \\ \text{chlore} \dots \dots \dots \\ \text{et} \\ \text{sodium} \dots \dots \dots \end{cases}$$

Sel marin = { ... } potassium { soude } savon dur peu soluble en présence de l'excès de sel marin.

Le savon dur, préparé dans l'industrie, est ordinairement additionné d'un peu de sulfate de fer; il en résulte une minime quantité de savon ferrugineux insoluble qui forme dans la pâte les marbrures bien connues du savon de Marseille. Ces marbrures sont pour les consommateurs, si toutefois elles n'ont pas été obtenues artificiellement, une garantie de bonne qualité; l'expérience prouve en effet que le vrai savon marbré au sulfate de fer, ne peut pas retenir plus de 1/3 d'eau, tandis que certains savons en renferment près de 80 pour cent de leur poids.

L'expérience 356 a montré que le savon se dissout mieux dans l'alcool que dans l'eau. En chauffant au bain-marie quelques grammes de savon de suif dans huit ou dix fois leur poids d'alcool, on obtient une gelée transparente que les pharmaciens mêlent à du camphre et à de l'ammoniaque et vendent sous le nom d'**opodeldoch**; on remarque dans cette préparation de nombreux cristaux étoilés, ils sont dus à la cristallisation d'un peu de *stéarate de soude*.

En dissolvant du savon de Marseille, presque entièrement formé d'oléate de soude, dans quatre ou cinq fois son poids d'alcool, on n'obtient pas de gelée transparente, mais un liquide qui, par évaporation, laisse un **savon transparent**.

On obtient aussi un savon transparent *improprement désigné sous le nom de* **savon à la glycérine**, en fondant *à chaud* du savon de suif dans son poids d'alcool. La dissolution refroidie devient claire par le repos, et, au bout de quelques semaines, le savon est devenu transparent.

C'est avec le savon ordinaire qu'on fabrique ordinairement **les savons pour la toilette**. On le délaye à chaud dans

une lessive *très* faible de soude caustique, les impuretés insolubles se précipitent, et par refroidissement on a une pâte parfaitement blanche. Cette pâte plus ou moins pure est aromatisée
au moyen d'essences. On ajoute aussi, à quelques savons, de
la résine en poudre, elle se combine à l'alcali en excès et donne
un *résinate* qui augmente l'abondance de la mousse.

En chimie, on appelle savon tout sel dont l'acide est un acide
gras. Les savons alcalins, c'est-à-dire de potasse, de soude ou
d'ammoniaque, sont seuls solubles; en pharmacie, on prépare
un savon de plomb qui s'appelle *emplâtre;* mais le nom de
savon s'applique généralement au savon dur et au savon mou.

Le savon jouit de propriétés spéciales qui le rendent propre
au blanchissage du linge : il émulsionne les matières grasses,
c'est-à-dire qu'il forme avec elles et l'eau une mousse qu'un
lavage peut entraîner; en outre il se décompose en présence
de l'eau en donnant un sel plus acide et un peu d'alcali qui est
alors capable de *saponifier* (transformer en savon) la plupart
des corps gras.

Ce qui salit surtout le linge, ce sont les corps gras qui fixent
les différentes poussières aux fibres du tissu. Que l'on enlève
ces corps gras, les poussières n'ont plus d'adhérence et un
simple lavage suffit pour les entraîner.

Il importe, ainsi qu'on l'a vu à propos de l'eau, d'éviter la
formation du savon calcaire, lequel se fixe avec ténacité sur les
fibres, et ne disparaît pas par lavage, puisqu'il est insoluble
dans l'eau.

Les lessives alcalines enlèvent les corps gras beaucoup
mieux que le savon, cela se conçoit bien si l'on se reporte à la
saponification (exp. 361 et 362); mais on ne peut les employer
parce qu'elles attaquent les fibres textiles. Les dissolutions de
carbonates alcalins sont au contraire sans danger, on les utilise
journellement dans les ménages pour blanchir le linge.

111. LA LESSIVE; BLANCHISSAGE. —On emploie communément aujourd'hui, pour le nettoyage du linge, l'*eau de carbonate;* on nomme ainsi une dissolution de carbonate de soude
dans l'eau. De temps immémorial on fait usage, pour le même
objet de *lessive* ou eau obtenue par le lessivage des cendres du
foyer. Ces cendres renferment (exp. 286) du carbonate de potasse.

En concentrant de la lessive, on obtient un salin qu'une
calcination purifie et transforme en potasse du commerce; on
a dit également (p. 300) que les cendres des végétaux marins
fournissent de la soude du commerce. Ces deux carbonates se

préparent aujourd'hui, le dernier surtout, en quantités considérables par des procédés dont le principe a été indiqué (p. 288) à propos de la transformation du sel marin en sulfate de soude.

La lessive ordinaire peut être caustifiée comme la dissolution de carbonate au moyen de la chaux (exp. 360). Or, les cendres qui ont été fortement calcinées contiennent de la chaux (tableaux I et II, pages 316 et 317); si on les lessive, la caustification d'une partie des carbonates alcalins se produit, et il en résulte une quantité correspondante de lessive caustique. Il importe de tenir compte, dans la pratique, de cette réaction, lorsqu'on veut nettoyer des étoffes de laine.

Expérience 364. — Si dans un ballon de verre renfermant une lessive caustique de potasse ou de soude on introduit quelques flocons de laine, ceux-ci disparaissent presque instantanément lorsqu'on porte le liquide à l'ébullition.

La laine se dissout dans la liqueur caustique; et si l'ébullition est prolongée on ne tarde pas à percevoir une odeur d'ammoniaque (exp. 285); l'azote des matières organiques se combine en effet à l'hydrogène et donne de l'ammoniaque, sous l'influence de la chaleur et d'une base énergique.

La conclusion à tirer de cette expérience est qu'*il ne faut jamais se servir de lessive pour le nettoyage des étoffes de laine.* Ce qui convient dans ce cas est l'eau de savon tiède, dans laquelle on fait macérer la laine pendant quelques heures; on rince ensuite à l'eau de pluie, ou à l'eau ordinaire préalablement additionnée d'une proportion de carbonate de soude généralement très faible, et seulement suffisante pour précipiter les sels calcaires qui formeraient un savon insoluble dont les inconvénients ont été signalés (109).

Dans la plupart des campagnes, le lessivage du linge se fait avec un matériel assez primitif : un cuvier de bois placé sur un trépied, une chaudière suspendue dans la cheminée, un vase quelconque pour *couler* la lessive, voilà tout.

Le linge à lessiver est placé dans le cuvier, après avoir été *essangé.* Cette opération préliminaire et importante consiste à mouiller complètement le linge, dans l'eau froide ou tiède, et à frotter de savon les parties tachées; un commencement d'émulsion se produit dans la nuit qui sépare l'essangeage du coulage de la lessive, et la matière grasse des taches est mieux pénétrée par cette dernière.

Le bois du cuvier peut, par le tannin qu'il renferme, produire des taches sur le linge; on obvie à cet inconvénient en mettant contre les parois du cuvier une toile de dimension suffisante, formant une sorte de chemise qui empêche tout contact du bois et du linge à lessiver.

Au fond du cuvier on place ordinairement une partie du gros linge tel que les draps, puis le linge fin et au-dessus le linge de cuisine; il serait préférable de mettre celui-ci à part; en tous cas, il a besoin d'être fortement savonné quand on l'essange.

Le cuvier étant rempli jusqu'à deux ou trois décimètres du bord supérieur, on place par dessus une forte toile, en double ou quadruple, appelée *cendrier*, et assez grande pour qu'elle dépasse et retombe autour du cuvier. Sur cette toile on met les cendres que l'on mouille la veille au soir; le lendemain on coule la lessive.

Dans une chaudière on fait chauffer de l'eau, tiède d'abord, et on la verse sur les cendres; d'autre eau plus chaude est versée, puis bientôt la lessive traverse le linge et s'écoule par un orifice ménagé au fond du cuvier. Cette lessive recueillie et chauffée dans la chaudière jusqu'au voisinage de l'ébullition, est versée ou *coulée* à nouveau sur les cendres, et ainsi de suite.

L'opération dure ordinairement toute la journée; vers le soir la lessive est coulée bouillante et le cuvier est abandonné jusqu'au lendemain.

Il n'y a plus alors qu'à décuver, c'est-à-dire retirer le cendrier, puis le linge, et ensuite passer ce dernier à l'eau en le frottant de savon et en le rinçant énergiquement de manière à enlever tout ce que l'eau peut entraîner.

Le linge est enfin étendu à l'air, séché *incomplétement*, tablé après l'avoir plié, et enfin repassé, ce qui achève de le dérider et de le sécher.

Il est des taches, telles que celles de fruits, de rouille, etc., qu'une lessive même très bonne ne fait pas disparaître; on emploie, pour la rouille, le sel d'oseille, pour les autres taches, l'eau de Javel. Cette dernière substance peut brûler le linge, il faut, aussitôt après son emploi, la neutraliser comme il sera indiqué page 409.

Dans bien des ménages aujourd'hui, la lessive est faite dans des cuviers de tôle galvanisée placée sur un foyer, et au moyen du carbonate de soude. Cette méthode est excellente et donne des résultats beaucoup plus certains que la première; à part l'acquisition d'un appareil spécial, elle est beaucoup plus économique que la méthode ordinaire. Une instruction accompagnant ces *lessiveuses*, donne tous les détails désirables sur la manière de procéder.

Un procédé de blanchissage peu connu et qui donne d'excellents résultats pour le linge fin, consiste à l'essanger avec de l'eau additionnée de 2 0/0 environ d'ammoniaque, à laquelle on ajoute parfois quelques gouttes d'essence de térébenthine. On le laisse passer la nuit; et le lendemain, sans qu'il soit besoin de le soumettre à l'action de la lessive, on peut le laver et l'obtenir sans grands efforts parfaitement blanc.

112. BLANCHIMENT. — Le blanchissage et le blanchiment sont deux opérations différentes; lorsque le linge est passé à la lessive pour le nettoyer et le rendre blanc, il est soumis au blanchissage; le linge neuf, sali par les opérations du tissage, etc., a besoin aussi d'être blanchi; les méthodes opératoires constituent dans ce cas le blanchiment.

Autrefois, dans les ménages, on préparait au moyen du chanvre récolté, ou du lin, une certaine quantité de fil que l'on confiait au tisserand du village, pour en faire une toile plus ou moins grossière. Cette toile imprégnée de *parement*, colle de farine, de gluten, d'amidon, ou de gélatine, se salissait dans l'opération du tissage par le contact des mains et les poussières de l'atelier du tisserand qui la rendait d'une couleur grise foncée. La ménagère étendait la toile pendant de longs jours sur un pré exposé au soleil et par de nombreux lessivages finissait par obtenir une étoffe bise susceptible de devenir définitivement blanche après un long usage, c'est-à-dire quand elle commençait à s'user.

La fabrication de la toile de chanvre ou de lin, par ce mocédé, tend à disparaître de plus en plus. Les toiles en usage aujourd'hui viennent presque toutes des fabriques; elles sont moins solides parce qu'elles sont beaucoup plus fines; mais elles sont parfaitement blanches ou le deviennent très rapidement. Le blanchiment au pré est encore usité dans quelques fabriques, mais on préfère en général employer le chlore combiné sous forme d'*hypochlorites alcalins* ou **chlorures décolorants**.

Ce sont ces composés obtenus dans l'expérience 271 et dont les propriétés décolorantes ont été mises en évidence (exp. 273), qui sont vendus dans le commerce sous les noms d'eau de Javel et de chlorure de chaux.

De même que dans le blanchissage, les lessives alcalines agissent rapidement et doivent être employées avec circonspection, de même les chlorures décolorants blanchissent vite mais leur effet doit être arrêté à temps, sous peine de détruire la fibre textile.

Le chlore décompose la cellulose, en voici la preuve.

Expériences 365. — Si dans un ballon (fig. 180) on introduit du papier taché d'encre et un lait de chlorure de chaux ou de l'eau de Javel, le papier devient blanc; mais si l'on chauffe, la cellulose est attaquée, et il se dégage de l'acide carbonique que l'on caractérise par l'eau de chaux.

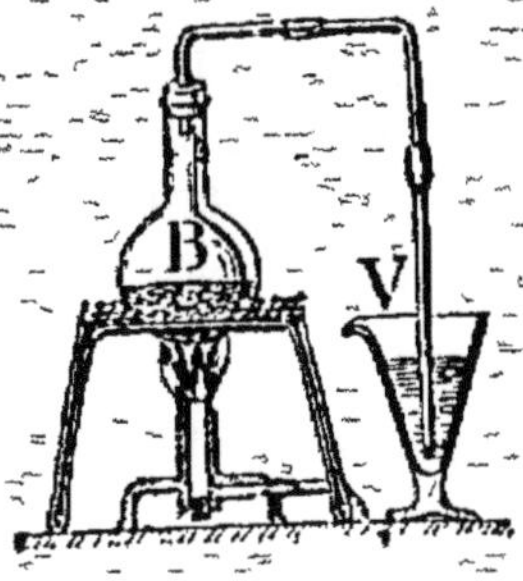

Lorsqu'on ne chauffe pas, l'action est moins rapide, mais le résultat devient le même à la longue : l'hydrogène de la cellulose se combine au chlore, le carbone et l'oxygène s'unissent pour former de l'acide carbonique; la fibre constituée

Fig. 180. — Le chlore décompose la cellulose.

par de la cellulose est donc détruite. Voilà pourquoi, dans le blanchissage, l'eau de Javel est réputée dangereuse, non sans raison, par les ménagères économes.

L'emploi en grand des chlorures décolorants, dans l'industrie des toiles, produit parfois les inconvénients ci-dessus indiqués, et on dit que la toile est brûlée.

Il faut, dans l'emploi de ces agents fournissant du chlore, arrêter à temps l'effet de ce dernier. Rien n'est plus simple : *il suffit de laver l'étoffe à l'eau de carbonate;* il se forme alors du chlorure de sodium et de l'acide carbonique, tous deux sans action sur les fibres textiles. On préconise, dans l'industrie, l'emploi du *sulfite de soude (anti-chlore) :* il se forme également du sel marin et au lieu d'acide carbonique, il se dégage de l'acide sulfureux dont les propriétés décolorantes sont ainsi mises à profit.

Le chlore ou les chlorures décolorants ne conviennent nullement pour le blanchiment de la laine, celle-ci est fortement endommagée par le chlore et même par l'acide chlorhydrique gazeux.

D'autre part, les acides détruisent les fibres d'origine végétale, et les alcalis (exp. 384) dissolvent les fibres d'origine animale (soie et laine).

De ces faits d'expérience, il résulte :

1º Que le blanchiment de la laine et de la soie devra être fait à l'acide sulfureux produit par la combustion du soufre, ou mieux, pour les opérations délicates, par immersion dans une dissolution d'un *sulfite* additionné d'acide chlorhydrique très étendu, lequel fait dégager l'acide sulfureux. Dans les deux opérations des lavages répétés à l'eau carbonatée puis claire, produiront toujours un excellent effet.

2° Que le blanchiment des fibres végétales sera obtenu sûrement au moyen du chlore, mais que la neutralisation de ce dernier devra toujours être faite par une dissolution d'un sulfite ou d'un carbonate alcalin.

L'opération finale consistera en un lavage énergique à grande eau.

APPENDICE

FORMULES CHIMIQUES

Dans les chapitres qui précèdent, l'explication des principales réactions chimiques a été résumée au moyen de légendes où il n'entre aucune donnée sur les quantités de matières employées ou obtenues.

Les chimistes font usage d'abréviations aussi simples que claires, qui indiquent nettement les réactions, et qui permettent de déterminer, à l'avance et exactement, le poids des nouveaux produits à obtenir, et celui des substances à employer dans la préparation, sans qu'il y ait excès de l'une ou de l'autre.

On conçoit l'avantage de ces abréviations ou formules; elles sont indispensables partout où il y a une réaction chimique à appliquer; elles facilitent du reste beaucoup l'étude, et nous ne saurions trop engager nos jeunes lecteurs à s'habituer au maniement des égalités chimiques et à leur interprétation au moyen du calcul.

I. Notation chimique; symboles, équivalents. — On a vu (exp. 220) que les *combinaisons chimiques* se font toujours dans des *proportions définies* et invariables pour les mêmes corps composés; en d'autres termes, que *dans un corps composé*, quelle que soit sa provenance, *les éléments* ou corps simples *qui le constituent s'y rencontrent toujours dans la même proportion.* Dans l'oxyde de zinc, par exemple (exp. 223), il y a toujours 8 en poids d'oxygène pour 33 en poids du métal; dans l'oxyde de cuivre, 8 d'oxygène sont unis à 31,75 de métal, etc., et il y aura toujours 33 de zinc ou 31,75 de cuivre pour 8 d'oxygène, quel que soit le moyen employé pour préparer l'oxyde du métal.

Une lame de fer plongée dans un sel de cuivre est attaquée, elle diminue de poids, et du cuivre se dépose (exp. 208); si l'on recueille tout le cuivre précipité, on trouve qu'à un dépôt de 31,75 de cuivre correspond une diminution de 28 pour la lame de fer, c'est-à-dire que si la quantité de fer dissoute est de 28 milligrammes par exemple, le poids de cuivre précipité est exactement de 31 milligrammes, 75; en d'autres termes encore, les 31 milligrammes 75 de cuivre ont été remplacés par 28 milligrammes de fer. D'autre part, si l'on oxydait ces mêmes quantités de cuivre et de fer, il faudrait exactement 8 milligrammes d'oxygène pour chaque métal; enfin, si l'on réduisait les deux oxydes obtenus en les traitant au rouge par

de l'hydroggène, il faudrait, pour chacun des deux oxydes, 1 milli-
gramme d'hydrogène.

On peut donc dire que, dans leurs combinaisons avec l'oxygène,
33 de zinc, 28 de fer, 31,75 de cuivre et 1 d'hydrogène *s'équivalent* :
les nombres 33 — 28 — 31,75 — 1 sont dits les **équivalents** des
corps simples correspondants, celui de l'oxygène étant 8.

Le calcul des équivalents a été l'objet de minutieuses recherches;
nous donnerons seulement les résultats pour les corps simples les
plus communs. L'équivalent le plus plus petit, celui de l'hydrogène,
a été pris pour unité, on le représente par 1. Dans l'écriture des
formules chimiques, on représente chaque corps simple par un
symbole; ce symbole est la première lettre (majuscule) du nom latin
du corps. Lorsqu'une même initiale appartient à plusieurs corps
simples, on l'a fait suivre d'une seconde lettre (minuscule).

SYMBOLES ET ÉQUIVALENTS

des principaux corps simples

Métalloïdes			Cuivre	Cu	31,75
Oxygène	O	8	Étain	Sn	59
Soufre	S	16	Fer	Fe	28
Azote	Az	14	Magnésium	Mg	12
Phosphore	Ph	31	Manganèse	Mn	27,6
Chlore	Cl	35,5	Mercure	Hg	100
Carbone	C	6	Or	Au	196,2
Silicium	Si	14	Platine	Pt	98,5
Métaux			Plomb	Pb	103,5
Aluminium	Al	13,75	Potassium	K	39
Argent	Ag	108	Sodium	Na	23
Calcium	Ca	20	Zinc	Zn	33

Le symbole d'un corps composé est formé des symboles des corps
simples qui le constituent; *exemples* :

L'oxyde de zinc (formé de zinc et d'oxygène). $ZnO = 33 + 8$ ou 41
— cuivre (— de cuivre —). $CuO = 31,75 + 8$ » 39,75
La chaux (oxyde de calcium) $CaO = 20 + 8$ » 28
L'eau (oxyde d'hydrogène). $HO = 1 + 8$ » 9

L'équivalent d'un composé est égal à la somme des équivalents
des composants. Le symbole d'un corps composé indique donc la
nature et la proportion des composants : ainsi 41 grammes d'oxyde
de zinc sont formés de 33 grammes de zinc et 8 grammes d'oxygène;
9 grammes d'eau sont le résultat de la combinaison de 1 gramme
d'hydrogène et de 8 grammes d'oyygène, etc.

Un métalloïde, ou un métal, peut se combiner en plusieurs proportions avec l'oxygène; exemples :
Le soufre prenant 2 équivalents d'oxygène forme SO^2 acide sulfureux.
— 3 — — SO^3 — sulfurique.
Dans le premier cas 16 grammes de soufre se combinent à 16 grammes

d'oxygène ou deux équivalents, dans le second il y a 8 grammes d'oxygène de plus ou trois équivalents en tout. Quand il y a plusieurs équivalents d'un même corps simple, on en indique le nombre au moyen d'un exposant placé à droite du symbole : $O^3 — O^3$.

Le sulfate de fer obtenu (exp. 207) renferme de l'oxyde de fer FeO et de l'acide sulfurique SO^3; sa formule est FeO,SO^3. *Ainsi, on écrit la formule de l'oxyde d'abord, puis celle de l'acide et l'on sépare par une virgule.* L'oxyde de fer de ce sulfate est blanc; à l'air, sa couleur fonce, et il devient rouge; c'est alors de la rouille dont la formule est Fe^2O^3; FeO est du protoxyde, Fe^2O^3 du peroxyde de fer (67); on l'appelle aussi sesquioxyde.

L'eau s'unit souvent aux acides, aux bases, aux sels en formant de véritables combinaisons; exemples :

L'acide sulfurique pur a pour formule. . . . . SO^3,HO .
L'acide azotique. . . . . AzO^5,HO
La potasse caustique. . . . . KO,HO
Le carbonate de soude cristallisé. . . . . . . $NaO,CO^2,10HO$
Le sulfate de fer cristallisé . . . . $FeO,SO^3,7HO$
Le — de zinc — . . . . $ZnO,SO^3,7HO$
Le — de cuivre — . . . . $CuO,SO^3,5HO$

Les nombres placés dans le corps de la formule (10 — 7 — 5) se rapportent aux équivalents qui suivent. Calculons les équivalents de quelques-uns de ces composés *hydratés*, comme on les appelle par opposition à ceux qui sont *anhydres* (V, page 251).

Na =	23	Zn =	33	Cu =	31,75		
O =	8	O =	8	O =	8	S	16
C =	6	S =	16	S =	16	O³	24
O³ =	16	O³ =	24	O³ =	24	H	1
10HO =	90	7HO =	63	5HO =	45	O	8
	143		144		124,75		49

Ces calculs nous montrent que : dans 143 grammes de carbonate de soude cristallisé, il y a 23 grammes de sodium ou mieux (23 + 8) 31 grammes de soude, etc., et 90 grammes d'eau; dans 144 grammes de sulfate de zinc cristallisé (exp. 233), il y a 63 grammes d'eau; dans 49 grammes d'acide sulfurique (monohydraté), il y a 9 grammes d'eau, il a fallu 16 grammes de soufre pour fabriquer 49 grammes de cet acide, etc., etc.

Il ne faut pas oublier qu'un sel est toujours formé par l'union d'un acide et d'un oxyde (67), et que quand on dit sulfate de zinc, ou de fer, cela signifie sulfate d'*oxyde de zinc* ou *d'oxyde de fer*; de même azotate de cuivre signifie azotate d'*oxyde de cuivre*, etc. Si l'on écrivait $Zn,SO^3 — Fe,SO^3 — Cu,AzO^5$ pour la formule de ces sels, on commettrait une grosse faute; le métal, qui est un *corps simple* ne peut pas se combiner à un acide qui est un *corps composé*; il faut d'abord, ainsi qu'on l'a expliqué (exp. 233), que le métal se combine à un autre corps simple qui est ici l'oxygène.

La formule des corps binaires est des plus simples, on écrit $NaCl$ pour chlorure de sodium ou sel marin, FeS pour sulfure de fer, etc.; HCl est de l'acide chlorhydrique, HS, de l'acide sulfhydrique.

Les formules des composés organiques sont complexes, nous en verrons quelques-unes; la formule de l'ammoniaque est AzH^3 pour le *gaz ammoniac*; AzH^3,HO ou mieux AzH^4O pour l'ammoniaque combinée soit à l'eau seulement, soit à un acide. L'équivalent d'azote et les quatre équivalents d'hydrogène (soit AzH^4 qu'on appelle *ammonium*), se comportent comme un métal, de sorte que AzH^4O peut s'unir à un acide pour former un véritable sel, et AzH^4 à un métalloïde pour faire un corps binaire.

$$\textit{Exemple :}\quad AzH^4O,SO^3 \quad - \quad AzH^4O,AzO^5 \quad - \quad AzH^4Cl$$
Sulfate d'ammoniaque.   Azotate d'ammoniaque.   Chlorure d'ammonium.

Ce dernier est le *sel ammoniac* (exp. 279), ou *chlorhydrate* d'ammoniaque; il est formé en effet d'ammoniaque AzH^3 et d'acide chlorhydrique HCl dont la somme fait bien AzH^4Cl.

II. Egalités ou équations chimiques. — Nous savons maintenant, par ce qui précède, écrire la formule d'un corps composé et en faire le calcul; nous allons traduire, en ce nouveau langage, les légendes des principales expériences qui ont été décrites.

Voyons d'abord celle qui rend compte de la préparation de l'hydrogène (page 250). A du zinc, on ajoute de l'eau et de l'acide sulfurique, ce que nous écrivons, l'acide sulfurique et l'eau pouvant être unis :

$$Zn + HO,SO^3$$

Il se dégage de l'hydrogène H et il se forme du sulfate de zinc ZnO,ZO^3, ce qui s'exprime ainsi :

$$Zn + HO,SO^3 = H + ZnO,SO^3. \qquad (1)$$

Cette formule se lira : zinc, puis acide sulfurique, égale hydrogène, plus sulfate de zinc; elle signifie en outre que 33 grammes de zinc seront entièrement attaqués par 49 d'acide sulfurique ($HO,SO^3 = 49$); qu'il se dégagera 1 gramme d'hydrogène et qu'il se formera 85 grammes de sulfate de zinc *anhydre*. En réalité, il faudra plus d'eau que la formule ne l'indique (exp. 233); et si l'on fait cristalliser le sulfate de zinc, on pourra en obtenir 144 grammes ($ZnO,SO^3, 7HO = 144$).

Les légendes de la page 264 se traduiront avec la même facilité, nous allons seulement les écrire en indiquant le nom de chaque composé.

$$CaO,CO^2 + HO,AzO^5 = HO + CO^2 + CaO,AzO^5 \qquad (2)$$
Craie ou carbonate de chaux.   Acide azotique.   L'eau   Acide carbonique.   Azotate de chaux.

$$CaO,CO^2 + HCl = HO + CO^2 + CaCl \qquad (3)$$
Acide chlorhydrique. — Chlorure de calcium.

$$CaO,AzO^5 + HO,SO^3 = HO,AzO^5 + CaO,SO^3 \qquad (4)$$
Azotate de chaux. — Acide sulfurique. — Acide azotique. — Sulfate de chaux.

$$CaCl + HO,SO^3 = HCl + CaO,SO^3 \qquad (5)$$
Chlorure de calcium — Acide chlorhydrique.

Voici une règle assez simple qui permettra d'écrire exactement la plupart des réactions chimiques : *On écrit à la suite les symboles des corps simples ou composés mis en présence, en les séparant par le signe +; on souligne les métaux; si on les change de place, en mettant l'un à la place de l'autre, la formule obtenue indique le résultat de l'opération.*

Exemple. Quand on plonge une lame de fer dans du sulfate de cuivre, le cuivre se dépose et le fer attaqué prend la place du cuivre; écrivons la formule des corps mis en présence;

$$Fe + CuO,SO^3.$$

Les métaux étant soulignés pour les bien mettre en évidence, nous les changeons de place, il vient

$$Cu + FeO,SO^3.$$

C'est en effet ce qui se produit, et la formule tout entière s'écrit alors

$$Fe + CuO,SO^3 = Cu + FeO,SO^3.$$

Appliquons la règle ci-dessus à la légende de la page 285.

$$CaO,SO^3 + NaO,CO^2.$$

En changeant les métaux il vient

$$NaO,SO^3 + CaO,CO^2.$$

La formule complète est donc

$$CaO,SO^3 + NaO,CO^2 = NaO,SO^3 + CaO,CO^2.$$
Sulfate de chaux. — Carbonate de soude. — Sulfate de soude. — Carbonate de chaux.

Calculons les équivalents; $CaO,SO^3 = 68$; $NaO,CO^2 = 53$; $NaO,SO^3 = 71$, $CaO,CO^2 = 50$. La formule signifie donc que 68 grammes de sulfate de chaux sont entièrement transformés en carbonate de chaux (craie insoluble qui se précipite) par 53 de carbonate de soude; il se forme 71 grammes de sulfate de soude et 50 de carbonate de chaux.

Dans une égalité chimique le poids des matières indiquées dans le premier membre égale évidemment le poids des matières indiquées dans le second membre (68 + 53 = 71 + 50).

Si dans les formules indiquées plus haut (1) (2) (3) (4) (5), on considère l'hydrogène de l'eau des acides SO^3,HO — AzO^5,HO — HCl comme un métal, et il en joue le rôle, on pourra appliquer la règle, c'est-à-dire qu'il suffira de changer les métaux de place pour obtenir la réaction. Il en sera de même pour les réactions exprimées par les légendes pages 288 et 293; voici comment on les écrira :

$$NaCl + HO,SO^3 = HCl + NaO,SO^3$$
Chlorure de sodium.   Acide sulfurique.   Acide chlorhydrique.   Sulfate de soude.

$$KO,AzO^5 + HO,SO^3 = HO,AzO^5 + KO,SO^3.$$
Azotate de potasse.   Acide azotique.   Sulfate de potasse.

Lorsqu'il n'y a qu'un seul métal et pas d'hydrogène, on ne peut changer les métaux de place, c'est le cas de la préparation de l'oxygène qui se formule :

$$KO,ClO^5 = KCl + O^6.$$
Azotate de potasse.   Chlorure de potassium.   Oxygène.

C'est aussi le cas pour la légende de la page 294 :

$$KO,AzO^5 + 3C + S = KS + 3CO^2 + Az$$
Azotate de potasse.   Charbon.   Soufre.   Sulfure de potassium.   Acide carbonique.   Azote.

Cette formule indique la composition de la poudre, et montre que deux gaz prennent naissance, en grande quantité dans un espace restreint; c'est la cause de l'explosion.

Remarquons que lorsqu'il ne se produit pas un sel, il se forme un corps binaire (KCl pour l'oxygène, KS pour la poudre). Quelquefois les deux composés, sel et corps binaire, se produisent; exemple : (légende, page 323).

$$AzH^3 + HS + FeO,SO^3 = FeS + AzH^4O,SO^3.$$
Ammoniaque.   Hydrogène sulfuré.   Sulfate de fer.   Sulfure de fer.   Sulfate d'ammoniaque.

Nous rappelant que AzH^4 se comporte comme un métal, il nous a suffi encore de changer les métaux de place pour avoir la réaction.

Les composés organiques ont des formules souvent très complexes, nous nous bornerons à quelques exemples.

Le sucre de fruit (glucose) a pour formule $C^{12}H^{12}O^{12}$, l'alcool $C^4H^6O^2$; pour traduire la légende de la fermentation (page 363), on écrit :

$$C^{12}H^{12}O^{12} = 2C^4H^6O^2 + 4CO^2.$$
Sucre.   Alcool.   Acide carbonique.

Effectuons le calcul : $C^{12}H^{12}O^{12} = 180$ — $C^4H^6O^2 = 46$; il y a 2 équivalents d'alcool ou $46 \times 2 = 92$ pour 1 équivalent de sucre; ce qui signifie : 180 grammes de sucre produisent, par fermentation *complète*, 92 grammes d'alcool; sachant qu'un litre d'alcool pur pèse environ 800 grammes, il sera facile de calculer quel poids de sucre il faut pour produire 1 litre d'alcool; c'est ainsi qu'on a trouvé (V. page 367) qu'il faut 1 kilo et demi de sucre environ par hectolitre, pour élever le degré alcoolique d'une unité.

L'acide oxalique $C^2O^3,3HO$ est la somme d'un équivalent d'acide carbonique CO^2 et d'un équivalent d'oxyde de carbone CO, plus de l'eau; la légende (page 306) s'écrira :

$$KO,C^2O^3 + CaO,AzO^5 = CaO,C^2O^3 + KO,AzO^5.$$

| Oxalate de potasse. | Azotate de chaux. | Oxalate de chaux. | Azotate de potasse. |

Les acides gras dont il est parlé (110) ont des formules très complexes :

$$\text{Acide oléique} = C^{36}H^{33}O^3,HO.$$

$$\text{Acide stéarique} = C^{36}H^{35}O^3,HO.$$

Pour simplifier, nous remplacerons la formule par ▬ A ▬,HO; ▬ A ▬ sera l'acide et représentera $C^{36}H^{33}O^3$ ou $C^{36}H^{35}O^3$.

Les légendes (pages 400, 401 et 404) s'écriront alors ainsi :

$$CaO, ▬A▬ + HO,SO^3 = HO, ▬A▬ + CaO,SO^3$$

| Oléate et stéarate de chaux. | Acide sulfurique. | Acides gras mélangés. | Sulfate de chaux. |

$$NaO, ▬A▬ + HO, ▬SO^3 = HO, ▬A▬ + NaOSO^3$$

| Oléate de soude. | | Acide oléique. | Sulfate de soude |

$$KO, ▬A▬ + NaCl = NaO, ▬A▬ + KCl.$$

| Oléate de potasse. | Chlorure de sodium. | Oléate de soude. | Chlorure de potassium. |

Sachant que les corps gras (huile, suif) renferment environ les 4/5 d'acide gras, il sera facile de calculer les poids de matières premières nécessaires à la préparation des savons.

Terminons par un avis : les formules chimiques n'ont de valeur qu'autant qu'on sait leur appliquer les opérations de l'arithmétique.

FIN

TABLE DES MATIÈRES

DE LA SECONDE PARTIE

INDEX ALPHABÉTIQUE GÉNÉRAL

FIN DE L'INDEX ALPHABÉTIQUE GÉNÉRAL.

NOTE SUR LE MATÉRIEL

NÉCESSAIRE A L'EXÉCUTION DES EXPÉRIENCES DÉCRITES DANS LES

SCIENCES PHYSIQUES

La loi du 28 mars a introduit les premiers éléments des sciences physiques dans l'enseignement primaire. On admet aujourd'hui que les expériences ne nécessitent pas toujours l'emploi des coûteux appareils de laboratoire, et qu'elles sont indispensables dans les débuts. Sans sortir de la vérité, on pourrait aller plus loin et dire que, dans les classes élémentaires, si la leçon de sciences physiques est seulement orale, elle équivaut à une série de définitions dont un enfant se chargerait momentanément la mémoire, sans en comprendre le sens : c'est par conséquent du temps perdu.

Le temps manque à l'école primaire, par suite de la multiplicité des matières ajoutées aux programmes; et il en résulte la nécessité de distribuer les minutes avec parcimonie pour chaque matière.

Les essais divers du nouvel emploi du temps accordent deux ou trois demi-heures par semaine aux sciences physiques; l'expérience m'a démontré qu'il n'en faut pas davantage (Voir la Préface, *Sciences physiques*, 1re partie); toutefois les difficultés matérielles ne devront pas être accumulées.

Faire de la physique et de la chimie expérimentales sans appareils et sans laboratoire est chose possible; mais l'exécution des expériences serait rendue bien plus facile par l'achat de quelques objets spéciaux peu coûteux.

Le maître se procurera sans difficulté un verre, une carafe, etc., même un fourneau à charbon; mais pour avoir un tube, un ballon, des produits chimiques, etc., il lui faut aller à la ville voisine; et dût le budget municipal payer les acquisitions, il en résultera encore des frais à la charge de notre instituteur.

Ces ennuyeux détails ne doivent pas être négligés. Pour assurer l'application de la loi, il faut doter l'école, sans dépense pour le maître, d'un petit matériel bien choisi, et suffisant pour les expériences fondamentales.

Déjà quelques écoles, où les cours complémentaires sont organisés, ont pu se procurer ce matériel, grâce aux libéralités des communes, de l'État ou de quelques donateurs. L'instituteur n'a pas été précisément préparé au nouvel enseignement que la loi exige de lui, et si une petite subvention est accordée à son école, il hésite nécessairement dans le choix à faire pour son emploi. Afin de lui venir en aide, j'indique, dans la liste ci-dessous : 1° les objets et produits de première nécessité; 2° ceux non indispensables qui, joints aux premiers, permettent de réaliser les expériences décrites dans les chapitres qui précèdent; 3° enfin, de petits appareils-jouets présentant les conditions requises pour un bon fonctionnement.

Les prix indiqués m'ont été fournis par la **Maison Rousseau**, 44, *rue des Écoles*, à **Paris**; ils sont modiques, vu la qualité des marchandises; en tous cas, ils permettront aux directeurs d'école d'établir à l'avance, quel que soit le fournisseur, le chiffre approximatif des dépenses.

1° Objets et produits indispensables.

1. Tubes de verre et baguettes, demi-kilo assorti (0^m,50 de long.) . . . . 1 »
2. — — caoutchouc deux demi-mètres de 5 à 8^{mm}. 1 50
3. Deux ballons de 90 grammes. . . . . » 30
4. Deux — — 150 — . . . . » 40
5. Un — — 250 . . . . » 25
6. Entonnoir — 100 — . . . . » 15
7. — — 200 — . . . . » 20
8. Flacon à large col 100 gr. . . . . » 15
9. — — 250 — . . . . » 25
10. — — 500 — . . . . » 40
11. Verre à expérience 90 — . . . . » 25
12. — — 150 — . . . . » 35
13. — — 250 — . . . . » 50
14. Trois tubes à essai, ... » 30
15. Fourneau à gaz ou à alcool (au choix) (fig. 113 ou 162) 3 75
16. Toile métallique 2 carrés de 15 centimètres. . . . . » 30
17. Lime pour bouchons (triple et aimantée). 1 80
18. Fil conducteur en cuivre, garni, 20 mètres. . . . . 1 »
19. Papier à filtrer gris et blanc, une demi-main. . . . . » 80
20. 350 gr. Acide sulfurique, flacon émeri 1/4 litre. . . . . » 90
21. 250 » — chlorhydrique, flacon 1/4 litre. . . . . » 75
22. 300 » — azotique . . . . 1 »
23. 200 » Ammoniaque . . . . » 90
24. 250 » Tournesol, flacon ordinaire . . . . » 50
25. 250 » Chlorate de potasse, flacon ordinaire 1/4 litre 1 25
26. 350 » Bioxyde de manganèse, flacon ordinaire 1/4 litre. . . . . 1 »
27. 260 » Zinc en grenaille et lames, flacon ordinaire 1/4 litre. 1 25
28. 50 » Cuivre en tournure . . . . » 70
29. 225 » Sel ammoniac . . . . » 90
30. 250 » Soufre en fleur et en canons . . . . » 60
31. 250 » Azotate de soude . . . . » 75
32. 100 » Bouchons assortis. . . . . 2 »
Une caisse pour renfermer le tout . . . . 5 »

2° Complément pour l'exécution des 865 expériences décrites.

33. Thermomètre à mercure (de — 10 à + 110). 1 50
34. Alcoomètre centésimal. 1 75
35. Lentille convergente de 5 centimètres. 1 25
36. Prisme en cristal taillé. . . . . 2 »
37. Élément de pile charbon et zinc amalgamé. 2 25
38. Pantin à perruque. . . . . » 75
39. — — bras mobiles. . . . . 1 »
40. Balles de sureau, la douzaine. . . . . » 60
41. Plaque d'ébonite pour électrophore. 3 50
42. Gutta-percha — — galvanoplastie 100 gr. 1 50
43. Mercure — baromètre — . . . . 1 »
44. Diapason (*la* normal) à branches d'acier. 2 25
45. Verre de lampe pour hydrostatique. . . . . » 30
46. Toile cuivre et fils pour conductibilité (exp. 120, 121, 122). . . . . 1 »
47. Pince en bois et pince en fer. 1 25
48. Deux casseroles en fer étamé et en fonte (bain-marie) . . . . 1 »
49. Deux terrines (cuves à eau) et deux assiettes (cristallisoirs). 1 25

50. Deux flacons ordinaires 100 et 200 gr. . . . .   » 25
51. Un cornue de 100 gr. . . . .   » 15
52. Un entonnoir de 500 gr.   » 40
53. Un ballon de   —   . . . .   » 40
54. Trois éprouvettes à gaz (fioles à pillules). . . . .   » 30
55. Trois coupelles (terre, fer et plomb). . . . .   » 50
56. Un tube métallique (longueur 30 centimètres). . . . .   » 30
57. Deux tubes à réaction en verre vert. . . . .   » 60
58. Un double des n°° 1, 2, 3, 4, 5 et 14 ci-dessus (verrerie la plus fragile).   3 »
59. Échantillon de sodium brillant coulé dans un flacon et fragments
        pour l'usage. 1 50
60. 100 gr. de fluorure de calcium pilé, flacon large col. . . . .   » 50
61. 300 gr. bichromate de potasse. . . . .   1 »
62. 250   —   sulfate de cuivre. . . . .   » 85
63. Un double du n° 20 ci-dessus (acide sulfurique). . . . .   » 90
    Une caisse pour renfermer le tout. . . . .   5 »

<h2 align="center">3° Petits appareils.</h2>

64. Pompe en verre, aspirante, se transformant en aspirante et foulante.   4 »
65. Baromètre anéroïde nickelé, mécanisme intérieur visible. . . .   9 25
66. Thermomètre à minima sur planche vernie. 1 65
67.   —   — maxima 3 60
68. Pile bouteille au bichromate et deux zincs de rechange 3 50
69. Bobine de Ruhmkorff (étincelle de 6 millimètres). 7 50
70. Tube de Geissler. . . . .   2 »
71. Sonnerie électrique a électro vertical monté sur pied. . . . . .   3 »
72. Aiguille aimantée sur pivot, se transformant en galvanomètre. . .   3 »
73. Téléphone (la paire) et 20 mètres de fil conducteur. . . . . . .   10 »
74. Praxinoscope. 3 25
75. Kaléidoscope. 3 50
76. Microscope à genouillère, 2 objectifs, grossissement de 120 diamètres.   20 »
76 bis. —   petit modèle. 5 50
65 bis. Baromètre   — 6 50
77. Hygroscope capucin avec thermomètre 1 50
78. Hygromètre à cheveu. . . . .   6 »
79. Machine à vapeur en fer blanc fonctionnant à la lampe à alcool ou
        en soufflant dans la chaudière . . . .   6 »
80. Machine magnéto Clarke dans une boîte imitation acajou et de même
        puissance que le modèle classique ordinaire. . . . .   18 »

Pour de plus amples renseignements, demander le catalogue à
la **Société de produits chimiques**, 44, rue des Écoles, à Paris.

SCEAUX, IMP. CHARAIRE ET FILS.

www.ingramcontent.com/pod-product-compliance
Ingram Content Group UK Ltd.
Pitfield, Milton Keynes, MK11 3LW, UK
UKHW021209140726
13695UKWH00002B/436